U0802167

小学科 大作为

——初中生物学科教师的价值追求和教学实践

游盛华 ◎编著

东北师范大学出版社
长 春

图书在版编目（CIP）数据

小学科　大作为：初中生物学科教师的价值追求和教学实践 / 游盛华编著. — 长春：东北师范大学出版社，2021.10

ISBN 978-7-5681-7614-9

Ⅰ. ①小… Ⅱ. ①游… Ⅲ. ①生物课—教学研究—初中 Ⅳ. ①G633.912

中国版本图书馆CIP数据核字（2021）第208909号

□责任编辑：石　斌　　　　□封面设计：言之凿
□责任校对：刘彦妮　张小娅　□责任印制：许　冰

东北师范大学出版社出版发行
长春净月经济开发区金宝街 118 号（邮政编码：130117）
电话：0431-84568115
网址：http：//www.nenup.com
北京言之凿文化发展有限公司设计部制版
北京政采印刷服务有限公司印装
北京市中关村科技园区通州园金桥科技产业基地环科中路 17 号（邮编：101102）
2021年10月第1版　2021年11月第1次印刷
幅面尺寸：170mm × 240mm　印张：16　字数：249千

定价：45.00元

序言

教学好坏的关键在于教师，高质量的教学需要高水平的教师。教师的专业发展不能仅基于学科知识和教育心理学理论的学习，优秀教师的实践智慧对其他教师的成长具有无可替代的借鉴作用。他们的经历能使其他教师感同身受，容易产生情感共鸣。他们的经验具体而鲜明，易于学习和领会，对于其他教师来说具有重要的参考价值。“看得见，摸得着，容易懂，学得会”的经验，对教师专业发展的作用非常直接而有效。因此，优秀教师撰写教学专著，总结自己的教学经验，对于全面促进教师专业发展具有重要意义。

我与游盛华老师在20世纪80年代末就因工作关系相识，当时她还是刚走出校门的小姑娘，但性格沉稳，落落大方，尤其是她的教学给我留下了良好的印象。随着时间的流逝，她在教学岗位上迅速成长，并代表学校和九江市参加全省、全国的各种教师教学比赛。通过这些比赛和交流，她开阔了眼界，提高了能力，当然也为学校带回许多荣誉。通过自己不断的努力和教学实践的磨炼，她的教学水平迅速提高，逐步成长为江西省优秀教师、学科带头人——一位名副其实的名师。回顾她的成长历程，她教学最大的特点就是会动脑筋，肯钻研，善于创新。在1994年全国中学生物学教学研究会举办的青年教师大赛上，她就是因其别具一格的课堂活动赢得大赛最高奖。

几十年来，她一直专心致力于生物学教学工作。虽然职务不断改变，但她对生物学教学的热爱从来没有改变，始终辛勤耕耘在三尺讲台，终于在从教三十一年之际为大家奉献了这样一份沉甸甸的成果。这一成果充分体现了一位教学名师三十一年来的教学经验和智慧，非常值得我们职前与在职教师学习和参考。本书将教学的经验与反思、体会结合在一起，展示了具体的教学案例，总结了丰富的教学经验，更重要的是体现了案例和经验背后的情怀、担当与努力。正是这份情怀与担当促使她以及她的团队专注于教学，悉心钻研，不断创新。通过本书我们可以发现，这种深藏在教学背后的价值追求才是初中生物学教师专业水平不断提高的活水之源。

在这本书即将付梓之际，作为她工作上的合作伙伴和朋友，我备感欣慰，特作此短序以示祝贺，并希望游盛华老师取得更大的进步和更多的成果。

姚宝骏

2020年12月14日

于江西师范大学青山湖校区

目 录

第一篇 教学研究

第二篇 经验之谈

第三篇　教学课例

第四篇　教学感悟

第五篇　育人担当

第六篇　教育情怀

第一篇 教学研究

初中生物学“主题式学习”的探索

生物学科是一门面向生活、面向生产、面向大自然的学科，课程资源非常广泛，一本教科书的内容往往不能满足所有学生的学习需求。如果我们依旧采用过去“教一本、学一本、考一本”的教学方式，是不适宜学生主动地进行探索式学习的，更谈不上学生个体的全面发展。鉴于以上问题，我们考虑必须在学习内容及其组织方式上有所革新，从内容的选择、组织和呈现方式上寻找出路。主题式学习就是其中一种很有益的尝试。

一、“主题式学习”的概念理解

主题式学习是指学生围绕一个或多个经过结构化的主题进行学习的一种学习方式。在这种学习方式中，主题成为学习的核心，围绕该主题的结构化内容则成了学习的主要对象。它的基本思路就是以课程标准为指导，在分析学生现状的基础上，通过对课程内容的重组整合，确定某一主题，组织指导学生按照教师提出的教学设计过程，结合对教学资源的学习和应用，以自主学习的方式完成一个既定的教学任务。“主题式学习”可以自然而然地引导学生自主探究，提高学习效率，改善学习效果，进而有利于新课程各项目标的实现。

二、“主题式学习”的课程设计

主题式学习具有“主题集中，组织良构，利于探究”的特点。在主题式学习中，一方面，由于学习内容是按照主题的方式组织的，主题又是经过结构化处理的，学生要学习的内容集中、有序。同时由于整个学习内容的组织是围绕主题展开的，利于资源的拓展和扩充，在学习内容的“质”和“量”

上为学生的学习提供支持。为满足学生的学习需要，教师要精心建构一个适合学生学习的资源环境。另一方面，主题式学习可以通过主题的属性，体现教学同社会、自然、生活的联系，选择一些同自然、社会、生活相接近，学生又很感兴趣的主题，让学生进行学习，培养学生的实践能力。

从课程设计的角度看，主题式学习应遵循以下几个原则。

1. 应有明确的学习目标

要以课程标准为指导，以人教版义务教育课程标准实验教科书《生物学》为主线，确定每节课的学习主题和要求学生必须达到的知识、能力、情感目标。师生围绕每个主题共同搜集相关资源，在课堂进行有效的交流、学习、巩固，有时也会延伸拓展到课外。课堂也不局限于教室，校园、动物标本馆、药店、家庭厨房都可以是课堂。

2. 充分应用现代教育技术

考虑应用现代教育技术给学习带来的便利和高效因素，一方面，教师可以利用光盘、网络将学习资源提前提供给学生，也可以加强与学生的课外沟通；另一方面，教师可以利用课件整合资源，在课堂创设有利于学生探究的情境，同时可以让学生充分感受现代教育技术的优势，如在做调查报告上方便地运用文字处理软件中的剪切、复制、粘贴等功能；在资料的搜集查找上充分运用网络的优势，在表达方式上打破传统的文字书写形式，辅之以图形、图像、声音、动画等多媒体信息，让作业更生动。

3. 应充分考虑学生现有的学习背景

每节课的学习组织，都要以每个主题的内容为依据，并充分考虑学生的学习能力、文化环境、家庭背景的差异，制定若干种切实可行的课堂学习模式。如果在学习的过程中，学生原有的学习背景对新的学习造成障碍，则难以达到教学目标。例如，在最初的教学设计中，教师要求学生经常上网查阅、交电子作业，但不少家庭无法提供这样的条件，或反对学生上网，所以在后面的教学设计中就尽量不设定应用网络才能完成的教学目标。

4. 内容的选择要尽量在一册教材，甚至在一个单元内

主题式学习是以课程标准为指导的，学习内容是按照主题的方式进行组织的。因为人教版初中生物学教材中的单元、章节基本上是按照课程标准中的一级主题、二级主题编写的，几乎可以“拿来”使用，所以在学习内容的选择上，教师所费精力较少。如个别处需要整合，应尽量在一册教材，甚至在一个单元内完成。因为教材毕竟是学生的主要学习资源，让学生学习本年级教材上没有的内容，会引起许多人的质疑，影响主题式学习的应用，而且人教版的教材编写特别是在单元内容的编写方面是有一定逻辑关系的，是值得一线教师好好揣摩、好好应用的。

三、“主题式学习”资源的开发和整合

主题式学习需要为学生构筑一个适合探究的资源环境。教材是主要的资源，但还需要开发新的课程资源，这样才能达成学习目标。

生活中的所有事与物都是可能的课程资源，但不一定都能成为可用的课程资源。按照“主题集中，组织良构，利于探究”的特点，在资源开发和整合时要特别考虑其对不同年级学生的教育意义和课程功能，特别要考虑是否有利于实现课程计划的培养目标。在此基础上，进一步筛选课程资源的依据就是同等条件下要更能激发学生学习兴趣、探索欲望。

1. 充分利用多媒体设备

人类的感知行为主要包括视觉、听觉和触觉三种不同的形态。多媒体技术的使用，即“利用计算机交互式地综合处理文字、图形、图像、声音等多种信息，使它们建立起逻辑连接，成为一个系统”。这种多感官的调动、多感觉的运用，将以往形式单一、直线展开的教学内容变得直观、形象，从而激发学生的学习积极性，引起学生的学习兴趣，更利于学习效率的提高。

2. 充分利用网络的多种信息

网络不是洪水猛兽，它的大信息量，它的高速、便捷使教师能弥补课堂时间有限、信息有限的不足，也能加强师生的课外沟通和交流。

3. 挖掘生活经验这种隐性课程资源

学生和家长的生活经验都是无形的课程资源，新旧知识的交叉，更有利于知识在人脑中的储存。只有亲自体验用学过的知识解决新问题、生成新知识的过程，学生才能真正体会到学习的乐趣、成功的喜悦。例如，在进行《两栖动物的生殖和发育》一节的教学时，涉及环境污染对两栖动物的影响的内容时，考虑到学生通过现场调查可以亲眼看到环境污染的程度，但无法了解环境污染前后两栖动物生存情况的变化，教师设计了请学生课后向父

母或祖父母调查的环节。通过过去与现在的对比，学生深刻地认识到保护环境的重要性。

四、挖掘学生身边的课程资源

真实世界的问题，关乎学生自身的问题，解决后能指导学生的生活。这样的问题更能激起学生解决的欲望、学习的兴趣，而解决的过程也是一种快乐的体验。

青少年爱吃快餐的问题已成为一个社会问题，家长、老师的空洞说教并不能阻止美食的诱惑。我在处理此问题时，使用一个电脑课件，由学生现场交互点餐，生成营养成分统计表，学生可直观地看到所选快餐所含的脂肪、蛋白质、能量等占一天需要量的比例，而某些营养物质过多，某些营养物质的含量不足，长期累积会导致某些疾病。直观的图片展示可以使学生感同身受。

五、“主题式学习”的评价

实践证明，任何一种新颖的教学形式，如果忽视了评价，教学效果都很难保证。一般来说，评价的方式有形成性评价和终结性评价两种，从主题式学习的特点看，我们更倾向于两者的结合。具体来说，包括以下两点。

1. 评价方式

评价可以采用笔试的方法，但口头报告、活动报告等形式也是不可或缺的。一些优秀的书面报告应及时张贴，让学生观看交流，这对优秀者也是一种激励。为了避免学生和家长只关注最后的书面测试成绩，对口头报告、活动报告等的评价也尽量量化成分数，计入学期总分数。每学期对学期总分数优秀的学生，教师要及时给予奖励。

2. 评价量规

通过实践，我们发现在给学生布置一种新的学习成果展现形式时，如果事先制定好用以评价学生学习成果的“量规”，达成的学习效果要好很多。评价量规要尽量做到详细和可操作。如果能再给学生一个学习模板就更好了，评价量规就更直观化了。学生有了明确的评价量规和学习模板，进行学习活动时就不再觉得摸不着头脑了。

六、“主题式学习”教学过程中应注意的几个问题

1. 选择主题式学习应从需要的角度出发

不能因为主题式学习有优势，就一味地、不加选择地采用这一教学形式。它的优势是建立在需要的基础上的，有些内容本身就比较简单明了，不需要再去兜圈子；有些内容必须要由教师讲授学生才能弄明白，就没必要让学生浪费精力。

2. 主题式学习的内容设计一定要符合学生特点，具有很强的可操作性

任务设计的简繁和难易程度一定要适当，必须对学生的现状做出充分的调查以后才能确定。学习任务的设计，既要不至于让学生束手无策，也要让学生体会到只有通过一定的努力才能达到要求，同时要考虑学生所处的层次，在内容的可调整性和教法的处理上做出合理的安排。

3. 主题式学习应注意个别学习与合作学习的统一

在进行课程内容设计时，注意既要有个体学习的内容，也要有合作学习才能完成的内容，且比例要适当。两者相辅相成，通过学习群体的智慧，完善和深化学习个体对知识的理解与掌握。

（游盛华）

谈初中生物学前科学概念揭示的必要性

多年的教学实践经验告诉我们，学生并不是一片空白地走进初中生物学课堂的。他们已经在以往的日常生活和学习中形成了对生物及其生命现象、活动规律正确的或错误的、完整的或缺失的、本质的或非本质的大量认识，即拥有了各种各样的生物学前科学概念。如果教师未能全面掌握学生的前科学概念状况，就很难有的放矢地进行有效教学。因此，就不得不谈谈学生前科学概念揭示的必要性了。

一、前科学概念影响科学概念的建立和理解

科学概念是生物学课程内容的基本组成。初中生学习生物学时主要的学习活动就是科学概念的建立和理解。大量实践表明，前科学概念在一定程度上影响着学生科学概念的建立和理解，或干扰、阻碍，或顺应、促进。例如，在例证“生物的共同特征”时，刚刚升入七年级的学生会认为生物的共同特征之一应是“生物都是有情感的”，因为“大象可以当士兵打仗”“小草被踩会疼的”“雪人会哭的”“打雷是雷公生气了”，结果就有了“雪人、雷电和大象、小草一样都是生物”这样的错误逻辑，干扰了“生物的共同特征”科学概念的建立，让教师费尽口舌进行概念矫正。而“鸟、蛇、鳄鱼是产蛋的”“角马、羚羊、大熊猫是产宝宝的”让他们在理解“卵生”和“胎生”的概念时就如顺水推舟般顺畅。

应该说，由于知识、经验的局限，学生的前科学概念大多是错误的，如“蘑菇是植物”“自己和姐姐是直系血亲”“鲸是鱼”“细菌都是有害的”等。这些前科学概念具有顽固性，教师需要巧妙地消除它们的干扰，帮助学生建立科学概念，但是这些前科学概念仍有可能在教师大量讲解后一而再再而三地出现。“知己知彼，方能百战百胜”，教师要“战胜”学生的前

科学概念，前科学概念揭示就很有必要了。

二、前科学概念影响教学设计的目标和内容

学生对科学概念的学习并不是从零开始的，而是基于原有的认识逐步建构的。许多前科学概念是学生在现实生活中获得的对周围事物的一些感性印象、积累的一些缺乏概括和科学性的经验，它们并不都是错误的，其作用也并不都是消极的。如果不明确学生已经拥有的各种各样的生物学前科学概念，有意无意地将学生的头脑当成一块“白板”，把生物学概念直接灌输给学生，无异于是在漠视学生个体的知识经验。

那么，学生头脑中的前科学概念到底是怎样的状况呢？刚刚入职的教师是摸不着头脑的，有多年教学经验的教师也许能列举出很多，但是也难免有意想不到的疏漏。因为时代在变，学生的知识背景在变，所以学生的前科学概念状态也在变。例如，教师说病毒是生物，那么学生熟知的电脑病毒呢？某教师以洋葱为例证进行教学，有好几个学生提出了往届学生所没有的困惑：“洋葱是什么样的？”因为他们只见过做成菜的洋葱丝，没见过完整的洋葱。因此，教师要用适当的方式在课前对学生开展初中生物学各知识点前科学概念的揭示调查，让其成为教学设计的基础，有针对性地开展教学活动，从而提高学生概念学习的效率。例如，我们了解到学生的前科学概念中有排粪便是排泄的概念，那我们在设定教学目标时就要求学生知道人体内废物排出的途径，这是“排泄”概念的外延，也是课堂的教学重点；教师还需要深入解读“排泄”概念的内涵，解释“人体内废物”是细胞的代谢物，而粪便主要是食物残渣，不是细胞代谢物。还有学生认为骨和骨骼的概念是等同的，那教师在设计教学时就需要增加一个小小的教学内容——“区分骨和骨骼”，并在课堂教学时要求学生准确表达。

因此，教师很有必要揭示学生已有的前科学概念，把学生的前科学概念作为教学的重要资源加以利用，有针对性地进行教学设计。这对学生科学概念的形成和发展将具有积极的作用，否则很可能会导致学生产生更多片面的，甚至错误的概念，从而影响学生对生物学科学概念的准确掌握和应用。

三、前科学概念影响教学策略的制定和执行

虽然有资料显示，不同能力、民族、居住地或种族、教育水平、信仰的

人，拥有的错误概念具有很高的同一性，但对一线生物学教师而言，每个学生个体都是独特的。他们有的来自小学名校，接受过较好的小学科学教育，甚至有着良好的家庭科学教育环境；有的来自城郊或县区的普通小学，小学科学教育几乎是空白；还有的刚随父母进城，来自周边农村，虽没经过系统的小学科学教育，却不乏乡村自然认识。因此，不同地域、家庭、小学教育背景下的初中学生个体，生物学前科学概念应该是有差异的；由来源复杂的初中生组成的不同的教学班，在生物学前科学概念的共性上也是有差异的。

教师所有教学活动的目的都应该是帮助学生建立和理解概念。是用板书还是用课件，是用实物、标本、模型还是用动画，是视频展示、事实讲述、实验探究还是实地调查，这些教学策略要在调查揭示出学生的生物学前科学概念状况后，才能进行选择或者综合。制定出最佳方案后，要在不同的班级灵活执行。例如，A班学生大多认为“两栖动物就是既能生活在水里也能生活在陆地上的动物”，青蛙、乌龟是能既能生活在水里也能生活在陆地上的，所以有了“青蛙、乌龟都是两栖动物”这样的前科学概念，只有少数学生能对青蛙和乌龟进行正确的概念区分。对此，教师可以先说明乌龟不是两栖动物，而是爬行动物，引发大多数学生的认知冲突，激起质疑。然后，采用图片、视频等资料，让少数学生分别描述、比较青蛙、乌龟在形态、发育、生活环境等方面的不同，教师再简单介绍蟾蜍、大鲵、蝾螈和蜥蜴、鳖、蛇、鳄鱼等，以丰富的事实支撑让学生能总结两栖动物和爬行动物的主要特征并能正确加以区分，这样就能转变学生错误的前科学概念。B班学生对“两栖动物”的认知大多是空白的，但对青蛙的幼体和成体特点还是比较熟悉的，此时教师就没有引入“乌龟”激发学生认知冲突的必要了，也不必要将两栖动物和爬行动物放在一起进行比较教学。教师不正确的教学策略反而可能让学生形成新的前科学概念。

恰当的教学策略有利于消除学生个体生物学前科学概念的差异，使更多的学生能够加深对概念内涵的印象，进行有效的概念转变，建构出准确的初中生物学科学概念，全面提升学生的初中生物学学习质量。而教学策略的制定和执行是建立在已知学生的前科学概念的基础上的，这再次证明了学生前科学概念揭示的必要性。

（游盛华）

初中生生物学前科学概念调查及转变策略研究

前科学概念在一定程度上影响着学生科学概念的形成。教师在进行概念教学时，应得关注点从“学生该学到什么”转变为“该用什么方法让学生学到”。然而，多年的教学实践告诉我们，教师还需要关注“学生原本学到了什么”。我们通过对学生前科学概念的调查，揭示出每个学生个体的生物学前科学概念状况，从学生已有的生活经验和知识背景出发，精选恰当的教学活动内容，在不同层面的班级进行不同的课前预设，有针对性地整合教学资源和组织教学活动，灵活施教。这样制定出的教学策略才不是“空中楼阁”，才有利于消除学生个体生物学前科学概念的差异，使更多的学生能够进行概念转变，建构出准确的初中生物学科学概念，即“学生该学到什么”，全面提升学生的初中生物学学习质量，关注“学生已学到什么”，提高学习效率。通过相关的课题研究，我们获得以下研究成果。

一、关于学习背景

我们通过对初中生生物学科学习背景的问卷调查和分析了解到，我校学生主要来自龙山小学、浔东小学、柴桑小学，少数来自位于城郊的三里小学、五里小学、南湖小学或县乡的小学，个别来自双峰小学、九江小学和外国语小学。从学习背景调查的情况来看，近2/3的小学是开设了科学课的。但从学生的表述中了解到，大部分小学科学课的开设情况不太理想，有的虽有开设但形同虚设，城郊或县乡的小学科学教育几乎是空白。相对来说，龙山小学、浔东小学和柴桑小学科学教育还算合格，双峰小学、九江小学和外国语小学科学教育较正规。当然，没上过科学课的学生并不是完全没有相关接触，有不少学生反映有种植、养殖经历，特别是城郊和县乡的学生。从学生的表述可见，学生中种植过植物的较多，以花、豆类、含羞草、蒜、吊兰、仙人掌居多；养殖过动物的较少，以兔、狗、鱼为主；经常看教育类、科学类电视节目的较少，经常阅读科学普及方面书籍和与家长交流自然科学方面话题的更是少之又少，而且与家长的学历背景没有多少关联（详见2014级、2015级学生学习背景分析表）。

题目 百分比 答案	是否开设科学课	是否有种植、养殖经历	是否经常观看教育或科学类电视节目	是否经常阅读科学普及方面的书籍	是否和家长交流过有关自然科学方面的话题
是	64.3%	49.3%	54.6%	36.2%	32.1%
否	35.7%	50.7%	45.4%	63.8%	67.9%

在对已开设小学科学课的学生的问卷调查中，回答“印象最深的、收获最大的或者最有兴趣的内容”时，“实验”这个词的出现率非常高，甚至有学生提到了观察等科学的实验方法。在大部分学生的概念里，科学基本等同于实验。学生没有真正理解什么是实验，对实验的目的和方法不明确，甚至把实验等同于玩耍。

生物科学这门以实验为基础的应用性强的自然学科，其实很容易引起学生的兴趣。生活中也充满各种各样的科学现象，需要学生用心去观察了解，或者有人为他（她）答疑解惑。从我们对七年级新生入校后的第一次生物学科考试的跟踪分析来看（见下表），小学科学课的开设对学生科学概念的形成肯定是有着积极意义的，其激发的学生兴趣以及培养的科学思路和方法，能为初中自然科学课程的学习奠定很好的基础；有种植、养殖经历的学生，在学习与之相关的自然科学知识方面是很有优势的；学生自己或者父母经常观看科学教育或自然频道的节目，经常阅读科学普及方面的书籍，家庭成员之间交流有关自然科学方面的话题，对学生构建科学概念都是有积极影响的。

因素	答案	生物考试平均分	绝对值
小学是否开设科学课	是	66.05	7.396464
	否	58.65	
是否有种植、养殖经历	是	65.32	4.363409
	否	60.95	
是否经常观看科学教育节目或自然频道的节目	是	66.75	7.370128
	否	59.39	
是否经常阅读科学普及方面的书籍	是	69.31	9.271667
	否	60.04	
是否会和家长交流有关自然科学方面的话题	是	69.01	8.260188
	否	60.75	

从每种因素填是与否的学生平均分的绝对值来看，影响最大的是“是否经常阅读科学普及方面的书籍”，第二是“是否会和家长交流有关自然科学方面的话题”，第三是“小学是否开设科学课”，第四是“是否经常观看科学教育节目或自然频道的节目”，影响最小的是“是否有种植、养殖经历”。

由于学习背景的差异，学生对问题的理解各异。我们在实际的教学过程中不能无视学生的学习背景，另起炉灶，从外部灌输新知识，而是要把学生现有的知识经验作为新知识的生长点，引导学生从原有的知识经验中“生长”出新的知识。而且，在学生的共同体之中，这些差异本身便构成了一种宝贵的学习资源。教学就是要增进学生之间的合作，使其看到不同的观点，从而促进学习的进行，这应该成为概念转变的一个思路。

为了便于课堂教学，我们根据每个班学生的学习背景组合情况，将班级类型大致分为三类：A类——小学在县乡完成的学生居多，小学科学知识有限，但有一些种植、养殖经历；B类——小学在城区完成的学生居多，但小学科学教育几乎是空白；C类——小学在城区和县乡完成的都有，小学科学教育参差不齐，但学生的思维较活跃。以下分别简称为A类、B类、C类。

二、关于前科学概念

1. 揭示

对于前科学概念的揭示题，课题组是以人教版初中生物学教材的8个单元为蓝本，将《义务教育生物学课程标准（2011年版）》的50个重要概念分解进行命制的。但是，具体到每一道题的命制，还是以了解学生的最近发展区为主，不是简单地将这50个重要概念分解，而是为学生以后能更好地构建这些概念“勘探地基”。所以，对于揭示题的命制有如下方式：

（1）简单转化式。例如，核心概念：地质学、化石记录、解剖学等从不同方面为进化理论提供证据。揭示题：我们现代人是怎么研究生物进化的？

（2）系列分解式。例如，核心概念：消化系统包括口腔、食道、胃、小肠、肝、胰、大肠和肛门，其主要功能是从食物中获取营养物质，然后运输到身体的所有细胞中。揭示题：人体的消化系统由哪些器官组成？其中消化食物和吸收营养物质的主要器官是什么？有哪些营养物质不需要消化就可以直接被细胞吸收利用？哪些营养物质需要消化才能被细胞吸收利用？你知道唾液、胃液、胆汁、胰液、肠液分别有什么作用吗？什么是消化？什么是吸收？

（3）粗浅前沿式。例如，核心概念：科学探究既需要观察和实验，又需要对证据、数据等进行分析和判断。揭示题：生物实验中有时会用到酒精，你知道使用酒精有哪些注意事项吗？你知道怎么检验某物体内是否含有淀粉吗？怎样证明一个容器中含有较多的氧气？怎样证明一个容器中含有较多的二氧化碳？

（4）直接概念式。例如，核心概念：动物的行为由先天遗传或后天学习而获得。揭示题：如何区分动物的先天性行为和学习行为？

通过实践，我们发现仅用这些揭示题还是不能完全揭示学生的前科学概念情况，还需要教师在课堂上进行进一步的揭示。例如，“反射弧由哪些基本结构组成？”有的学生通过预习自行看书，就能写出正确答案。但是教师在课堂上进一步提问什么是“感受器”“神经中枢”“效应器”等以及“它们之间的关系”是怎样的时，学生就目瞪口呆了。可见，学生对“反射弧的组成”其实是空壳概念。有些非核心概念也是需要揭示的，如“直系血亲”和“旁系血亲”，因为它们会影响相关核心概念的建立，不过这可以课堂口头揭示。

以上是对学生原发性前科学概念的揭示方式。其实学生在课堂学习后还会产生不少继发性前科学概念，它们同样需要揭示。这时，就可以应用练习题或测试卷来进行了。

2. 诊断

我们通过文献学习了解到，按照前科学概念产生的时间，可将其分为原发性前科学概念（学生在进入正规的生物学课堂之前所形成的前科学概念）和继发性前科学概念（是学生在教师的教授下学习生物学之后所形成的前科学概念）；按照前科学概念的成分，可将其分为空壳概念（学生知道某一概念的名称，但并不知道其内涵，也不知道其外延和例证）、不完整概念（学生把一个概念的某些特性忽略掉了，或者对其内涵不是十分明确，认识上似是而非）、异质性概念（学生将某一概念的内涵增加，将某些特性强加于其中，导致其本质特征发生变化）、条件缺失概念（学生对某一生物及其属性的判断忽略了其存在的前提条件）、无例证概念（对某一概念，学生知道其名称、内涵和外延，但没有概念的例证作支撑）、绝对化概念（忽略了特例和反例的生物学命题）。

我们在2014级和2015级学生中进行了初中生物共8个单元的前科学概念的揭示调查，从时间上来看，学生的前科学概念都属于原发性前科学概念。为了后面的课堂教学设计，我们对每个班学生的前科学概念情况按“不知道的”“不准确的”和“较准确的”进行统计，从前科学概念的成分上进行分析，诊断出相应班级大多数学生的前科学概念类型，进而提出概念转变建议，如对“你知道人体三道防线是什么吗？”的概念揭示、诊断类型和转变建议见下表：

学习背景类别	样本班级	简记	百分比	前科学概念类别	转变建议
A类	2014级8班	白细胞，保护组织	不知道的约占85% 不准确的约占10% 较准确的约占5%	空白概念	同化丰富： 动画演示—梳理归纳
B类	2015级4班	传染源，传播途径，易感人群	不知道的约占70% 不准确的约占30% 较准确的约占0%	空白概念 异质性概念	同化丰富： 激发认知冲突—动画演示—梳理归纳
C类	2015级8班	皮肤，白细胞，扁桃体	不知道的约占20% 不准确的约占70% 较准确的约占10%	空白概念 异质性概念 空壳概念	顺应修正： 自编课本剧—梳理归纳

上表选择了两个年级中的三个班作为样本，分别代表前述学习背景的A

类、B类、C类。就"人体三道防线"的前科学概念诊断情况来看，学生的前科学概念类别有共性的地方，即有部分学生对"人体三道防线"是不知道的，属于知识缺乏状态，后来我们把这类情况命名为"空白概念"；也有不同之处，如B类——2015级4班有30%的学生对概念认识不准确，从回答的内容上分析属于异质性概念，而C类——2015级8班有70%的学生的前科学概念类别属于异质性概念，有个别学生学习自觉性强，通过预习能准确回答，但通过进一步了解，学生并不理解其内涵、外延和例证，属于空壳概念。由此，所给出的概念转变教学设计建议在这三类班级会有所差异。

我们通过统计发现，在原发性前科学概念中，我校学生的空白概念、空壳概念、绝对化概念和无例证概念较多；而在继发性前科学概念中，异质性概念、条件缺失概念、不完整概念较多。同时我们发现，我校学习背景不同的三类班级，在前科学概念的类型上有差异但差异不是很大，主要表现在"不知道的""不准确的"和"较准确的"所占比例上。在科学学习过程中，学生的前科学概念大多是肤浅的，甚至有些是与科学概念相悖的，容易对学生形成准确科学概念构成障碍。通过文献，我们了解到前科学概念的转变主要有两个方向，即同化丰富和顺应修正。同化丰富即为充实现存概念结构，对概念的内涵进行增加或删除；顺应修正即重建概念结构，以新的信息来解释老的信息或者为了说明新的信息。总之，两者都不是将前科学概念弃之不用，而是在原有概念的基础上对科学概念进行建构。因此，在诊断出每类班级大多数学生的前科学概念类型后，我们对空白概念、空壳概念、不完整概念大多采用同化丰富策略，使无例证概念在同化丰富中强化例证教学；对异质性概念、条件缺失概念、绝对化概念大多采用顺应修正策略。但这也不是绝对的，需要针对学生的学习背景和班级前科学概念的组成情况进行微调整。

三、关于转变策略

前科学概念的转变是新、旧知识经验相互作用的集中体现，是新经验对已有经验的影响和改造。如果教师一味地将科学概念传授给学生，这样学生或许在课堂上掌握了新知识，一旦走出课堂，他们又会回到原有的概念上，使教学效果大大降低。课题组教师从学生的年龄特征、心理需求、学习背景和前科学概念的揭示情况等入手，充分利用教材，广泛开发多种学习资源，不拘一格地创设各种情境和途径，着重学生学习过程与方法的设计，制定了以下转变策略，以此提高转变的效率。

1. 激发认知冲突式

要转变学生的错误概念，仅仅告诉学生正确答案是无效的，教师必须创设一定的情境激发认知冲突，这样才能促进概念的转变。所谓认知冲突是指人在原有经验与新经验之间出现对立性矛盾时而感受到的迷惑、紧张和不适的状态。认知冲突总是相对于个体的知识体系而言的，由于前科学概念的不同，某一个新概念可能与一个人的原有经验相冲突，但对于另一个人来说，可能不存在这种冲突。因此，教师在教学的过程中，发现本班有1/3以上的学生有异质性概念时，可以采用这种策略。

2. 例证演绎式

例证是构成概念不可或缺的一部分。学生的前科学概念中，除了明显的无例证概念外，空白概念、空壳概念等也缺乏例证支撑，使学生无法理解。而不完整概念、异质性概念、条件缺失概念、绝对化概念等也是学生对例证了解不充分、不全面造成的。

在人教版初中生物学教材中，大量的科学概念都是用例证演绎法来构建的，即先精心选择事例，提出与概念形成密切联系的梯度渐进的重要问题，引导学生展开讨论、分析，并最终抽象、概括出科学概念的基本内涵。教师要善于应用这种方法，或者加以补充整合，让其成为概念转变的通用策略。例证除了用文字、图片来展示外，还可以用实物、标本、模型、视频、实验来展示。

3. 实验探究式

生物学中一些重要的概念是离不开实验方法的，生物学是建立在实验基础上的科学，而实验是离不开观察、分析、比较、综合等科学方法的。实验中所呈现的事例、现象和结果是建构概念的重要依据，而且从初中生的认知结构看，他们虽然已经具有初步的感知、思维能力和知识经验，但周围的许多事物对他们来说仍然是陌生的、新奇的，并且随着活动和感知能力的进一步发展，他们能够注意、接触到的要比以前多得多，但却无法给予明确的解答、解释，这就大大激发了他们的好奇心。正是由于这种好奇心的驱使，他们才特别喜欢尝试，而且在过程中体验的例证非常深刻，有利于转变前科学概念，进而建构出科学概念。研究表明，只有通过观察、实验、比较等有意义的学习过程建构科学概念，学生才会留下深刻的印象，并对概念形成较好的迁移与运用能力。“实践出真知”“事实胜于雄辩”是能穿越时空的教学法则，也是概念建构过程中众多教学策略中的首选。

4. 实践应用式

教师在生物学教学中帮助学生形成生物学概念的目的，是引导学生运用重要概念来解释与生物学有关的现象，解决学习生物科学过程中遇到的问题并能根据已有的生物学知识和经验做出自己的判断，从而提高自身的生物科学素养，对今后的学习和生活产生积极影响。因此，学生构建起科学概念后，教师要通过联系生活实际或设置新情境，把学生带到真实的生活中，用与学生生活实际密切联系的事例引导学生讨论，促进学生运用概念解决问题，切身理解概念的内涵、外延和例证。在解决问题的过程中促进学生对概念的巩固、迁移和运用，或者暴露出其顽固的或模糊的错误认识，有利于教师发现问题，进行下一步的前科学概念修订。

5. 回顾梳理式

前科学概念往往具有顽固性，即使通过课堂教学有所转变也还是很不稳定，学生的继发性前科学概念常常由此产生，很多学生的空白概念、空壳概念变成了异质性概念等或者仍旧是空壳概念。我们通过跟踪观察发现，在新知识教学后教师要及时引导学生复习、回顾梳理前面所学，这样才能减少学生继发性前科学概念的产生。

6. 成果展示式

学生在课堂中经常会做一些接受新知识的表面功夫，一方面，课堂上表现出来的是已经会用已学的知识来解决问题，“一厢情愿”地认为自己明白了；另一方面，未能对所学知识有充分的理解，一旦走出课堂很快就会回到自己原有的理解层面上去，导致概念转变不佳。因此，可以及时展示、及时表扬学生的优秀作业、优秀作品以及成功的实验现象、优异的测试成绩，增强学生的自我效能感，保证学生能持续地、满怀信心地投入更多的时间和精力去关注自己生物学概念的转变，更积极主动地参与概念的转变，对概念的转变起促进作用。

以上转变策略在一节课中可能会单独应用，也可能会综合应用。在不同学习背景的班级中，结合前科学概念的揭示情况，激发认知冲突式、例证演绎式、实验探究式、实践应用式、回顾梳理式、成果展示式一般是通用的。其中，例证演绎式是最常用的转变策略，要让学生养成以例证支持概念的良好习惯，因为例证不仅是概念的一个成分，也能够帮助学生识记概念，理解概念内涵，明确概念外延。应用例证演绎式时可以根据班级学生的前科学概念情况，让一部分已知较正确概念的学生先做交流演绎，为其他学生做示范。激发认知冲突式要把班级中不同的认知搜集起来，有意识地点名，让它们的“小主人”表达出来，在课堂上激发冲突的火花。毫无疑问，回顾梳理式是用在复习巩固概念之时的。而实验探究式在A类和B类班级应用时要逐步训练一段时间后，学生才能跟上。成果展示式根据学生情况的不同，选择的难易方式也不同，最难的是做“小老师”，一般只在C类班级应用。

总而言之，科学概念的教学一定要根据学生的学习背景和前科学概念，灵活应用多种教学策略，让学生做到真正理解概念，知道概念的内涵、外延及例证，运用科学方法分析概念的各种例证，用所学的概念和原理解释身边所发生的各种生命现象，训练和提升学生概念的应用能力，从而实现高效的前科学概念转变。

（游盛华）

甲班不良学习习惯矫正记

一、矫正背景

甲班学生在七年级入学素能测试中，与同年级学生相比，语文素能较差，说明他们在阅读理解能力和语言表达能力方面有所欠缺，这将直接影响他们初中生物学的学习；数学素能也不高，说明他们在数理逻辑能力、缜密思维能力方面也不见长。我在这个班任教生物课。

开学的第一个月，每节课上，我几乎都要停讲2～3次来整顿纪律，因为学生在课堂上特别兴奋，但并不是关注课堂知识的学习，而是讲题外话。每次整顿后的10分钟之内效果还不错，但接下来又故态复萌。如此反复，师生的情绪都不好，课堂效果可想而知；课后的作业要么交不上，要么错一大片。我的初步判断是，甲班学生具有上课的关注度太差、不善于倾听、学习的持久性不够等不良的学习习惯。这也就能理解甲班学生入学素能测试反映出来的问题了。不良的学习习惯是学生提高学业成绩的主要障碍，还会影响学生的心理健康、人格发展等各个方面，需要立即矫正。

二、矫正过程

1.首次矫正

当甲班学生在课堂上讲题外话时，我一开始是点名批评。如果讲话学生的数量较多的话，只能把讲桌拍得啪啪响，当堂训诫。可是，我发现学生在被批评时常常显得很无辜，他们要么没觉得自己在破坏课堂纪律，要么根本没意识到老师已经在批评他了。即使训诫暂时管住了学生的嘴，可从学生的眼神、学生对课堂知识的反应来看，并没能管住学生的心，作业也还是错一大片。一个月过去了，我身心俱被，却收效甚微，不良学习习惯的首次矫正失败。

2.首次矫正失败后的反省

治病旨在对症下药。首次矫正失败，说明我的“药”不对甲班的“症”，我需要调整我的矫正方法了。在制订新的矫正方案之前，我首先要摸清“症”之所在。

我通过与其他学科任课教师和班主任的交流了解到，甲班学生在其他课堂的学习状态大多如我的课堂，只不过语、数、英学科的课堂纪律稍好些，像生物这样的小学科课堂纪律大多较差。初步了解，发现学生对生物学科还是很感兴趣的，但也仅是感兴趣而已，并未把它当作初中学习中不可或缺的组成部分。

通过对甲班学生各方面习惯的问卷调查，我对甲班学生进行了全面分析。甲班学生大多能自省到自己有不良的学习习惯，如“注意力不集中，易走神”“上课爱睡觉”“没耐心，无恒心”“不喜欢动脑思考”等。还有其他间接影响学生学习的因素，如交往、做事、做人方面的习惯等。例如，甲班学生的特质确实是喜欢讲话，“喜欢与人分享开心的事”“一件事反复唠叨，让朋友都受不了”，但“不善于倾听”，做事的计划性、坚持性较弱，这些都会影响他们的学习品质。但甲班学生也有不错的习惯和品质，如“有责任心”“守时”“抗挫折”，还有“作业和考试大多不会抄袭”等，这些将有利于我对他们开展矫正教育。

3.再续矫正

再续矫正就不是简单处理了，需要的是针对甲班的“症状”综合“下药”。

首先，寻求班主任的帮助。班主任也发现了本班学生的不良学习习惯，多次交流后，我们认为首先要矫正学生上课随心所欲讲话的不良习惯。班主任在班上新增一条班规，凡是上课因为讲话被老师点名批评两次以上者将到班主任那里接受单独训诫。这肯定是学生不愿意接受的，要避免这样的惩戒那就要约束自己。当然，我作为任课教师，也不能随意使用这把“尚方宝剑”。班主任授予的“尚方宝剑”要少用，这样真正用起来才能起更大作用。虽然课堂讲话现象每节课还有反复，但学生自我控制的时间延长了，控制得比较好的学生也越来越多，我及时给予表扬。甲班学生良好的品质使得新班规得到了有效的执行。

其次，调整课堂结构，丰富课堂内容。例如，用适时提问来提高他们的思考力，用适当的讨论和表达释放他们爱交流的特性；针对他们阅读理解能力偏差的问题，适当用较为直观的图片和视频来辅助课本内容的展现，这样也可以提高他们对知识的关注度。实行一段时间后，效果不错，作业基本能交齐了，正确率也大大提高。我还用我校自编的生物学案来对学生进行学习方法的指导和学习任务完成情况的督查，让习惯的矫正和养成在有形的学习中物化，便于师生进行过程性评价。

对于恒心和决心不足的甲班学生来说，外在的约束和吸引作用是暂时的。我需要激发他们内在的自我矫正能力。期中考试之前，我在甲班进行了一次模拟测验。成绩出来后，我把成绩表张贴在教室里，每个学生分数后面我都写了一句话（见下表）。

姓名	第一单元	第二单元	期中模拟	进步这么大！老师为你们骄傲。 期终考试的好成绩——老师很期待哦！
康 ×	84	81	98	你真棒！三连甲，不容易！
刘 ×	75	70	96	很大很大的进步，希望保持住！
张 × ×	75	81	96	不错不错，每次都有骄人的成绩，保持住！
沈 × ×	80	81	94	有进步，很不错！
陈 × ×	79	77	93	进步很大，为你鼓掌！
苏 × ×	67	64	92	进步很大哦，还有上升空间，加油！
冯 × ×	70	73	90	有很大进步！继续加油！
蒋 × ×	74	61	89	有进步，还有上升空间，还可以更好
翁 × ×	57	73	89	一次比一次有进步，还需要关注一些细节
徐 × ×	69	58	88	有很大进步，还需加把劲！
张 × ×	81	66	88	徘徊。还有很大进步空间，就看努力程度啦！
陈 × ×	73	70	87	有进步，还有上升空间，还可以更好！
胡 × ×	70	70	85	有进步，管理好自己还可再进一步
吴 × ×	61	49	84	有很大进步，但细节关注不够

续 表

姓名	第一单元	第二单元	期中模拟	进步这么大！老师为你们骄傲。期终考试的好成绩——老师很期待哦！
朱××	67	69	79	小有进步，如果听课更专注些，还有很大上升空间
钟　×	70	74	75	徘徊。少说话，多读书，会有更大进步
黎××	58	67	73	有进步，但管理好自己的话还可以更好
任××	43	35	64	徘徊。老师看到了你的进步，但努力的火候还不够
田××	36	39	62	进步很大哦，有努力就有收获
廖××	49	34	48	徘徊。老师看到了你的改变，但专注的火候还不够

我让每位学生首先跟自己比，看与前两次的测验相比较，自己有没有进步，鼓励他们继续矫正自己的不良学习习惯，取得更好的成绩；再跟班上的同学比，看看同样在一间教室里学习，别人的进步在哪里。好成绩是甲班学生希望得到的，好成绩同样也不是遥不可及的，只要班上的每一位学生都下决心做最好的自己。

期中考试后，一小部分学生崭露头角，但大部分学生觉得成绩不如自己预想的那么好，有点灰心丧气。我告诉他们：学习过程不可能是一帆风顺的，老师能看到大家的努力，而且要强调的是老师在意的不是分数，而是同学们有了越来越好的学习习惯，这才是同学们可以受益终身的。甲班学生良好的抗挫折能力让他们较快地进行了调整，重新鼓起信心，上课尽量管住自己的嘴巴，保证良好的课堂纪律，大多数学生也都能集中精力听课、积极思考、有序发言，作业和测验反馈的正确率也在大幅提高，显示了良好的教学效果。

三、矫正感想

1.矫正不良学习习惯需要师生共同坚持

不良学习习惯不是一朝一夕养成的，那么矫正也不是一朝一夕的事，教师要有打持久战的思想准备。在甲班学生不良学习习惯矫正的过程中，学生常有反复，矫正效果有时并不是很明显，这就需要师生相互激励，用极强的意志力和自信心来坚持。

2.矫正不良学习习惯需要恰当的时间点和刺激点

矫正不良学习习惯仅有坚持是不够的。若坚持时间很长，矫正仍然失败，往往是由于错误的矫正方法。教师要在教学过程中适时抓住矫正的关键时间点，如测验前的复习课、糟糕测验后的新课学习阶段等。同时，还要根据班级学生实际情况及时挖掘刺激点，适时适当应用，如将班级新规作为外在的刺激点，将一点点进步就能得到老师的表扬而带来的喜悦感、成就感作为内在的刺激点。

3.矫正不良学习习惯需要班级文化的支持

习惯不仅是自动化了的动作或行为，也包括思维的、情感的内容。甲班学生虽然在学习上有诸多不良习惯，但这并不是全部，甲班学生在交往、做事、做人方面有诸多良好的表现。因此，矫正甲班学生的不良学习习惯需要综合多方面因素，特别是以班级文化为主体的全方位支持。甲班学生是很在意班规的约束以及优秀学生、先进事例的引领的。教师悉心应用班级文化顺势引导，在引领学生矫正不良学习习惯、养成良好学习习惯方面还是很有促进作用的。

总之，为矫正学生的不良学习习惯，教师要用科学研究的态度和方法，并加些耐心、细心和爱心，即使是已经形成的很顽固的不良习惯，经过较长时间的强化训练和影响也能发生改变。在这一过程中，学生收获的将不仅是知识，更有毅力、恒心以及克服困难的勇气，这将会使学生受益终身。

（游盛华）

初中生物的学前准备有利于学生学习质量的提高

新课程改革对学生、教师都提出了更高的要求，不但注重学生获取新知的内容，更注重学生获取新知的过程，而教师的整个教学过程对学生学习方式的改变有着深远的影响。在进行初中生物主题式学习的研究时，我们发现学生在课堂上的思维非常有限，很难与教师、与同学迅速形成交流，导致教师很着急地回到灌输式教学模式。这让我们意识到了学前准备的必要性。学前准备就是在学生学习解决问题之前，教师把与该学习主题相关的准备资源提供给学生。这样还能缩小课堂授课中学生之间的差异。在教学实践中，改善学生的学前准备可以提高学生的学习质量，现从以下几个方面进行总结。

一、帮助学生积累、整理经验

学生的经验与生物知识之间的关系很值得教师去研究，这种研究可以对学习过程中许多令人迷惑的问题做出回答。生物知识的起始学习应该从学生的经验开始，这是教师们一致肯定的，但是我们很少去关注学生个体在经验获得方面的差异。形成经验差异的原因有两个：生活经历与学生在经历中的感悟。学生的经验差异形成了生物学习的不同起点，从而导致生物学习的不同结果。因此，教师应在教授纯粹的生物知识之前，分析该生物知识所依赖的经验，并通过一定的教学方式使班级学生能够在经验层面上达到大致相同的可接受水平，这对于课堂学习而言是很重要的。

在进行“描述绿色开花植物体的结构层次”相关主题的学习时，教师请学生课前每人准备一株植物，课堂上学生分组观察自己带来的植物，了解生活中这些植物体的结构是否齐全。学生根据观察，根据已有的生活经验，能说出自己小组现有的植物体的器官，而且会使用生物名词。虽然各小组成员之间存在差异，但课堂讨论的方式可以培养学生的经验获得能力与经验整理能力，使每个学生个体的经验处于大致相当的水平，这对于学生生物概念的获得很有意义。

二、帮助学生建立、使用生物语言

语言是思维的工具，生物学习的质量与生物语言的建立和使用的熟练程度有密切联系，生物语言的建立与使用需要进行专门的学习和训练。

在制作“人的口腔上皮细胞临时玻片标本”时，教师要先展示人的口腔上皮细胞临时装片制作过程，教师操作，所取材料来自教师口腔，目的是使学生明白制作材料可取材于自身。然后让学生练习制作人的口腔上皮细胞临时装片，并交换观察，目的是培养学生的观察能力。最后让学生画出人的口腔上皮细胞结构图，并互相交流，要求标出细胞的组成部分（细胞膜、细胞质、细胞核），使用生物名词。

这一课例的结果是令人激动的，学生感叹：哦，我的细胞原来是这样的。某某同学做得太好啦！我再做一遍。这个细胞核好小。最终结果就是学生在活动过程中能自然地使用生物语言。

三、培养学生的生物思维并达到熟练运用

新课程提倡探究学习，教师们在新课程培训过程中都认为探究学习是很好的学习方式，但是一到课堂上实践就出现困难了，因为上探究课花费时间长，有时一两个课时都不够，以至于教学进度受到影响，所以这种有效的学习方式未能很好地为学生的学习服务。那么，有没有办法使探究学习所花费的时间控制在教师所能接受的范围之内呢？有，就是通过系统的课程，培养学生的生物思维，如怎样观察、提出问题、建立假设等。一个学生具有了生物思维，探究活动就会行之有效。以七年级两个班为比较对象，甲班从七年级开始就经常利用课内、课外时间进行一些探究活动，乙班只在课内进行。到了八年级，进行相同的测试，即探究“运动对心率的影响”，两班分组进行，结果发现在提出问题、做出假设、设计活动方案这几方面甲班合理可行

的小组有90%，乙班仅有50%，而且乙班学生经常漏掉假设或实验活动方案可行性低等。从这一事例可以看出，准备性学习对学生的影响逐渐积累，量变产生质变，从而影响学生的学习能力和质量。

生物学习的学前准备对教师的要求比以往要高许多，教师在学前为学生提供学习所需资源，可以帮助学生获得知识、提升能力、陶冶情操，而且对学生获得学习成功、增强自信有极大的意义。

（游盛华）

初中生物学课前预习导学题的设计和应用

预习是学习的开端，也是课堂学习中合作探究与交流展示的基础。对于教师来讲，善于指导学生预习，有助于提高课堂教学效率，为既定教学目标的完成提供可靠的保证；对于学生来讲，自觉而认真地按照教师的要求预习，能够牢固掌握所学内容，加深对教材重点、难点的认识和理解。因此，课前预习导学题的设计和应用对提高课堂效率有着决定性作用。

一、学生的想法

为了了解学生对课前预习导学题设计的看法，我校初中生物组教师在七、八年级学生中做了问卷调查，以便我们在进行课前预习导学题设计时更有方向性。调查情况如下。

1. 对预习的认识

通过调查，约16.4%的学生会“经常进行课前预习”，约18.6%的学生“如果老师不布置预习作业，能主动进行预习”。学生自认为如果没有老师的指导，预习只能理解知识的30%；如果有老师的指导，预习能理解知识的65%。

2. 对课前预习导学题设计的期望

调查中，对“如果你是老师，你会设计哪些预习作业？”的回答里，学生提出不少期望，如要贴近生活，多一些小活动、小制作、小实验、小调查等实践性问题；不要太难，也不要太容易，要图文并茂，适当用“流行语”，适当引进一些课外资料，开阔视野；预习作业不要太多，但要精致。

二、课前预习导学题的设计

1. 设计思想

我们了解了学生的想法，也深刻学习了一些理论和义务教育生物学课程标准，有了以下课前预习导学题的设计思想：

（1）题目要能指导学生阅读教材，了解教材中本课的大概内容，找出本课内容与前面已学知识的联系，回顾所需的旧知识，找出本课的重点和难点。

（2）题目要能指导学生围绕教材内容，关注自己的日常生活，参与实践，提前搜集相关的图文资料，制作简单学具，等等，实现课堂学习与社会生活的有机结合，让学生提前获取与教材内容相关的感性经验，这将有助于课堂学习的深化与拓展。

2. 设计题型

根据人教版初中生物教材，我们设计出以下8种主要课前预习导学题型：

题型一　熟悉教材型

例如，《致同学们》的课前预习导学题设计是首先让学生有感情地朗读一遍课文，然后画出自己感兴趣的生物学内容，并完成以下填空：

（1）生物学是研究________________和________________的科学。

（2）人们的生活处处都离不开生物，生物学是________、________、________、________等学科的基础；________的发展，________的进步，________的提高，都要靠生物学的发展和应用。

（3）生物学正在以前所未有的速度发展，它的每一个新发展都与人类生活息息相关。请阅读课文，写出四例生物学新发展成果并予以关注：________、________、________、________。

题型二　实验体验型

例如，《细胞的生活需要物质和能量》的课前预习导学题设计是请学生动手完成以下实验并思考问题：

（1）将一块冰糖放到一杯水中，观察现象并尝试解释原因。

（2）用铁丝串一粒种子，放到火上烧，观察现象并思考烧掉的是什么物质，留下的又是什么物质。

（3）准备两份等量的青菜（或其他带绿叶子的蔬菜），一份放到凉水中，一份放到煮沸的水中并持续几分钟，观察水的颜色变化并思考可能的原因。

题型三　观察记录型

例如，《先天性行为和学习行为》第一课时的课前预习导学题设计是请学生观察家养动物（如小狗、小鸡、小猫、乌龟、金鱼）或野生动物（如蚂蚁、蚯蚓等），用文字、照片或录像等形式记录它们的行为，还可以搜集与本节课有关的图片、文字资料（不是教材上的），为展示和分析做准备。此外，要附有温馨提示：

（1）爱护动物。在观察动物时不要伤害它们，观察完毕后让它们回到利于它们生活的环境中。

（2）注意安全。所选动物不要对自己造成伤害。

（3）注意卫生。及时洗手，必要时戴口罩等，预防疾病传播。

（4）以下是某同学写的观察记录，供同学们参考，相信你一定比他写得好。“一只刚出生不久的小狗来到我家。刚开始它有点怕人，只会乖乖地吃饭、睡觉。经过我的多次训练以后，它学会了到指定的地方去大小便，还学会了简单的加减法。我一回家，它就会把拖鞋叼给我。它还经常在客人面前表演节目呢！我们全家对它疼爱有加，它每顿饭都有好吃的，大家都夸它很聪明。”

题型四　调查活动型

例如，《动物与人类生活的关系》的课前预习导学题设计是请各小组调查动物在人们生活中的作用，并按要求完成调查报告。供参考的调查题目：①动物对疾病防治的作用；②动物在娱乐和旅游方面的作用；③动物在医药保健中的作用；④食用动物的种类及营养价值。

题型五　知识回顾型

例如，八年级上册《尝试对生物进行分类》第一课时的课前预习导学题设计是要求学生复习七年级上册所学，能概述藻类植物、苔藓植物、蕨类植物和种子植物的主要特征，以及裸子植物、被子植物的主要区别，菜豆种子和玉米种子的主要区别。

题型六　材料准备型

例如，《用药和急救》的课前预习导学题设计是请学生准备好一份药物使用说明书，以备上课时使用，《关注合理营养与食品安全》的课前预习导学题设计是请学生准备一份食品包装盒或袋带到课堂，这些药物使用说明书和食品包装盒或袋将作为简单学具供课堂学习研讨；《基因在亲子代间的传递》的课前预习导学题设计是请学生带一根长绳，并用不同颜色的彩笔涂成不同的区段，以此作为学生学习染色体、DNA（脱氧核糖核酸）和基因这类重要生物学知识点的学具。

题型七　角色扮演型

例如，《保护生物多样性》第二课时的课前预习导学题设计是预习课本中"角色扮演"活动中的内容，教师分配角色至各小组，指导各组完成角色扮演脚本，准备道具，明确辩论和商讨会上发言的具体细节。

题型八　观看视频型

例如，《两栖动物的生殖和发育》的课前预习导学题设计是：还记得小时候看的动画片《小蝌蚪找妈妈》吗？再看一遍，说说小蝌蚪为什么不认识自己的妈妈。附上学生观看此动画片的路径。

3.设计原则

在新课程理念下，教师在落实每堂课的课前预习导学题设计时，都需要遵循以下原则：

（1）题量和难度适中原则。

首先不能让预习成为学生学习的负担，题量的控制可根据教材的内容和学生能支配的时间来进行，一般完成一次预习不宜超过15分钟。个别需要较长时间的，可适当提前较长时间进行布置，以便学生进行时间调配，如题型三中的导学题是课前一个月就布置的。还需注意的是，课堂如果采取小组合作方式，可根据分组情况，尽可能按照小组数额来编写预习导学题，如题型四的导学题中供参考的调查题目数量、题型七的导学题中角色的分配数额，使每个小组在课堂中都有展示自己预习情况的机会。预习导学题的设置难度不可过大，但又要有一定的预习价值。教师可以将有难度的问题细化成若干个小问题，或者给学生提供学习模板，指引学习路径，降低学生预习的难度。例如，题型三的导学题中，对动物行为的描述是难点，于是就提供一份观察记录供学生参考。总而言之，预习导学题的设计宜精不宜多，要让学生有自学的成就感，从而提高学生对生物学习的兴趣。

（2）形式多样原则。

每个学生都是带着自身的经验和背景进行预习的，这些经验和背景需要教师有意识地去唤醒，如题型五的知识回顾、题型八的观看视频。学生在预习中会有自己独特的体验和感受，把这些体验和感受作为课堂上各具特色的交流材料，将有利于课堂的丰富生成，如题型二、三、四中的导学题设计，就是让学生在上课前基于教材内容进行联系生活和社会实际的实践活动、搜集材料。同时，预习既可以是学生个人的行为，也可以是学生集体（小组）的行为，如题型四和题型七就是必须通过小组合作才能完成的预习。

（3）不全面铺开原则。

对于课堂上将要学习的内容，有时候需要预习，预习使课堂教学变得充实、丰满起来，使课堂上的交流充分、深刻起来；有时候则不需要预习，不预习使学生对所学内容有一种新鲜感，有一种探究的欲望和热情，有助于培养学生思维的敏捷性，提高学习效率。具体到教材中某个章节要不要预习，教师要根据学生、教材等各方面的实际情况做出决策。所以，预习导学题涉及的内容不强求全面铺开，可根据具体学习内容特点确定，可以不预习或少预习。

（4）学生自主设置原则。

学生在解决教师设置的预习导学题的过程中，必然会衍生出其他相关问题，这时可以鼓励学生自己发现问题。让学生自己发现问题，不仅可以让学生深入理解知识，更可以提高学生的自主学习意识。这些问题可以交给全班学生共同探讨，也可以在课堂内外交由教师协助解答。例如，“关注合理营养与食品安全”的课前预习导学题可以这样设计：近年来由食品引发的悲剧很多，我们应该多加关注，保护自身的身体的健康。请同学们阅读教材，提出自己觉得应该关注的问题并与同学们交流。可以说，能提出有价值的问题是有效预习的高级目标。只有广泛阅读、积极思维，才能发现有价值的问题；有了疑问，学生才能在课堂上寻求答案、生成知识，达成学习目标。

三、课前预习导学题在教学中的应用策略

要保证预习的有效性，教师除了要精心设计预习导学题外，还要精心组织预习导学题在教学中的应用，应用策略建议包括以下方面。

1. 及时的预习反馈

教师在教学过程中需要不断向学生强调预习的重要性，使学生保持对预习的持久动力，其中最有效的办法就是采取各种形式及时向学生反馈他们的预习情况。教师在教授新知识之前，一定要检查学生的预习情况。根据学生的预习情况，对表现较好的学生及时进行表扬，对表现不理想的学生及时进行鼓励并给予适当指导，等等。

2. 多样的预习展示

对学生的预习情况可以通过书面作业进行检查，也可以通过课堂展示进行检查。学生课堂展示的形式多样，可以是板书，可以是口头讲解，亦可为演示自制的学具，等等。课堂展示不仅能让教师及时捕捉学生预习的动态信息，也能让学生的综合能力得到提高。当然，课堂上不可能人人都进行预习展示，每个小组可针对某个问题选派一名中心发言人，教师也可以根据题目难度的不同指定小组中不同层次的学生进行展示。

3. 展示的顺序编排

为了让学生能认真处理预习导学题中的每一题，课堂展示的顺序编排也应结合实际灵活处理。当各题难度均衡时，可由课代表随机安排顺序进行展示；当问题难度呈阶梯式上升时，可将探究型问题交由能力较强的小组回答。这样不仅能做到公平，还大大提高了学生自主学习的积极性。

4. 让预习导学题与课堂流程紧密结合

好的预习导学题设计可以让学生很自然地了解本节课的教学流程，大大增加课堂容量，提高课堂效率。很多教师会在课堂开始时检查学生预习情况，让学生在新课开始时就将预习情况全部展示完，但这不是唯一的方法。其实好的预习展示，应贯穿整节课的始终，让预习导学题与课堂流程紧密结合，使每一个教学环节中都有预习展示的存在。

四、课前预习导学题的应用效果

在应用一个学期的课前预习导学题后，我们再次在学生中进行问卷调查。从对“你觉得课前预习导学题给你的学习带来了哪些变化？”这道题的回答来看，学生认识到课前预习导学题主要给自己带来以下几方面的变化。

1. 养成了预习习惯

现在课前预习变成了学生每天必须完成的一项作业，“使人感觉只有预习了才算是好学生”“以前学习不主动，现在能自主学习，并且能完成得比较好”。学生的自主学习能力在渐渐提升。如果没有课前预习导学题的指导以及老师的及时布置，学生课前预习的持久性就会比较低。有了课前预习导学题的指导，学生对知识的理解程度也是比较高的。

2. 提高了预习质量

课前预习导学题使预习有了目标，有了条理，明确了知识点，提高了预习速度，还使学生学会了预习方法，提升了预习能力，而且不用再买很多辅导书了。

3. 提高了课堂学习效率

通过预习，学生能提前接触新知识，一些简单的知识可以自己弄懂了，课堂上也能紧跟老师的进度，易于接受与理解知识，减轻了上课的压力，还能与老师探讨难题，而且对知识的印象更深，学得更透，有了思考的深度。

4. 提高了学习成绩

预习使学生学习更系统，知识更巩固，归纳更准确，还可以指导复习，从而减轻考试压力，学习成绩大大提高。

课前预习导学题使学生由盲目被动地接受转变为有目的、主动地学习，提高了预习速度，使学生学会了预习方法，养成了预习习惯，提升了预习能力，从而提高了预习的有效性，进而提高了整体学习质量。要提高学习效率，关键点就是教师的“教”要为学生的“学”提供知识建构的“脚手架”和学习方法。初中生物教师精心设计目标明确、任务具体、易于操作的课前预习导学题，并予以有效应用，就是在给学生学习生物学科提供井然有序的“脚手架”和行之有效的学习方法，这样一定能提高学生的预习效率，也势必提高整个学科的学习效率。

（游盛华）

初中生物教学中合作学习模式的应用简析

随着我国社会发展水平的不断提高，每一个行业都需要大量的人才，而且每一个行业对人才的质量也提出全新的要求，所以在目前的初中生物课堂教学开展过程中，生物教师一定要采用全新的课堂教学方式，让学生能够在全新的课堂教学中感受到生物知识的魅力。教师应该意识到初中生物教学课堂存在的问题，并通过一些优秀的课堂教学策略来解决这些问题，提高学生的生物学习质量。

一、初中生物课堂教学开展过程中存在的问题

初中生物课堂教学开展过程中存在很多问题，需要学生进行更加深入的分析，这些问题集中体现在两个方面：首先是教学模式过于落后，其次是教学方法过于传统单一。随着新课程改革的不断推进，在素质教育背景下，传统的课堂教学模式已经无法满足现阶段的学生，所以在现阶段的初中课堂教学开展过程中，教师应该采用全新的课堂教学模式，解决传统初中生物课堂教学当中存在的问题，开展更加优秀的初中生物课堂教学。而且初中阶段的生物教学发展到今天，大部分教师还是非常喜欢采用传统教学模式开展教学：教师在黑板上讲解单调的知识，学生则学习一个又一个知识点，然后记笔记。这样的课堂教学模式虽然能够让学生记住知识，但是无法提高学生的生物学习兴趣，最终导致生物教学质量迟迟无法得到提升。

二、初中生物教学当中合作学习的具体应用策略

对于初中阶段的生物教学来说，合作学习有着十分优秀的教学作用，教师应该通过更加具体的教学应用策略来分析合作学习在初中生物教学当中的

应用策略，给学生带来更加明显的生物学习质量的提升。

1. 选择更加合理的生物教学方式激发学生的生物学习兴趣

对于初中阶段的学生来说，学习兴趣激发的学习积极性要远远超出教师的强行知识灌输，所以目前的初中生物课堂教学开展过程中，教师应该及时转变自身的传统教学观念，保证合作学习在初中生物课堂教学中的充分开展。传统的生物课堂教学开展过程中，教师针对教材当中的知识点进行讲解，学生被动地听讲，无法对教师所讲述的内容进行深入的思考。这就会导致学生被课堂学习所限制，丧失自己的独立思想，而且大部分学生都不知道自己对知识点的了解是否充分，一旦在考试中遇到这些问题，学生往往不知道应该如何回答，从而影响生物学习成绩的提升。所以，在目前的初中生物课堂教学中，教师一定要从学生的生物学习特点出发，选择和初中生相符的更加合理的课堂教学方式，这样才能够充分激发学生的生物学习兴趣，调动学生的生物学习积极性。例如，在引导学生学习光合作用这部分知识内容的时候，教师就可以先让学生明白一个道理：光合作用是一种肉眼看不到的，但是时刻都在发生的一种现象。这种类型的知识对于学生来说有一定的抽象性，教师如果让学生单纯地进行知识点背诵，就很难让学生理解这些知识点，也会降低学生的学习质量。针对这样的实际情况，教师可以在班级中通过合作学习模式的应用，将学生分成不同的学习小组，然后让学生进行小组合作实验，验证绿色植物的光合作用和呼吸作用，让学生对知识点进行更加深入的思考，提高学生对生物知识的学习兴趣，锻炼学生的动手能力，强化学生的合作意识。

2. 通过实验教学情境创设开展更加有效的合作教学

在生物知识教学过程中，合作教学的开展有着十分重要的意义。教师一定要从实验步骤、实验理念和实验方式出发，进行更加合理的课堂教学设计，选择一些更加适合初中生的实验方式，充分了解初中生的学习特点，让学生进行更加积极主动的生物知识学习，并参与到合作学习之中，鼓励学生进行自主生物知识探究。例如，在引导学生学习“蚯在不同物体上的爬行速度”时，就可以先将知识点讲述给学生，然后让学生讨论知识点。在学生不断讨论的过程中，课堂教学气氛就会变得非常热烈，每个小组中的成员也都可以表达自己的观点。在讨论完成之后，就可以让小组成员进行简单的实验来验证自己的观点，这样就可以迅速得出结论，提高学生对生物知识的掌握程度。

综上所述，随着生物课堂教学的不断转变，传统的课堂教学方式根本无法满足目前初中阶段学生的学习需求，所以初中阶段的生物教师一定要改变自身的传统教学理念和教学方式，解决传统生物教学中存在的问题，使生物教学获得更加充分的发展。教师也要注重将合作学习方式引入初中生物课堂教学，强化对学生的生物学习指导，完善合作学习在初中生物课堂教学中的应用，这样才能够提高学生的生物学习兴趣，培养更加全面的人才。

（刘文）

对生物学课堂学习过程中探究性学习的评价综述

一、探究性学习具有相当重要的内涵

探究性学习是在教育改革（新课改）以及时代发展和社会进步的背景下产生的，是被提倡的一种先进的学习方式。它是时代的发展、社会的进步、教育的改革这三股强大势力结合后所产生的“劳动结晶”。它是指学生在学科领域内或现实生活情境中选取某个问题作为突破点，通过质疑并发现问题、调查研究和分析讨论、解决问题、表达与交流等探究学习活动的过程，获得知识、激发情趣、掌握程序与方法的一种学习方式。这种学习方式彻底改变了传统的学习方式，使学生的学习方式由过去主要听从教师讲授，从学科的概念、规律开始学习转变为通过各种事实来发现概念和规律。换句话说，就是使学生由被动地接受知识的学习转变为主动地去寻找和探索知识的学习。这种学习方式的中心是针对问题的探究活动。当学生面对各种困惑的时候，就要做出各种猜测，要想方设法去寻找问题的答案；在解决问题的时候，要对问题进行推理、分析，找出解决问题的方向；然后通过观察、实验来收集事实，也可以通过其他方式（如查阅文献资料、检索等）得到第二手资料；通过对获得的资料进行归纳、比较、统计分析，形成对问题的解释；最后通过讨论和交流，进一步澄清事实、发现新的问题，对问题进行更深入的研究。

事实上，在某种程度上，探究性学习与研究性学习不谋而合。研究性学习从广义上讲泛指学生主动探究问题和学习，从狭义上讲是指“学生在教师的指导下，根据自己的兴趣、爱好和条件从学科领域或现实生活情境中选择和研究课题，以类似科学研究的方式主动获取知识、应用知识、解决问题，从而发展创新素质，养成科学精神和科学态度，提高综合素质和能力的一种高层次的学习方式”。

探究性学习改变了学生的学习方式，使学生从原先传统的被动接受知识的理念中逐渐走出来，跟随着时代的发展与社会的进步，清晰地认识到原先理念的不足之处，逐步认同并适应教育改革的方针措施，最终走向相对全面的道路——主动去寻找和探索知识的学习。这一漫长、复杂、艰辛而又不得不去坚持的道路决定了探究性学习的主要特点，用简洁的12个字来表示就是自主性、实践性、过程性、开放性。

二、探究性学习深深影响着学生的生物学课堂学习过程

探究性学习适用于方方面面，这是由它的本质所决定的，即它是在以时代的进步与社会的发展为背景的要求下形成的。因此，探究性学习应该在社会的各个方面都有相应的作用，只是在不同的方面，它所起到的作用是各不相同的，但是不论它起到了什么作用，这些作用之间始终都贯穿着同一根主线，正如一棵大树，不管它长得多高大、多茂盛，它始终还是依靠中心主干的，否则就有倒塌的危险，甚至面临死亡的命运。

然而，本文并没有对探究性学习在方方面面所起的作用都进行研究，主要是针对它在教育这方面所起的作用，通过文献的查阅进行了相关的综述，这也是相对其他方面而言研究较多也较全面的一次研究。

从教育的角度分析，探究性学习主要是发生在教育者和被教育者之间的教育活动中。在初中生物课堂学习过程中，探究性学习无处不在，而且必须存在，这正是由生物学这门学科的性质所决定的。生物学是一门自然科学，是一门研究生命现象和生命活动规律的自然科学，同时是一门建立在观察实验基础上的自然科学。这就表明它不同于其他注重文字的学科，它更注重的是理性方面的认识，感性方面的认识相对较少，它的知识体系也相对更具有完整性。既然它是一门自然科学，是一门研究生命现象和生命活动规律的自然科学，是一门建立在观察实验基础上的自然科学，就给从事生物教学的教育者（教师）一个很重要的启示：在生物课堂学习过程中，学生的探究性学习方式的展开一定离不开教师的探究性教学方式的进行。这也在生物的学科性质上有所体现。换句话说就是探究性学习深深影响着学生的生物课堂学习

过程，而在这方面，教师所带来的影响最为重要，主要体现在教师在学生的生物课堂学习过程中对探究性教学的运用。探究性教学的运用不仅影响着学生的生物课堂学习过程，也促进了学生探究性学习方式的发展，教师的探究性教学与学生的探究性学习这两者在学生的生物课堂学习过程中所起到的作用是相辅相成的，它们就像亲密无间的好兄弟一样，同进同出。教师正确地运用探究性教学，能为学生探究性学习的开展撑起一片广阔的空间；而学生探究性学习的开启，又离不开教师探究性教学这把钥匙。由此可见，探究性教学也是该研究中不容忽视的一项指标。

通过对查阅的几篇文献的归纳与总结，我认为教师的探究性教学要想在初中学生的生物课堂学习过程中实现很好的教学效果，应该做到以下几点：一是教师在教学的过程中，要始终坚持理论结合实践，同时要注意将知识与生活密切联系起来，这是由学科的性质和探究性学习的本质所决定的，也体现了探究性学习的实践性特点。二是教师在教学的过程中，不应该再受到传统的“只是让学生被动地接受知识，教师机械式传授知识”的错误理念的影响，而是要迅速接受“让学生在做中学，学中做，始终有自己的独特观点，而不是一味地跟风，在原有的基础上大胆追求创新”这一新的理念，并且不断提醒自己始终坚持这一新的理念，不可偏离轨道。在培养学生探究性学习的过程中，教师的探究性教学应该做到循序渐进式的引导，重点是在“引导”，不再是原先的“告知”。通过引导，让学生自己学会探索和寻找解决问题的途径，不再是被动地接受而不去经历。只有经历的足迹才能埋下意义的种子，最终才能收获最真实的果实，才不会觉得空洞与乏味，这也体现了探究性学习的自主性特点。三是教师在教学的过程中，要始终坚持以学生的主体实践活动为主线来展开教学，要注重探究性学习的过程。只有让学生切身感受过这一过程，学生才能正确认识科学探究——“科学探究”并不是简简单单的四个字，而是包含了千千万万人的努力，它具有很大的重量，我们应该认真对待它，这其实也体现了探究性学习的过程性特点。四是探究性学习和探究性教学，顾名思义，侧重点在“探究性”这一词上，既然是探究性，那就要求教师在教学的过程中不应该再死板地教，而是要活跃课堂的教学氛围，要带动学生的学习热情，而不是死板地接受，从而激发学生的创新思维，鼓励他们大胆追求创新，这也体现了探究性学习的开放性特点。

三、探究性学习与生物课堂学习过程有着紧密的联系

综上所述，探究性学习有着自主性、实践性、过程性和开放性四大显著特点，这一方面决定了在生物课堂学习过程中，探究性学习也相应地促进了学生的自主性学习方式的养成，因为它们在某一方面贯彻了一个相同的理念，那就是培养学生的自主性；另一方面，让学生树立了正确的情感、态度、价值观。探究性学习需要学生亲自参与，这个过程让学生对一些事物所持有的错误的情感、态度、价值观得到了纠正，同时让学生获得了其他一些财富，如学习过程中的创新思维与能力等，让学生受益匪浅。

四、对探究性学习方式在未来教育过程中的展望

通过以上对探究性学习的内涵、探究性学习在学生的生物课堂学习过程中所产生的影响以及探究性学习与学生的生物课堂学习过程的联系的阐述，我对探究性学习方式在未来的教育过程中有以下展望：愿它在越来越多的学科中得到应用，逐渐成为联系各个学科的桥梁和纽带；愿它成为教育者在教育工作中的左膀右臂，不断提升教育工作者的素养，促进教育与社会的和谐发展；愿它成为被教育者在教育道路上的一盏明亮的指示灯，使被教育者顺利地走向成功的彼岸，同时获得相应的素养；愿它成为教育者和被教育者在这条充满荆棘的教育道路上的一把锋利的匕首，不论过程有多么危险、多么艰辛、多么坎坷，都能在最关键的时刻起到关键的作用。

（荀梦琪）

给蜗牛再提个可探究的科学问题

——对初中生物学“提出问题”的教学补救

《义务教育生物学课程标准（2011年版）》中要求培养学生“提出问题”的能力，即“让学生尝试从日常生活、生产实际或学习中发现与生物学相关的问题，并尝试书面或口头表述这些问题，描述已知科学知识与所发现问题的冲突所在”。然而，我发现学生虽然经过反复多次的教与学，但“提出问题”依然是他们在初中生物学科各类测试中的丢分点。例如，“在清晨或雨后的菜地里，常能看到有些种类的菜叶上爬有蜗牛。蜗牛喜欢吃哪种菜叶呢？生物兴趣小组的同学找来了鞋盒及莴苣、白菜、菠菜、芹菜四种菜叶和蜗牛，针对上述问题展开探究。……就蜗牛的生活习性，请再提出一个你想探究的问题。”这道题曾出现在中考前一次测试中，学生错误率高达75%。这么高的错误率，不得不让我反思往常教学的有效性，在后续的教学中紧急补救。

询问学生错误的原因后，我发现学生对如何提出可探究的科学问题还是缺乏思路。他们或是生搬硬套，或是凭自己主观臆想，不知道自己错在哪里，该怎么改正。结合这次学生的错误实例，我顺应开展例证教学，分析学生错误原因，帮助学生重建正确的认知。

一、补救思路

学生经过以往的教学，已经形成了错误认知，想要“拨乱反正”，需要花费更多的心思。概念教学理论提倡“不要将前概念弃之不用，而是在原有概念的基础上对科学概念进行建构”，即对学生的错误认知要顺应修正，要以新的信息来解释老的信息。学生在答卷中提出了诸多不可进行科学探究的问题，我将这些问题作为例证，指出它们的错误之处，指导学生将其转化为可探究的科学问题。

二、补救措施

1. 正本清源

教师要让学生理解可探究的科学问题的特征。可探究的科学问题是针对客观世界中的物体、生物体和事件提出的，应该简单而直接，避免抽象而不具体的问题以及问题中有太多变量。更重要的是，可探究的科学问题是能够通过实验收集数据予以解答的。

例如，有学生提出以下一些问题："蜗牛喜欢吃沾水的菜叶还是不沾水的菜叶？""蜗牛喜欢吃新鲜叶还是衰老叶？""蜗牛喜欢吃大菜叶还是小菜叶？""蜗牛喜欢吃加了盐的菜叶吗？""蜗牛喜欢喝清水、盐水还是糖水？""蜗牛喜欢干燥的环境还是湿润的环境？""蜗牛喜欢阴暗环境还是光照环境？""蜗牛是否喜欢吃肉？""蜗牛是否能长时间在水中生活？"虽然这些问题有的表述还不够规范，但是至少它们是可以通过控制变量设置对照实验，可测量、可观察，从而得出实验结果的。然而，有的学生提出的问题看起来是科学问题，如"蜗牛喜欢什么环境？""蜗牛遇上障碍会怎么做？""蜗牛为什么行动这么慢？"但问题太泛化或太模糊，变量不明确或者太多，难以进行科学探究。

2. 激浊扬清

教师要把学生提出的问题进行分类整理，指出错误原因，对能转化成可探究的科学问题指导学生进行转化。

有的学生提出的问题只需要通过科学观察即可解决，如"蜗牛是群居的吗？""蜗牛晚上睡觉吗？是怎么睡觉的？""蜗牛爬墙会掉下来吗？"有的需要长时间、不间断地观察，甚至要借助一些高科技的观察工具，如"蜗牛是如何传递信息的？""蜗牛是睁着眼睡觉的吗？""蜗牛的睡眠时间是多长？"这些是我们普通中学目前的实验条件做不到的，不具备可操作性。

有的学生的问题不是围绕蜗牛"生活习性"来提的，而是对蜗牛的形态结构、生理功能产生了探究之意，如"蜗牛是否必须有壳？""蜗牛壳是什么分泌的？”“蜗牛壳对它的生活有什么影响？”“蜗牛为什么要缩回壳里？”“为什么蜗牛爬过的地方会有黏液？”“蜗牛是用什么呼吸的？”“蜗牛是单性生殖还是有性生殖？”这些问题虽然可以探究，但是需要动物解剖学知识作基础才能进行，而且多为活体解剖，会伤及蜗牛生命，不适宜初中学生完成。

另外，学生的提问常以“为什么”的形式表达，其中有些问题太笼统，如“为什么在清晨或雨后的菜地里常能看到蜗牛？”我们需要把“为什么”的问题分解为多个“是什么”的问题，继而将疑问转化为多个可探究的科学问题。分解的思路是“哪些因素可能对蜗牛的生活有影响”，将影响蜗牛出没的环境因素分开，就单一因素提出“是什么”的问题。例如，“光的强弱是影响蜗牛出没的因素吗？”“湿度是影响蜗牛出没的因素吗？”“有无菜叶是影响蜗牛出没的因素吗？”这样的问题能为后续的探究提供清晰的思路，使探究过程具有明确的方向，能生成具体的数据。

3. 固本培元

教师要指导学生准确表达可探究的科学问题。科学问题要具有可探究性，关键是找到变量。一般而言，可探究的科学问题描述的是因变量和自变量之间的关系。常见的句式为：因变量与自变量有什么关系吗？因变量与自变量有关吗？自变量对因变量有什么影响？例如，有学生这样提问：“蜗牛的爬行速度与地面粗糙程度有什么关系吗？”这就是一个规范的可探究的科学问题。此问题中，“地面粗糙程度”是自变量，“爬行速度”是因变量。可探究的科学问题是我们可以通过改变自变量来检验因变量的变化，因此要求自变量“地面粗糙程度”和因变量“爬行速度”都是可以观察或测量的，最后能得出一个确定的答案：“是”或者“不是”。

通过以上补救，学生在后续同类“提出问题”的检测中，已大多能准确表达可探究的科学问题了，错误率大大降低，学生科学探究的能力有了进一步提升。

（游盛华）

概念教学研究关注点十二年的变迁

概念教学是我们生物学科教学研究关注的热点，它不是教给学生一个个知识，而是教给学生知识的基本结构。其关键在于要有好的教学策略和方法，加强知识间的内在联系，让前面的学习为后面的学习打好基础，使学生形成一个最佳的认知结构。具体教学实施中，教师有许多细节需要研究。十二年间，我们课题组在概念教学研究方面的关注点历经了“学生该学到什么？”“该用什么方法让学生学到？”到“学生原本学到了些什么？”的变迁。

一、2006年至2008年的关注点——“学生该学到什么？”

2006年起，我们用两年的时间来确定“学生该学到什么”。先是解读课标，将课标中的内容对应到初中生物学教材中，确定每节课要求学生达到的知识、能力、情感目标。然后是解读教材，不仅梳理显性教材，还深度挖掘隐性教材，包括编写者的理念和许多生物学思想观点。同时，我们以学习目标为中心，开发各种教学资源，如动画、视频、课件、模型、标本、预习学案、测试卷、拓展阅读资料等，以期给学生搭建知识的基本结构。但是，我们明白这并不是概念教学的重点和难点。

二、2009年至2013年的关注点——“该用什么方法让学生学到？”

概念教学的重点和难点在教学过程的设计。2009年起，我们开始关注“该用什么方法让学生学到”，即该用怎样的教学策略和方法，让学生顺利建构科学概念。课题组成员着手试用不同的教学策略和方法。

我们根据七年级新生的分班情况，确定三个班为实验班，由课题组成员A教师按照课题研究的要求进行教学；在七年级同等层次确定三个对照班，由非课题组成员B教师按传统方法组织教学。首先，在实验班进行前测，即问卷调查，了解学生学习的基础情况，主要涉及学生对待学习的态度、上课的方式方法、课前预习、课后复习、合作学习、计算机基本使用情况等；然后围绕学习目标，优选学习资源，进行概念教学，所用的教学策略都是以让学生体验和感悟为主要学习过程的；其间，跟踪比较实验班和对照班的学习情况，适时进行课题研究的中测、后测。

将课题研究过程中所得的所有数据和内容进行比较分析后，课题组进行了规律总结，发现学生的情绪波动、家庭背景、学习习惯的养成等方面都可能影响测评成绩，有的学生成绩波动很大，让我们有了以下反思：

（1）学生的家庭背景、学习习惯的养成对学习效果的影响很大，对“学生原本学到了些什么”的探索已势在必行。

（2）在同一个年级中设置实验班和对照班，在对照班强行撇开明显有着良好教学效果的教学资源和教学策略，有失教学伦理，违背我们开展教学研究的初衷，必须改变研究思路。

三、2014年至2017年的关注点——“学生原本学到了些什么？”

八年的时间，我们通过研究和反思，意识到仅仅关注“学生该学到什么”和“该用什么方法让学生学到”，忽略了学生的学习背景以及原有的前科学概念的存在，基于此制定的教学策略无异于“空中楼阁”，很难有的放矢地进行概念教学，“学生原本学到了些什么”很大程度上影响科学概念的建构。

2014年，课题组重新设计初中生生物学科学习背景调查问卷，如来自的小学、小学科学课的学习状况、养殖（种植）经历、家庭成员的学历以及家庭的科学氛围等，分析归纳出各班和整个年级的学生学习背景组成特点，了解学生初中生物学前科学概念的成因特点，以此作为学生建构科学概念的“地基”。

2015年，课题组研制出初中生物学前科学概念揭示卷，意在揭露学生的前科学概念，诊断出各班初中生物学各知识点的前科学概念类别和认知水平。根据诊断，我们了解了“学生原本学到了些什么”，以此寻找为学生科学概念的建构“搭建台阶”的良方，提出概念教学的建议。

当然，前八年我们研究的“学生该学到什么”和“该用什么方法让学生学到”为我们这一步的研究提供了丰富的原材料。各班任课教师精选恰当的教学内容，有针对性地设计和组织教学活动，而着力点是在对学生的前科学概念进行转变上，或同化、丰富，或顺应、修正。课题组教师通过同课异构教学，尝试在学习背景不同、前科学概念差异明显的班级中最大限度地转变学生的前科学概念，如使用不同的例证。实验探究、参观学习、实物、标本、模型、学习成果展示、即时表扬等是我们用得比较多的前科学概念转变策略。在新知识学习结束后，应用习题和单元检测卷等开展错题的调查分析，检查学生经过教师的指导后概念的转变情况。我们发现，及时的练习反馈、适时的复习梳理能减少继发性前科学概念的发生，在概念转变上具有不可或缺的重要作用。四年来，我们先后在两届学生中反复试用、比较、反思和梳理，已形成了多种初中生物学基于“学生原本学到了些什么”“学生该学到什么”和“该用什么方法让学生学到”的概念教学策略。

十二年间，我们由一开始的关注“学生该学到什么”和“该用什么方法让学生学到”变迁到首先关注“学生原本学到了些什么”，即学生的学习背景和前科学概念状况。教师的教学过程设计从“空中楼阁”到脚踏实地构建“地基”，这是一个漫长而又痛苦的思变。而且，研究的方法由横向比较调整为纵向比较，研究的样本数也大了许多，让更多的学生能建立坚实的科学概念，这是我们甚感欣慰的。这种以学生学习背景和前科学概念为基点开展的概念教学，才是真正的“以生为本”。

（游盛华）

第二篇

经验之谈

让学生体验和感悟的教学策略

在初中生物学教学中，教师为达成教学目标，会在教学规律的指导下，依据学生的身心特点，引导学生个体通过体验和感悟，获得对生物学事实与经验的理性认知和情感态度，同时使学生习得科学探究方法与技能。笔者从学生的年龄特征、心理需求和知识储备入手，充分利用现有的教科书（人教版义务教育课程标准实验教科书《生物学》），广泛开发和利用多种课程资源，尽量创设各种情境和途径，制定了以下几种教学策略。

一、问卷调查式

在生物学教学中，教师应了解学生的原有知识基础和生活体验，充分分析新旧知识之间的关系，使新知识在学生的认知结构中找到同化点，从而帮助学生体验和感悟新知识，并使学生原有的认知结构发生变化、得到修订。问卷调查就是一种让新旧知识容易结合的形式。例如，学习“植物的生活需要水”“青春期的身体变化和心理变化”“食品安全”等章节时，或进行校园生物种类调查、参观动物标本馆时，都可以让学生根据原有认知先设计好调查问卷，再通过调查过程和对结果的整理获得新知识。同时，通过调查问卷，让学生主动关注身边生物的生存状况，关注自己的生活质量。

二、观察探究式

生物学是一门实践性很强的学科，需要很多探索和思考。从初中生的认知结构看，他们特别喜欢尝试，可从中体验到欢乐，产生兴趣，获得知识。针对初中生的这种认知心理，教科书中许多章节设置了观察和探究性实验，教师要理解编写者的意图，充分运用，还可以拓展和补充。例如，“光对鼠妇生活的影响”“种子萌发的环境条件”等实验，一定要让学生自主探究、发现，让他们体验和感悟科学的思维方式、科学家研究自然界的方法，同时获得知识。教师千万不能越俎代庖，急于告知学生实验结论。教学中，教师要尽量以探究性的引导活动代替以往权威性的讲解。教科书中也有不少陈述性知识，教师可以以“让学生体验和感悟”为教学目标，创设探究情境，精心设计选用直观教具，让学生充分观察和思考，允许学生动手拆卸组装。例如，在“血液循环的途径”的学习中，教师可向学生提出问题：“设想一个红细胞从左心室出发，会经过什么样的途径回到左心室呢？”然后学生根据已有的心脏结构和功能的基本知识，以及对三种血管功能的基本认识，教师可在一块三合板上绘好心脏的结构简图，并提供给学生若干代表肺部、动脉血管、静脉血管和身体各处毛细血管的塑料绳及胶带，让学生分组合作进行探究，自己完成血液循环途径的分析。

三、借助科学史式

科学史贯穿整个文明历史，它能为知识的综合提供思路。对科学史的学习有助于学生拓宽眼界，提高科学思维能力，理解和掌握科学方法。例如，在进行植物和动物细胞结构的学习时，教师借助视频资料，讲述伴随显微镜的不断改进，在17世纪和18世纪初，通过M.马尔比基、A.列文虎克、J.施旺麦丹、N.格鲁和R.胡克的努力，人类逐渐了解了细胞结构的故事。通过故事，将科学家们在显微镜下观察到的现象提供给学生，让学生将自己认识与科学家的认识相比较，认识雷同的学生从中获得不少自豪感，有些学生还会偷偷翻书看，先知为快，这样提高了学生自主探究的积极性。同样，在进行有关绿色植物光合作用的学习时，除了介绍教材中的“绿叶在光下制造有机物”实验外，还可以介绍普利斯特里、萨克斯、赫尔蒙特等的著名实验设计和实验现象，让学生模仿科学家进行思考、分析。

四、模拟场景式

场景模拟可以拉近学生和学习对象的距离，让学生真实体验学习对象的生活、生理活动，切身感悟生命的美丽、脆弱和顽强。在场景模拟中，枯燥的学术语言被赋予了情感，使学生能正确看待人类在生物圈中的作用和地位以及生命的价值。场景可以设置为辩论会、小品表演等形式。例如，为了让学生真实体会食物链和食物网，我设计了场景模拟活动。请几位学生分别戴上草、鼠、兔、鸟、食草昆虫、青蛙、蛇、猫头鹰、狐的头饰，分别代表所戴头饰的生物。他们要判别这些生物中哪些是可以被自己吃的，确定后将一根红绳的一头系在被吃"生物"的腰上，一头握在自己手中，其他学生做参谋。在"吃"与"被吃"的关系全部确定完毕后，根据"线"索，可以"真实"地再现若干条食物链和由此构成的食物网。然后提出问题让大家思考："假如人类打猎使猫头鹰的数量大量减少，这些生物的数量可能发生什么变化？""假如草原大量退化，这些生物的数量会发生什么变化？"在同学们的参谋下，这些"生物"如果认为"自己"会越来越少甚至灭绝就倒伏在地，如果认为"自己"会越来越多，就做强盛状。因为"链"的关系，这些"生物"在做"倒伏"状和"强盛"状时，不得不思考"自己"与其他生物之间的关系。"结果，整个生态系统会发生什么变化呢？"这个问题教师已不用解答，学生都能答得很好。

五、资料数据分析式

教师指导学生学习"生物的进化"时，受时空、实物和实验条件的限制，运用资料分析式的教学策略再恰当不过了，而且符合人类对生物进化的认知规律。通过对教科书中图文资料的分析，学生可以学会合理推测，学会比较研究，学会辨别证据与假说，还可以训练逻辑思维能力。在分析资料时，进化论的思想是学生自己体验和感悟的，不是教师灌输的。最后的结论是否有偏差并不重要，重要的是学生的参与过程。

再如，在"绿化校园的设计活动"中，我们结合我校教学区紧邻城市主要交通干道，噪声大、废气多的实际情况，组织学生进行校园绿篱的设计。我们请来环保局的专家进行指导和帮助，将学生分成若干组，到城市各交通干道旁绿化较好处进行噪声和废气的测定，记录、统计数据后，经分析比较得出结论：树叶密集、树皮粗糙、叶形较小且表面较为粗糙的树种隔音效果最好，多层复合结构的绿化实体比少层复合结构的绿化实体声衰减效果好。结合本地气候条件和树种抗污染、净化空气的能力，学生们多选择柏树、小叶黄杨、夹竹桃、樟树、女贞、珊瑚树、广玉兰等组合起来进行绿篱设计，并把调查报告和设计方案送交学校。学校综合评价后，予以采纳。参与活动的学生们非常有成就感，对校园里的花草树木更多了一份爱心。从学会收集数据、分析数据到让数据说话，讲出科学道理，学生学到的何止是相关的生物知识。这些课堂行为可以让学生体会到科学理论的建立，以及有关国计民生的计划、法规的制定，都不是心里一热、一拍脑袋就出来的。

六、多媒体展示式

现代教育技术在生物教学中也有很好的运用，可以把学生目前无法观察到的生物学宏观和微观方面的事物或现象展示出来，也可以把学生收集的资料、图片或做的报告予以展示交流，更可以借助声光效果对学习的情感目标的实现起促进作用。例如，在谈到“动物栖息地的保护”时，通过多媒体展示的大量图片和视频信息，学生了解到岌岌可危的动物的生存现状，并随着一曲《*Songbird*》悄然奏起，一段动物以及它们的家的精美图片连贯播放，伴随教师充满深情的旁白：人和动物一样，同属于地球的居民。人类在改造自然、利用自然的时候，必须遵循自然规律，爱护自然，珍惜自然。爱护动物也是爱护人类自己！让动物在地球上自由自在地生活吧！让鸟儿在枝头自由地鸣叫，让猴子在林中畅快地疯狂，让大象安心地洗个澡，让熊猫和羚羊能吃饱肚子，让东北虎抱着树来个探戈吧！让北极熊来个慵懒的熊步舞，让企鹅来个优美的高台跳水。真所谓：海阔凭鱼跃，天高任鸟飞！此时，教师的语句已是学生的心声了。

当然，让学生体验和感悟的教学策略肯定不止这些，而且教师也不能做到“让学生体验和感悟”教科书中所有的知识点。优秀的教学策略需要教师不断学习积累，不轻易放过学习培训的机会，让自己的眼界足够开阔；还需要教师处处做有心人，要有意识地了解学生喜欢的事物，让自己掌握更多能和学生沟通的话题，有意识地搜集学生喜闻乐见的学习资源。只有这样，才能促进学生学习方式的改变，让学生得到长远的发展。

（游盛华）

初中生物教学中不容忽视的思维方式训练

一、由两道测试题引起的反思

在一次复习测试中我用到以下两道试题：

题1 找出关键词是对知识进行有效梳理的好办法，这种办法能让我们抓住知识的主干，便于理解记忆。下面已经列出了呼吸作用的关键词，请你将光合作用的关键词补充完整。

呼吸作用的关键词	光合作用的关键词
·释放能量	·吸收光能
·放出二氧化碳	·放出氧气
·吸收氧气	·①________
·分解有机物	·②________
·线粒体	·③________

题2 生物小组在“探究影响叶绿素形成的环境因素”活动中，做出了如下设计方案。

［提出问题］光照会影响叶绿素的形成吗？

［做出假设］光照能够影响叶绿素的形成。

［实施方案］

组别	甲组	乙组
环境条件	遮光、适宜的温度和湿度	①____________
实验材料	20株长出第一片幼叶的小麦幼苗	②____________
处理方法	将甲、乙两组小麦幼苗栽种在相同的土壤中，在各自环境中生长10天	

（1）请你在表格中完善实施方案中乙组的环境条件和实验材料。

（2）预期实验结果：③____。

（3）归纳结论：④____。

作为初中生物学重要的知识点，“光合作用的原料、产物、场所、条件”不少学生都背得滚瓜烂熟。但是，在题1的测试中，一些学生在题中横线上填的三个与“光合作用”有关的关键词，初看是正确的，却得不到分，造成本题的失分率达到40%。失分的原因是这些学生未理解本题给出的“呼吸作用的关键词”的知识梳理示范和“光合作用和呼吸作用的比较”的实质。题中光合作用关键词的梳理必须对应左边的“呼吸作用的关键词”，即①吸收二氧化碳，②制造有机物，③叶绿体。题2测试的问题主要集中在③④上，大约38%的错误答案是因为不能围绕“提出问题”和“做出假设”来预测实验结果、归纳结论而导致的。“甲组幼苗不能健康成长，乙组幼苗能健康成长”等相似答案较多，甚至有的只写甲组或乙组的健康状况，没有对照状况描述，可见学生对答这类题缺乏基本的逻辑思维能力。

这两道题除了考查学生对“光合作用”知识点的掌握，也考查了学生在新情境下对熟悉的知识点进行整合应用的判断力和创造力。测试结果引起了我的反思：我们的初中生物教学，总被一些家长、学生甚至同行和领导误解，认为只要教师讲透知识点，学生死记硬背，教师定期检查，生物学科就是教好了、学好了。长期如此，学生也就被这种思维模式所左右，认为初中生物学科的学习就是不断挑战自己的记忆能力而已，从而忽视了生物学科学习中的思维方式训练。

二、什么是思维方式

许多教师和家长想当然地认为，无须指导，学生会通过各种题海的训练学会信息的处理，渐渐形成自己的思维方式。也就是说，灌输给学生思考所需的知识点，不需要告诉他们思考的方法，即授之以鱼，而不授之以渔。结果，学生发现知识的记忆是容易的，但思考是困难的。

所谓思维方式，就是体现一定的思想内容和一定的思考方法，使用于特定领域的思维模式。它是人们大脑活动的内在程式，是大脑对接收到的各种杂乱无章的信息进行自我发问、自我反思的过程。通过发问和反思，大脑将以往的记忆与新近获取的信息相融合，重新加以组织和管理。思维方式对人们的言行起决定性作用，所幸的是它主要受后天环境（文化及教育等）的影响，也就是说，通过训练学生是完全可以掌握它的。

根据美国认知心理学博士约翰·朗格尔（John Lingerers）的归纳，人的思维方式反映出以下几种能力，我对这几种能力的粗浅理解如下。

1. 聚焦能力

聚焦能力即在纷繁的信息中能辨析其中各项的利弊，确定自己目前必须解决的目标问题，做出最有利的决定。

2. 信息获取能力

信息获取能力指能观察事物的特征，获取有用的信息，提出有价值的问题。

3. 回想能力

回想能力指能回想曾经接触过的信息并重新编码。

4. 组织能力

组织能力指发现不同事物之间的相似性和差异性的比较能力，对相似事物进行归类或分辨同一类别中的事物的分类能力，按一定顺序排列、组织事物的整理能力，以及形象化地分析给定的资料、描述事物特征的表述能力。

5. 分析能力

分析能力指能分析事物间的联系，区分原因和结果，鉴定事物的属性，能分析某一段文字的主题思想，对所阅读的内容进行判断性思考。

6. 创造能力

创造能力指能区别事实、非事实及观点，能鉴别来自直接观察的不确定的结论的推断能力，或能创造性地逆向思维，或能有创意地进行预测。

7. 整合能力

整合能力指能对所阅读的资料进行形象化或文字性的总结，或能对资料进行重构，创造性地解决问题。

8. 评价能力

评价能力指能区分相关信息与非相关信息，确立相关标准，做出决定，或能质疑某一陈述的可信度，对所阅读的内容进行判断性思考，或能听取不同意见，接受不同观点。

三、初中生物学教材中的思维方式训练

《义务教育生物学课程标准（2011年版）》中提出了“提高生物科学素养”的课程理念，其中就含有对学生进行科学思维方式训练的要求。《义务教育生物学课程标准（2011年版）解读》中是这样解释科学思维方式以及思维方式训练的重要性的：“科学思维的方式包括逻辑思维、辩证逻辑思维、批判性思维和发散性思维等。……科学的思维习惯不神秘，也不是科学家所特有的，是每个人应该掌握的技能。一个人一旦掌握了这些技能，无论他从事何种职业都可以终生享用。”这里所说的“逻辑思维、辩证逻辑思维、批判性思维和发散性思维”都可以在约翰·朗格尔归纳的思维方式反映的几种能力中看到类似的解释。

这种理念是如何体现在教科书中的呢？以人教版义务教育课程标准实验教科书《生物学》为例，四册书中有多处是在有意识地进行思维方式的训练。例如，全套教科书中共有25项“技能训练”，其中有16项与学生的思维方式训练密切相关（见下表）。

在教材中的位置	标题	活动内容	思维方式训练
七（上）P7	通过观察找出相同点和不同点	通过观察比较，找出马与驴的不同之处、马与牛的相同之处	信息获取能力 组织能力
七（上）P24	发现问题，提出问题	观察兔和猫的双眼在头部的位置，发现问题，提出问题	信息获取能力 组织能力
七（上）P31	做出假设	对小明提出的环境问题做出假设	创造能力
七（上）P86	比较	比较两种植物叶脉的不同	组织能力
七（上）P100	解读实验数据	整理数据，分析小麦需水量与发育时期的关系； 将各时期每天需水量以直方图的形式表示出来	组织能力 分析能力
七（上）P125	分析实验结果	分析植物和光源的距离与光合作用强度之间的关系	分析能力
七（上）P131	推理	根据甲、乙两地的昼夜温差与两地甜瓜含糖量的不同，推出环境温度对呼吸作用强度的影响	分析能力

续 表

在教材中的位置	标题	活动内容	思维方式训练
七（下）P6	区分事实和观点	区分有关人类起源的事实和观点	创造能力
七（下）P100	设计对照实验	设置实验变量	创造能力 评价能力
八（上）P39	综合和概括	概括动物的共同特征	整合能力
八（上）P58	做出假设，设计实验	设计检验昆虫是否有趋光性的实验	聚焦能力
八（上）P82	评价实验方案	评价为证明细菌对植物遗体的分解作用而设计的方案	评价能力
八（上）P99	分类	按照食品之间的共性和差异进行分类	组织能力
八（下）P11	对提出的问题进行评价	对同学学习《昆虫的生殖和发育》时提出的问题进行评价	评价能力
八（下）P54	运用证据和逻辑做出推测	分析证据和推测之间的逻辑关系，并对新的实验证据做出生命起源的推测	创造能力
八（下）P60	评价证据与假说	区分支持不同生物进化假说的证据，并对支持力度进行评价	评价能力

教科书中还有许多探究、调查、设计等活动，都涉及思维方式训练，如探究实验中都要求学生做到会提出问题、做出假设、设计对照试验和得出结论，以训练学生的信息获取能力、组织能力、创造能力；在一些类似的活动中，训练学生的聚焦能力、整合能力和评价能力。

在教科书文本中、练习题里，有许多可以用来揭示科学家的思维方式、对学生进行思维方式训练的内容，这些都需要生物教师认真挖掘、有效运用。

四、结语

人之所以是“万物之灵”，根本原因在于思维。语言学家告诉我们，人的思维方式决定思维成果，思维成果决定行为。两个人的思维方式不同，其成就大小也不同；人有什么样的思维方式，就会有什么样的人生。在训练学生的思维能力方面，初中生物教师有两个有利条件：一是生物课程标准中有要求，教科书中有充足的素材，教师只要执行课标、挖掘教材、整合资源、优化运用即可；二是教师所面对的学习主体——初中生，正处于大脑机能完善的黄金时期，兴奋性强，容易接受各种能力的训练。我们都不希望再看见学生成为记忆的机器，再犯前面题例中的思维错误。因此，初中生物教学中的思维方式训练已不容忽视了。

（游盛华）

例证在初中生物学前科学概念转变中的应用策略

通过对学生初中生物学前科学概念的校本调查和诊断，发现学生的前科学概念从成分上划分，无外乎空壳概念、不完整概念、异质性概念、条件缺失概念、无例证概念、绝对化概念。这些错误概念，大多是学生在概念的内涵、外延上认识空泛，缺乏例证的支撑造成的。因此，要在初中生物学教学中对前科学概念实施概念转变，不管是同化、丰富，还是顺应、修正，例证都是不可缺少的。当然，例证是需要精心选择、适时应用的。

一、例证在新的科学概念学习前后的应用

对于概念的文字表达，学生通过文本很容易获得，但要形成较为稳定的科学概念，就需要学生尽可能地理解科学概念。根据概念的难易程度，教师可以选择在新的科学概念学习之前或之后应用例证。

1.例证用于学习新的科学概念之前

例证用于学习新的科学概念之前，是初中生物学教学中用得最多的策略。先有事实论据再有概念结论，是符合认知规律的。

例如“基因控制生物的性状”是“生物的遗传和变异”章节的重要概念，教师不是直接给学生以概念的内涵表述，而是以一段“转基因鼠的启示”的资料分析和问题串来诱导，揭示学生的思维过程和已有知识的内在结构，明确错误概念的形成过程，及时顺应、修正，最后做出正确的推论。这样学生对概念形成过程的印象会更加深刻，并且能学会正确的概念表述，减少继发性前科学概念的形成。

“马德拉岛上有550种甲虫，其中200种翅膀很不发达，不能飞行。在29个本地特有的昆虫属中，有23个属全部翅膀退化。”这是达尔文自然选择学说中的一个经典例证。在揭示自然选择学说中的核心概念“适应者生存，不适应者被淘汰”之前，先出示这个例证，让学生想象自己就是达尔文，思考如何解释马德拉岛残缺的昆虫特别多这一现象，并引发猜想和推理：“哦，原来这些海岛上经常刮大风，那些有翅能飞但翅膀不够强大的昆虫，常常被大风吹到海里，因而生存和繁殖后代的机会就少：而无翅或残翅的昆虫由于不能飞，就不容易被风吹到海里，因而生存和繁殖后代的机会就多。经过一段时间的自然选择之后，岛上无翅的昆虫就特别多。”这样，概念就自然而然构建成功了。

例证对于初中生来说，更利于创设一定的情境而引发认知冲突。例如，让学生利用已有的生活经验，区分流行性感冒、麻疹、肺结核、近视、贫血、龋齿和蛔虫病等是否是传染病。学生大部分能准确区分，唯独对教师指出“龋齿是传染病”大感意外。由此引发的认知冲突，激发他们必须搞清楚“什么是传染病”。再如，学生对“直系血亲”和“旁系血亲”也有传统习惯的错误认识，属于异质性概念，为了让学生能顺利修正这个错误概念，教师给学生以下例证：“小聪和小明是一对双胞胎兄弟，有同学说他们之间是直系血亲，也有同学说他们之间是旁系血亲，你认为呢？”以此引发学生的认知冲突。

2.例证用于学习新的科学概念之后

例证也可以用于学习新的科学概念之后。例如，“相对性状”这个概念对学生来说是空白概念，如果例证出现在概念表达之前，学生就难以理解。可以在提出“相对性状”这个概念名称之后，再给予学生以下例证，让学生加以区分：“请选择以下属于相对性状的一组：A.豌豆种子的皱皮和青色；B.小张的体重和他的身高；C.猪的黑毛和羊的白毛；D.豌豆植株的高茎和矮茎；E.人的左撇子和右撇子；F.小王天生的卷发和小刘天生的直发；G.小明的A型血和小刚的B型血；H.小萌的双眼皮和小丽的双眼皮。”通过这些典型例证的选择判断，揭示错误认识，促进自我反省，这样学生才能真正理解概念内涵中“同种生物”“同一性状”“不同表现形式”等关键词语的含义，加深对“相对性状”内涵和外延的理解。同样，植物的“蒸腾作用”也是概念出现在前，然后才有“观察叶片的结构”的例证；先学习植物的“光合作用”和“呼吸作用”，才能对“新疆的哈密瓜为什么比其他地方的甜”的例证进行正确分析。

二、例证在类推法、类比法、归纳法等学习方法中的应用

在学习新的科学概念后，可以让学生自己类推举例。例如，学习“生物以各种方式适应环境，也影响和改变着环境”时，教师举例“骆驼刺根系非常发达”“蚯蚓可以使土壤疏松”后，引导学生类推出“枯叶蝶外形和颜色与枯叶非常相似，不易被敌害发现”“大树底下好乘凉”“千里之堤溃于蚁穴”等；学习“生物体有许多性状明显表现出基因和环境共同作用的结果”时，教师举例“萝卜的地上部分和地下部分的颜色差异”，引导学生类推出“生长在遮阴处的水稻秆细穗小”“双胞胎兄弟，一个长期在野外工作、皮肤黝黑；一个是公司文员、皮肤白净”等。在学习生物繁殖时教师提出典型例证：“象是一种繁殖很慢的动物，但是如果每一头雌象一生（30~90岁）产仔6头，每头活到100岁，而且都能进行繁殖的话，那么750年以后，一对象的后代就可达到1900万头。”象尚且如此，其他生物呢？由此类推，得出“自然界中生物普遍具有很强的繁殖能力”。“生物体的结构与功能相适应”这个生物学核心概念是不需要教师反复说教的，只需要在相应新知识的学习过程中，用例证带着问题引导学生思考类推，反复印证即可，如“哪些植物的种子外面有果皮包被着？这对种子的传播有什么意义？”“大量的根毛对吸水有什么意义？”“保卫细胞的结构特点对蒸腾作用有什么意义？”等。类推法能让学生深入理解概念的外延，做到举一反三。

有些内容又需要用类比法来对不同概念的属性或本质特征加以区分和鉴别，这样可收到触类旁通之效。例如，学习种子的结构时，把菜豆种子和小麦种子放在一起类比，得出双子叶植物种子和单子叶植物种子的本质区别。再如，区分“反射”和“应激性”时，以“草履虫趋利避害的行为只能是应激性的表现而不是反射”为例来突出“反射”概念“通过神经系统”的属性。以“吃梅分泌唾液、看梅分泌唾液、谈梅分泌唾液都是反射活动”为例证，进行简单反射、复杂反射以及人类特有的复杂反射的本质区分。“一个出生不久的孩子，由于身体患病，母亲抱着她到医院进行治疗。当护士把针扎在她身上时，她立马就哭了；当第二次去医院时，她一看到穿护士服的人就哭；长大一些后，当听到妈妈要把自己送到医院的时候，她立刻就哭了起来。”

以孩子的这三次哭泣为例证，进行先天性行为和学习行为的本质区分并分析两者之间的联系。

生物学反映人类对生命现象和生命活动规律的认识过程，所形成的科学概念经历了由个别到一般的推理、比较、综合、归纳的论证过程。这个过程可以在初中生物学课堂上模拟出来，让学生经历这样的思维过程，有助于学生对已有的前科学概念进行内涵修正或异质属性剔除。例如，在学习“生物的特征”时，让学生先列举自己熟悉的生物和非生物的例子，如竹子、鱼等是生物，机器人、石头等不是生物；然后根据自己对生物的观察了解，列举自己认为的生物应该具有的生命特征；最后通过比较、梳理，归纳出哪些才是生物具有的共同特征。类似的还有，从水螅、水母、海蜇、珊瑚虫的特征中，归纳出腔肠动物的共同特征；分别探究光、湿度、温度对鼠妇分布的影响，归纳出非生物因素对生物分布的影响；从不同地层的化石比较、不同种类生物的基因和蛋白质的比较、几种动物前肢骨的比较中，归纳推断出生物进化的大致过程；等等。

三、反例和特例要及时应用

概念学习中的例证绝大多数是正例，而运用反例可以促进学生对概念的准确把握，提高学生辨析概念的能力。例如，为了突出鱼的主要特征，可以用同样是生活在水中、叫“鱼”却不是“鱼”的章鱼、鱿鱼、墨鱼、鲍鱼、娃娃鱼、甲鱼、鳄鱼、鲸鱼等来反证；为了说明会飞的不一定是鸟，可以用像鸟一样飞翔的蝙蝠来反证。通过正例进行论证，再及时用反例逆向分析，概念的内涵就会变得清晰、明了。

虽然生命规律有其普适性，但是生命系统的复杂性和多样性又让我们看到生物学概念中有诸多的特例。例如，生物都是由细胞构成的，但病毒除外；洋葱鳞片叶内表皮细胞是没有叶绿体的；保卫细胞与透明的表皮细胞同在叶片表层，却是有叶绿体的；人体成熟的红细胞是没有细胞核的；连接在肾小球毛细血管两端的都是小动脉；蘑菇、银耳、黑木耳、金针菇都属于微生物；杜鹃是没有筑巢、孵卵和育雏这些繁殖行为的鸟；还有无足的爬行动物——蛇，不能飞的鸟——企鹅、鸵鸟，会飞的哺乳动物——蝙蝠，会游泳、外形像鱼的哺乳动物——鲸，长着鸭嘴的哺乳动物——鸭嘴兽，看似只有一对翅膀的昆虫——苍蝇，等等。如果我们忽略了这些特例，往往会导致概念的外延扩大或缩小。因此，教师在教学中应及时列举这些特例，以帮助学生全面系统地理解概念，以避免绝对化错误概念的形成。

四、例证要反复应用

实践证明，学生的前科学概念虽然经过教学解说和例证能得到转变，但仍然会反复出现，其顽固性和不稳定性让教师大伤脑筋。所以在教学中，有时需要反复应用例证。

（1）应用在练习中。教师在教授新知识后要及时指导学生练习巩固，把讲解时所举的例证变成练习题，让学生加深印象，或者揭示其顽固的或模糊的错误认识，以便进行下一步的前概念修订。例如，“下列属于动物社会行为的是：A.母袋鼠哺育幼袋鼠；B.乌贼喷出墨汁；C.蜂王依靠工蜂喂养；D.狗为争夺骨头而争斗”。这道练习题的选项用的全是例证，要求学生应用“社会行为的特征”进行属性判断。有时可以将例证迁移、综合应用，让学生尝试解释新环境、新现象，提升对概念内涵的理解。例如，学习“先天性行为和学习行为”后，给出一道练习题：不同小组进行不同动物学习绕道取食的探究实验，可以得出下列“尝试与错误”的平均次数：狗4次，散养公鸡10次，圈养公鸡13次，小鸡25次，乌龟45次。让学生比较分析以上实验数据，可以得到以下启示：动物越高等，学习能力越强，“尝试与错误”的次数越少，这是本节课需要掌握的基本概念。同时，如果深入分析的话，学生还可以得出：散养的鸡比圈养的鸡“尝试与错误”的次数少，说明多实践才能多长见识，才能提高学习效率，更快地获得成功；即使学习能力很低（如乌龟），但是如果锲而不舍地努力，也是能成功的。

（2）应用在复习中。人教版教材中，“动物的主要类群”这一章共有7节内容，主要讲述了10个类群的动物。在复习这一章节时，如果仅仅把这些动物类群的主要特征进行比较复习，学生很容易陷入死记硬背的泥沼。而把每个类群中曾经学习了解过的代表动物的结构特征重新拎出来，进行具象的复习才符合学生的认知规律。“光合作用”和“呼吸作用”的概念复习，必须建立在对“绿叶在光下制造有机物”的实验、普利斯特里的实验、蜡烛在装有萌发的种子和装有等量煮熟的种子的两个瓶子中的燃烧情况等实验例证的回顾上，否则学生很容易机械记忆“光合作用”和“呼吸作用”的概念，形成无例证概念。

五、不同呈现形式的例证应用

教师所有教学活动的目的都应该是帮助学生建立和理解概念。例证在转变前科学概念上，可根据教学内容、时空限制、教学条件以及学生的前科学概念状况，以不同的形式呈现，包括师生的故事讲述，视频抑或动画、板图，实物抑或标本、模型，以及实验探究、实地考察甚至自编课本剧、自编歌曲等；教师进行选择或综合后，制订出最佳实施方案，在不同的班级灵活执行。例如，为了让学生真切感受“果实”与“种子”的本质区别和外延差异，教师以实物作为例证，先让学生感知花生和花生米的关系，然后将苹果、绿豆、葡萄、西瓜、西瓜子、葵花子、豆角、玉米粒、大米粒、花生仁等实物放在一起，对属于果实的、属于种子的及属于不完整种子的进行区分；讲述视觉的形成、听觉的形成时，眼球的模型、耳的模型比其他任何形式的教学效果都要好；学生对“形成生殖细胞的细胞分裂过程中，染色体要减半，而且不是任意的一半，而是每对染色体中各有一条进入精子或卵细胞”难以理解，可以通过以下两幅板图，让学生自己来画，暴露出问题后再层层推进（图1、图2）。

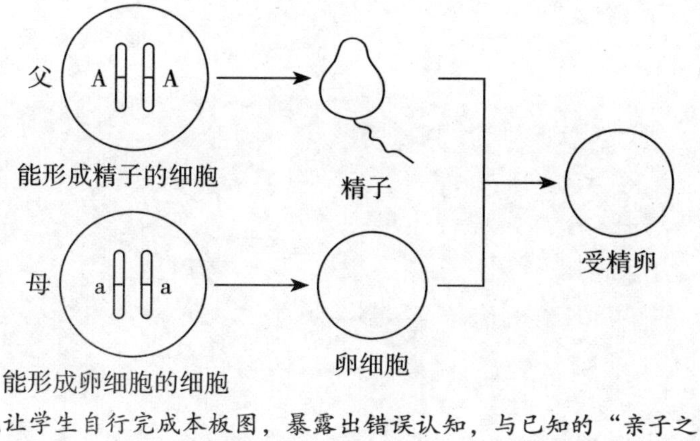

先让学生自行完成本板图，暴露出错误认知，与已知的“亲子之间染色体数目不变”的认知相冲突；然后纠错修正，正确完成本板图。这有利于学生构建“形成生殖细胞的细胞分裂过程中，染色体要减半”的概念。

图1　板图1

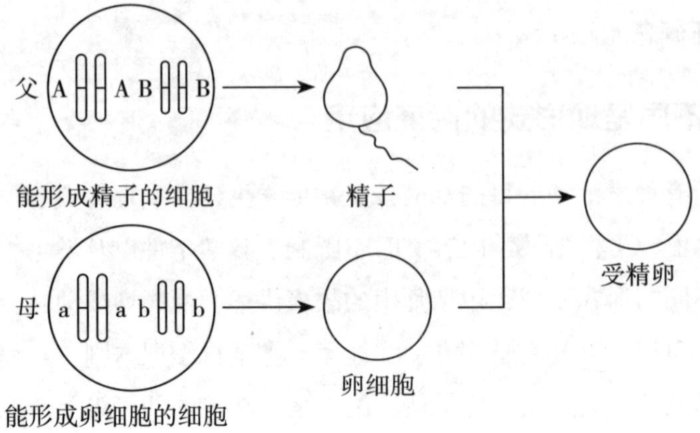

再让学生尝试完成本板图，暴露出错误认知后再次引发认知冲突，激发学生纠错修正的动力。这有利于学生构建“染色体减半不是任意的一半，而是每对染色体中各有一条进入精子或卵细胞”的概念。

图2　板图2

前科学概念是学生开展科学教育学习的基础，学生前科学概念水平也是教师设计与开展科学教学的出发点。总之，在转变学生前科学概念上，教师对例证的应用策略还是要以生为本，灵活把握，以达到初中生物学重要概念学习的最优化。

（游盛华）

挖掘隐性内容，进行组织良构

——人教版《生物学》七年级上册的解读和应用

人教版《生物学》教材的编写摆脱了“以学科为中心”和“以知识为中心”的课程观念的束缚，以提高普通公民生物科学素养为立意，构建了以“人与生物圈”为中心的开放式知识体系。教师如果在分析处理教材时“以本教本”，只关注教材表象的内容，让学生只是死记硬背一些琐碎的知识点，就不能很好地完成课程目标。教师必须理解教材编写者的意图，挖掘教材表象下的隐性内容，围绕课程标准，将各级主题结合教材结构化处理后，进行学习内容的组织和学习目标的良构。下面我以七年级上册教材为例，谈一谈我对本册教材的挖掘式解读和组织良构的应用。

一、教材解读

七年级上册教材有“生物和生物圈”“生物体的结构层次”和“生物圈中的绿色植物”这三个单元，包括课程标准中一级主题“科学探究”“生物体的结构层次”“生物与环境”“生物圈中的绿色植物”的全部内容以及二级主题“生物的多样性”中有关“尝试根据一定的特征对生物进行分类”“植物（如藻类植物、蕨类植物、种子植物等）的主要特征以及它们与人类生活的关系”的内容。

1. 单元表象下的层次编排

这三个单元的编排既反映了三个单元知识体系的层次性，又符合学生的认知规律。第一单元从生态学的宏观角度让学生初步理解生物圈是所有生物共同的家园，这个家园为生物提供了必需的生活条件；第二单元从细胞学的微观角度让学生初步认识生物的基本组成单位、结构和层次。有了生态学和细胞学的知识基础，学生才能更好地理解绿色植物在生物圈中所起的重要作用，从而为第三单元的学习奠定基础，也为下一个单元即七年级下册“生物圈中的人”的学习做好准备。由此可见，本册三个单元的编排是层层递进、紧密相连的。

单元内部的章节安排也是有知识层次的，特别是第一、二单元。第三单元基础知识的编排与传统教材有较大的区别，没有以光合作用、呼吸作用和蒸腾作用等植物重要的生理功能为主线，而是突出了绿色植物在生物圈中的重要地位和作用，以及科学方法和科学探究能力的训练。

2. 能力培养上或隐或现的梯度设计

能力的培养是新课标初中生物学教学的主旨。学完本册后，学生应当具有以下能力：

（1）能用肉眼或借助显微镜、放大镜进行观察。

（2）能通过观察找出生物的相同点和不同点。

（3）能进行徒手切片，能制作临时装片，能根据需要对装片进行简单染色。

（4）能进行生物绘图。

（5）能设计合理的调查方案。

（6）能设计记录观察或调查数据的表格，并能够用恰当的图表处理数据、解读数据。

（7）能收集资料并对资料进行整理和分析，从中寻找问题的答案或者发现探究的线索。

（8）能够评价一个实验方案的合理性，并进行简单的探究实验的设计。

（9）能够运用证据和逻辑进行合理的推理。

（10）初步了解生物学中的测量和计算。

（11）能运用所学的生物学知识进行实际生活的设计。

这些有关能力培养的内容在教材中或隐或现。有的是作为教材正文的主体部分，如“非生物因素对某种动物的影响”的探究实验、“生物对环境的适应和影响”的资料分析等；有的以方框的形式穿插在正文中先行介绍，随即在其后的学习中进行应用，如“观察是科学探究的一种基本方法”的介绍；有的以技能训练的形式缀在正文之后，如“通过观察找出相同点和不同点”“推理”“分析实验结果”等；有的则隐藏在练习题中，如第69页的第3和第4两道练习题，就是要求学生运用所学知识和逻辑思维，在规定的场景中进行合理的推理。

在每一项能力的培养上，教材的设计都是有梯度的。按照学生能力发展的水平和需要，先安排思维和操作要求较低的探究活动（如观察身边的生物、阅读和分析有关资料等），后安排思维和操作要求较高的活动（如制作和观察装片、设计并完成探究性实验以及分析实验结果、解读实验数据、推理等）。在较难的探究实验的设计方面，也是先安排学生在模仿中体验和领悟科学探究过程与方法，再安排由学生设计部分环节的实验，最后安排全过程探究的实验。随着教学内容的逐渐展开，科学探究活动的这种梯度化设计还在不同水平上循环。

3. 隐藏在字里行间的情感、态度和价值观

教材有意识地在一些章节、段落的导语部分安排了诗歌、散文等美文妙句，渗透着人与自然和谐发展的美好情感。“科学·技术·社会”“科学家的故事”“与生物学有关的职业”等课外阅读栏目，则帮助学生认识生物学的价值，渗透着浓浓的人文精神，在实验、讨论、设计等活动中贯穿科学态度的培养。而生物学的基本观点以及相关的哲学思想、思维理论，则需要纵观整册甚至整套教材，细挖内涵才能领会。

本册教材蕴含以下生物学基本观点：

（1）细胞是生物体结构和功能的基本单位。这个观点在“认识生物”一章首次亮相，而后在第二单元做重点论述。虽然在其后的单元中，这样的语句并未出现，但在描述生物圈中的人以及各种其他生物（除病毒外）的结构和生理功能时，都可以用“细胞是生物体结构和功能的基本单位”这个观点来解释。这是人们认识生物的基本观点。

（2）生物体的结构与功能是相适应的。这一观点在旧版的生物学教材中是显而易见的，在新教材中则隐藏在一些讨论、思考的问题当中，如“哪些植物的种子外面有果皮包被着？这对种子的传播有什么意义？”“大量的根毛对吸水有什么意义？”“黑麦所有根的总面积是茎和叶总面积的130倍。你能说出这种现象对黑麦的生活有什么意义吗？”“保卫细胞的结构特点对蒸腾作用有什么意义？”等，无不体现了“生物体的结构与功能是相适应的”

这一观点。

（3）生物的生存依赖一定的环境，并以各种方式适应环境，也影响和改变着环境。这一观点集中在“生物与环境的关系”这一节中体现，在“细胞的生活”“单细胞生物”中又有所涉及，“生物圈中的绿色植物”这一单元则整体以这一观点进行编排，并且这一观点贯穿在其后单元的学习中。

（4）生物分类的思想方法和生物进化的观点。这一方法、观点在本册教材中只是若隐若现地有所涉及。教材第11页要求对调查到的生物进行归类，讨论生物归类的意义，但没有进一步深入。真正涉及生物分类的思想方法的内容放在了八年级上册。“生物圈中有哪些绿色植物”的两节内容，在知识点的编排上要求学生思考、比较四种绿色植物主要结构、生活环境的不同，其中就隐含了生物进化观点。

生物学中还蕴含哲学观点，本册书中也有呈现：①普遍联系的观点，如生态系统中的物质循环与能量流动；②运动变化发展的观点，如植物个体的生长发育；③矛盾的观点，如绿色植物的光合作用和呼吸作用等。

教材中有“细胞是一个统一的整体”“生物体是一个统一的整体”“生物与环境（或生物圈）是一个统一的整体”等这样的结语，这就不得不提到“系统论”。20世纪中叶，理论生物学家贝塔朗菲创立了一般系统论，这是具有逻辑和数学性质的一门新兴科学，为人类的思维开拓了新路，促进了各门科学的发展。其实它最初就是用来解释生命活动规律的。例如，从微观层面看，细胞是一个系统，它由细胞膜、细胞质、细胞核等要素组成，这些要素之间以一定的方式相互联系，从而使细胞表现出生长、分裂等生命现象，而这些生命现象是单一的细胞膜、细胞质、细胞核所不能表现出来的；从中观层面看，每个生命个体都是一个系统，如人体是由八大系统（八个要素）组成的，这八个系统在神经系统和内分泌系统的调节下相互联系，成为一个整体，从而表现出新陈代谢、生殖发育、遗传变异等特征，这些特征是人体任何一个系统都不具备的；从宏观层面看，生物圈是一个系统，它由生产者、消费者、分解者和无机环境等要素组成，这些要素之间通过物质循环和能量流动相联系，从而使生产者、消费者和分解者都获得很好的生存与发展。可见，系统论在本册教材中是贯穿始终的。

二、组织良构

知识和能力，过程和方法，情感、态度和价值观是课程学习目标的三个维度，它们密不可分，要让学生“在过程中掌握方法，获取知识，形成能力，培养情感、态度和价值观”。当然，教材的每节课都是有侧重点的。细致地挖掘了本册教材内在的隐性内容后，我对部分章节有侧重点地进行学习内容的组织和学习目标的良构，有的在知识上补充、整合和在能力上强化，有的在过程和方法上进行个性化处理，同时使情感、态度和价值观得到强力渗透。当然，组织良构仍是在坚持课程标准的基础上进行的，不是妄加拓展和加深，也不改变教材在单元、章节编排上的递进关系，而是围绕一个个经过结构化处理的学习主题展开的。以下是我良构的典型案例。

1.侧重知识和能力的方面

（1）补充。

例1：城市学生种植经验少，能识别的、说得出名字的植物很少。在教学“调查校园的生物种类”这个主题时，特意增加了介绍校园主要植物的名称及主要辨别特征和功效等内容，如樟树叶和女贞叶的区别；珊瑚树的抗毒、减噪、耐火功效；艳丽的夹竹桃只可远观，因为它的茎、叶、花都有毒，但对二氧化硫、氯气等有毒气体有较强的抗性。学生对这些内容特别感兴趣，乐于了解，更加关注校园的一草一木，也为最后“绿化校园的设计活动”奠定了知识和情感基础。

例2：教材对茎的结构和生长故意弱化处理，这是符合课程标准思想的。茎中所含有的导管、筛管的图形分散在图2-18、图3-28以及P118的“小资料”中，对于导管、筛管的功能教材中有相关的文字论述，对于茎是如何加粗生长的以及茎的形成层的功能也有文字介绍。但是，对于导管、筛管以及形成层是分布在茎的什么位置，学生不能从文字中获得整体感观，这不符合生物的直观性教学原则，所以需要给学生补充木本植物茎的结构简图。

（2）整合。

探究实验课需要到实验室上，还要保证充裕的实验操作时间，所以我把有些章节整合在一节课中完成，单独留出实验课的时间。

例：在实验“练习使用显微镜”之后，马上安排“制作并观察植物细胞临时装片”和“观察人的口腔上皮细胞”两节合上的实验课，一是强化显微镜的操作；二是让学生学习一项制作临时装片的新技能。然后，将“植物细胞”和“动物细胞”两节课中的文字内容整合在一起进行教学。学生有了显微观察的直观经验，将更有利于完成“区别动、植物细胞结构的主要不同点”内容的学习目标。

（3）强化。

生物绘图能力的培养在课程标准和教材中都未做过多要求，教材只在观察细胞的实验中要求绘制观察的细胞物象。“单细胞生物”和“开花和结果”两节课中，涉及草履虫的结构和桃花的基本结构，我先让学生阅图、读图，然后让学生自己绘图。学生通过自己绘图，会加深对相关结构的印象。对绘图能力无须进行评价，只要结构清楚即可。

2. 侧重过程和方法的方面

前面说的指导学生绘图是使学生掌握生物的结构和生长发育特点的一种基本方法，此外，还有编歌谣、做游戏，或指导学生用图表的形式表达生物生命现象等，根据教材内容让学生体验不同的学习方法，从中巩固知识、培养技能。

例：第131页练习题1“……请列表比较光合作用和呼吸作用的区别与联系”就一定要在课堂上完成。此表格的设计与填写有利于学生对所学知识进行归纳整理，了解表格的应用对提高学习能力的好处，还可以在教师的引导下，加深对“细胞是生物体结构和功能的基本单位”“生物体的结构与功能是相适应的”等生物学基本观点的理解，以及学会用“矛盾论”“系统论”来进行思维。

3. 侧重情感、态度和价值观的方面

教材有些章节本身的编排就是以培养情感、态度和价值观为主的，如《爱护植被，绿化祖国》；有的章节则可以利用“科学·技术·社会”“科学家的故事”“与生物学有关的职业”等的内容进行重新建构。

例：在“植物细胞”和“动物细胞”的整合课上，我以显微镜的发明和发展史为主线，以细胞的发现研究史为暗线，指导学生沿着科学家的足迹，模仿科学家对不同时间显微镜下观察到的细胞物象提出疑问，做出判断，得出科学结论。在经历了这个简易的探索过程后，由学生自己讲探索过程中的发现。学生谈到了显微技术的发展对细胞生物学的发展所起到的促进作用，科学探索需要掌握一定的方法、技能和科学的思维方式，还有锲而不舍的科学探索精神。这种情感、态度和价值观的培养，便是真正达到“细雨湿衣看不见，闲花落地听无声”的效果了。

（游盛华）

初中生物学课程理念在“观察细胞的结构”中的应用

初中生物学课程倡导的理念是面向全体学生、提高生物科学素养、倡导探究性学习。人教版《生物学》七年级上册“细胞是生命活动的基本单位”一章中有四节内容，笔者在教学过程中对“练习使用显微镜”“植物细胞”“动物细胞”三节内容做了一些调整。新一轮的课改思想也要求教师有整合教学资源的能力，调整的目的是让课程理念在课堂、在学生身上得到更充分的应用。

本章内容重点调整的是细胞结构的学习，是在学生已学会使用显微镜并已在显微镜下观察了植物细胞和动物细胞的物象的情况下进行的。步骤简要设计如下：

序曲：美丽的大自然孕育了许许多多姿态万千的生物，它们或静静地吐露芬芳，或热闹地争奇斗艳，或风度翩翩、举步闲适，或粗暴狂野、桀骜不驯。那么，包括我们人类在内，生物的共同点是什么呢？

激疑：通过上节课在显微镜下观察的细胞物象，激发学生像17世纪的科学家第一次看到这样的物象一样提出疑问。

溯史：观看教学视频，了解从17世纪开始，随着显微镜制作技术的不断提高和科学家们锲而不舍的探索，细胞结构被发现的过程。

回味：总结细胞结构，比较植物细胞与动物细胞结构的异同点，思考生物科学史给我们带来的启示。

追求：了解现代显微技术的发展，介绍相关网站。对本节课学生的表现进行总结和奖励。

了解生物科学发展的历史，解析科学、技术和社会的相互关系，关注和参与与生物科学技术有关的社会问题的讨论和决策，是生物科学素养的重要组成部分，也是培养学生对自然和社会的责任感的重要途径。本节课采用计算机多媒体形式，自制课件，整合各种教学软件，视频信息量大。在第一步中，通过展示学生在显微镜下所看到的细胞物象，激发学生像科学家一样提出疑问，并对他们的提问给予赞赏，为下一步探究性学习创设情境。重点在“溯史”环节，素材选取*Discovery Channel School*系列教学片“细胞”中的片段。借助片中的“细胞简史”，让学生沿着科学家的足迹，模仿科学家提出疑问，做出假设和判断，帮助学生认识生物科学与社会发展、技术进步的紧密联系，理解科学的本质以及形成科学的态度和价值观，让学生认识到科学研究的“难”与“易”。在“追求”环节中，通过在网络中搜索现代化显微设备和有关细胞生物学的最新研究，让互联网传递的越来越多的生物教育信息在生物课堂中得到利用并延伸到课堂之外。

科学是一个探究的过程，学生在科学课程中的学习方式也应该体现科学的这一特点。探究性学习可使学生通过类似于科学家科学探究活动的方式获取科学知识，并在这个过程中学会科学的方法、技能和科学的思维方式，形成科学观点和科学精神。学生的探究性学习与科学家的工作相似，学生为了学习科学也必须读书、与同学交流、不断提出问题，学习解决问题的方法。教师在学生的探究性学习中是一个帮助者的角色，为学生提供学习材料，解释材料中的问题，并提出问题。教师不是直接告诉学生答案，而是要学生去挑战，鼓励学生自己找到问题的答案。本节课中虽然无探究性实验的设计，但学生也在观看“细胞简史”、回答教师提问中学习了科学家的探究方法、探究过程和探究精神，初步形成了生物学基本观点和实事求是的科学态度，具备了一定的探索精神和创新意识，为确立辩证唯物主义世界观奠定了必要的基础。

面向全体学生就意味着教师要尊重每一个学生，要给每一个学生提供同等的学习机会，使每一个学生通过生物课程的学习，都能在原有的水平上得到提高、获得发展。在教学过程中，教师还要注意保护好学生在学习上的积极性和主动性，给他们提供更多的学习机会，让每个学生在学习实践中都有机会获得成功。同时，要为那些学习优秀、能够进行更深一步学习的学生提供更广阔的学习空间。所以本节课学生的活动占主要部分，“激疑”是创设问题情境后学生提出疑问，每个问题都不一样，有些还很有创意。“溯史”是在观看教学视频前提出问题：片中介绍的科学家是谁？他的主要成就是什么？在观看过程中全体学生参加有奖竞答分组积分，学生态度非常积极，全部热情都被调动起来了。这一环节培养了学生收集和处理科学信息的能力、获取新知识的能力、分析和解决问题的能力以及交流与合作的能力。“回味”中练习的设计从易到难，由知识点的简单识记到实际运用，有梯度地以连一连、比一比、试一试、想一想等形式出现，让具有不同兴趣和精力的学生参与，让不同层次的学生都有机会展示自己不同方面的学习成果。

评价是教学过程中不可缺少的环节，是教师了解教学过程、调控教学行为的重要手段。新课标要求建立健全学生评价体系，评价的功能由侧重甄别转向侧重发展；既要重视学生的个性化、反应力，又要倡导学生在评价中学会合作；不仅重视学生解决问题的结论，而且重视得出结论的过程。在评价过程中，还要保证所有学生都有足够的机会来展示他们在生物学课上的全部学习成果。本节课尽量做到对每一个学生的参与状态进行评价，有奖竞答不但看结果，也看小组的整体参与程度；有小组优胜奖，也有个人最佳表现奖；奖励的形式有品尝水果，感受生物带来的美味，也有被邀请做下一个教学环节的开播嘉宾。

本节课的教学设计力求做到根据学生身心发展的特点和教育规律，对学生进行科学素养教育，对学生生物科学知识、技能和能力以及情感、态度与价值观等方面的培养，着眼于学生终身学习的愿望和能力，渗透科学、技术和社会相互关系的教育，从而让课程理念浸润整堂课，不再是“穿新鞋，走老路”，体现出义务教育阶段生物学课程的普及性、基础性和发展性。

（游盛华）

机智教学，演绎精彩

课堂犹如一个大舞台，每天上演着不同的戏。教师是导演，学生是演员，教材是剧本。课堂教学是一首流动的诗，随时会有不确定的因素生成新的音符。教学不等同于医生的输液，不等同于储户的储蓄，不等同于工人的搬运，任你怎样绞尽脑汁地说理与灌输，都无法进入学生的精神领域与心灵世界。真正深刻的教育在于如何“荡其心，启其思，开其悟”。因此，我们要超越平铺直叙地“告诉”学生，让学生在思与智的曲折绕道间“聪明花恍然绽开”。

“教学相长”的教育规律包含着“教学相乐”的意味。教学的快乐就在于师生之间智慧的互启与思想的互助。尤为重要的是，教师要以自己别出心裁的构思逗开学习者的“聪明花”。对此，著名诗人闻一多先生可谓深谙其道。有一次，闻一多先生给学生上课，他走上讲台，先在黑板上写了一道算术题：“2+5=？”然后问道：“大家谁知道2+5等于多少？”学生们有点疑惑不解地回答：“等于7嘛。”闻先生说：“不错，在数学领域中，2+5=7，这是天经地义的。但是，在艺术领域里，2+5=10000也是可能的。”说到这里，他拿出一幅题为“万里驰骋”的国画给学生们欣赏。只见画面上突出地画了两匹奔马，在这两匹奔马后面又错落有致、大小不一地画了五匹马，这五匹马后面便是许多影影绰绰的黑点点了。闻先生指着画说：“从整个画面的形象看，只有前面七匹马，然而，凡是看过这幅画的人都会感到这里有万马奔腾，这难道不是2+5=10000吗？”闻先生巧妙地借用简单的算术题，化抽象为形象，化道理为事实，化无形为有形，让人深刻地领悟了“艺术思维与科学思维的区别”以及“艺术想象思维的含义”。

我们一直在苦苦思索：我们的日常课堂教学生活为什么总显得平淡无

味，甚至荡不起一丝半毫的涟漪？在我们看来，缺失思维的挑战，缺失思想的开发与思考的乐趣，是课堂教学生活缺乏生动性与趣味性的根本原因。学生们对我们的一言一行太熟悉了，有时我们说了上一句，学生就明白了下一句，以至于他们对我们的教学指令、教学任务安排都烂熟于胸，毫无新鲜感。这就造成课堂教学生活没有一波三折的曲折神秘，没有波澜起伏的丰富生动，没有匠心独运的创思与妙趣横生……

在课堂上，学生们的回答有时候会出乎我们的意料，但却能给我们以教学灵感。有一种教学机智叫"顺水推舟"，我们可以此为切入口，顺着新的教学思路进行教学，让课堂教学生活变成一次充满好奇的探索。例如，我在"探究非生物因素对生物的影响"的课堂教学中，就运用了一次"顺水推舟"。

本节课要求学生设计出非生物因素（光）对生物（鼠妇）的影响的探究方案。由于在我们校园难以找到实验所需的鼠妇数量，并且鼠妇容易死亡，所以这个实验只在理论的基础上进行讲解，并不进行实际的实验探究，这是本节课的一个遗憾。和学生讲完本节课的安排后，引起一片叹气声，我能很明显地感受到学生的失望。我只能安慰他们说后面还有好几个实验可以做的。

我在重点强调了实施计划中变量的控制和设计对照实验后，学生以小组为单位开始了探究方案的设计，我便开始巡视指导。由于不能真正做实验，只是理论的探讨，所以有很多学生都没有太高的积极性，讨论不是很热烈。

这时，有一个平时比较调皮、大胆的学生举手了。

"你有什么疑问？"我走过去问。

"老师，我们可不可以不做这个探究实验？"

"为什么？"我心中充满了疑惑，并想到这个探究是一个重要的生物技巧学习，怎么可以不做呢？这学生也太胡闹了，心中隐约有点不快。

"我们刚才讨论过了，想探究其他问题来说明非生物因素对生物的影响。"

"原来是这样啊。提出问题往往比解决问题更重要。探究的目的不就是训练学生发现和提出问题吗？况且新课标也要求学校结合自身的实际情况做出改变，既然不可以用鼠妇，那就用别的材料。"我心中一阵窃喜，也许会有意外收获。

"请把你们想探究的问题说出来听听，看看是否可行。"

“夏天，雨后地面会出现很多蚯蚓，特别是有大面积积水的地方。我们想知道是不是土壤的水分可以影响蚯蚓的生活，让它们跑到地面上来。”这个学生说完后一脸焦急地望着我，等待着我的回应。

“同学们，你们认为他们组想探究的问题能说明非生物因素对生物的影响吗？”

学生们纷纷举手表达了自己的看法，表示了肯定。可能是受刚才那位学生的启发，又有一些学生提出了自己想要探究的问题。

“老师，可不可以不要探究和书上一样的问题？”从几个学生的表情我已经感受到他们在急切地等待着我肯定的回答。我笑了笑。

“同学们，我允许你们对探究的问题和方法有不同的选择，但是老师有两个要求：一是要提出有探究价值的问题；二是在探究过程的设计中要注意体现如何控制变量，如何设计对照实验。”

话音刚落，班上立即响起了欢呼声，学生们的讨论热情也高涨起来。接下来，以小组为单位的讨论开始了。我心中窃喜，果然有了新的发现，以后可以有更好的教学题材，或许可以开展实验，看看这节课能不能找到合适、可行的探究材料。

由于给了学生更多的选择权，学生的潜力得到了充分的发挥。学生在课题的探究中涌现出很多奇思妙想，用科学创新的精神学习、探索成了这节课上学生最大的快乐，我也从中感受到了另一种快乐和触动。

是啊，这次意外让我们陷入了反思。教师的工作对象是活生生的人，而且是具有个性、生动活泼、会思考的人。在教学活动中，学生不是被动的、消极的，不是被灌输的器皿，不是教师的“传声筒”和“录音机”。放飞学生的思维，才会有精彩的知识迸发。每一个学生都是一个智慧的源头，关键在于教师的引领。引领得当，我们的课堂就会多一些精彩，少一些平庸。教师要在平时的教学中，锻炼出很好的应变能力和教育机智。只有这样，才不会让课堂变成“僵局”，才能打破“僵局”。

有人说，教育教学是师生与“真理”或“伟大的事物”之间一场充满智慧的“捉迷藏”。在课堂教学中，我们应当给学生更多的出乎意料，更多的知识探险过程的期待、紧张、疑惑、释放、敞开，只有这样才能创造出丰盈、充沛，富于张力与引力的课堂教学生活。

（杨秋玲）

谈生物作业的布置与批改

在教学过程中，作业是非常重要的一个环节，是评判一堂课是否是一堂好课的标准之一，对学生的学习状况也是一个很好的检测。所以，我们应该重视作业这一环节。而这一环节又包括作业布置和作业批改两部分，传统的作业布置环节一般就是直接选择一些习题、练习册之类的让学生来做，这样的方式往往因为太过枯燥而让学生产生厌烦情绪。我们经常说兴趣是最好的老师，如果学生对作业产生厌烦情绪，那么在学习的过程中就会产生抵触情绪，这对学生的学习是非常不利的。同时，对于作业批改，简单的"√""×"或者日期起不到很好的反馈作用，很多时候都是事倍功半。如何有效地布置作业和批改作业是需要教师去思考探究的。

一、如何有效地布置作业

1. 分级布置作业

在课堂教学过程中，作业往往就是一本练习册，但是一个班级的学生有的能力较强，有的能力较弱，一味地统一作业、统一标准往往会让一部分能力较弱的学生感到很吃力，渐渐地可能就不太愿意完成作业，而教师如果硬逼着他们完成还有可能适得其反；而对一部分能力较强的学生而言，太过简单的作业会让他们觉得没有挑战性，而且不断重复一些简单的、没有挑战性的问题也会让他们感到疲劳，使他们渐渐地对生物的学习失去兴趣。对此，我们可以有选择性地布置作业。例如，生物练习册区分了基础题和提高题，根据学生的不同层次，作业可以布置成选做题和必做题。"达标训练"的题目相对基础和简单，可以设置为必做题；而"探究乐园"的题目相对来说需要一定的思考，有一定的难度，可以设置为选做题。教师还可以对作业进行一定的选择，如一些重复出现的题目可以剔除掉，让有能力的学生得到提高，能力较弱的后进生也可以完成自己能力范围内的简单题目，提高信心，从而形成良性循环。

2. 提高作业的趣味性

因为初中生物学科自身的特点以及其知识内容和生活的联系非常密切，所以很多时候并不一定非要死板地以练习题作为作业。而且，初中阶段的学生比较爱玩，提高作业的趣味性也可以提高学生的学习兴趣，让学生喜欢做作业。例如，在讲到种子植物的种子的结构时，涉及双子叶植物的种子和单子叶植物的种子的结构，可以让学生通过课上的学习，结合自己观察的菜豆种子和玉米种子的结构，自己画一幅菜豆种子和玉米种子的结构图，让学生利用图像记忆法来记忆种子的结构。再如，在讲草履虫的时候，也可以让学生利用生活当中的一些工具制作草履虫结构模型，在制作的过程中学生既提高了动手能力和想象能力，也加深了对草履虫结构的了解。

3. 将探究式学习融入作业

新课标一直强调学生是学习和发展的主体，这一点除了应在课堂中有所体现，在作业中也应该有所体现。生物是一门实践性很强的科学，实验所占的比重非常大，但很多时候，受时间、环境等各种条件的限制，实验并不能在课堂上完成，那么就可以变成作业让学生课后完成。例如，在探究“二氧化碳是不是光合作用的原料”这个实验时，因为之前已经学习过对照实验，可以让学生自行设计实验，然后在课堂上展示各自的设计，发现问题并且通过大家的讨论纠正问题，这样既可以节省课堂时间，也能让学生进行思考。再如，“观察蚂蚁的通信”这个实验，蚂蚁是生活中常见的动物，可以让学生在课后进行观察，写成观察日记，并且就观察到的一些问题进行思考，设计相应的实验。这样既可以提高学生的观察能力和实验探究能力，也可以培养学生热爱大自然的情感。

二、如何有效地进行作业批改

1.利用多种符号进行作业批改

大多数教师批改作业都是使用简单的“√”“×”，但是这种批改方式的反馈作用并不大，教师在批改过程中可以多加一些符号进去。例如，在批改选择题的时候，多花一点时间来看一看学生的答案错在哪里，有时候可能只是看错题了，如将“不属于”看成了“属于”，或者将“从大到小”看成了“从小到大”，这时可以用红笔圈出来提醒学生注意。错别字也可以着重圈出来，并且有的时候不同的错误可以用不同的订正方法，这些都可以在作业的批改过程中体现出来，而且学生在拿到作业的时候也可以一目了然地发现到底哪些地方错了，需要在哪些方面多注意。

2.多元化地进行作业评价

传统的作业评价多半都是“优”“良”“差”，或者是“A”“B”“C”，这种相对单一的评价效果并不好，教师在评价作业的时候可以实行多元化评价。例如，善于利用表扬、鼓励词，如用“很棒！”“非常好！”来表扬一些做得非常好的学生；对于一些能力相对较弱的学生，可以用“加油！”“还需要努力！”“最近进步很大！”之类的鼓励词。丰富的评价可以给学生鼓励，也是师生沟通的一种方式。

3.善于利用面评、面改

每次作业批改完成之后我都会进行一次集体订正，但是总会有一些学生不够专心，或者有一些问题没有注意到，这时候就需要一对一地面评、面改。面评、面改的时候学生的注意力一般都会非常集中，而且一些小问题可以当场解决，对学生来说印象也会比较深刻，如一些错别字问题，像“鱼鳃”的“鳃”字，经常有学生写错，面评了几次之后，当场订正，错误率就下降了很多。还有一些学生可能因为性格比较腼腆，不愿意主动问问题，但是作业又体现出一些问题，教师可以利用面评的机会主动与他们交流。这样既可以解决问题，又可以增进师生之间的互动。

（熊星纯）

初中生物中考复习策略和应考策略

一、复习策略

复习不仅是一个回忆和熟练的过程，更重要的是一个再认识和提高的过程。特别是在离中考还有一个月的时候，正确的复习方法将会推动考生学习成绩更上一个台阶。

1. 全面梳理，强化记忆

初中生物学知识点繁杂碎细，复习时要以考纲为基准，全面梳理并识记基础知识点，自查在以往复习中存在的知识漏洞。特别是最后一周时间，一定要重温基本概念和基本规律，对重点、难点、易混易错点再次强化记忆。对诸如光合作用和呼吸作用、动脉和静脉、动脉血和静脉血、无性生殖和有性生殖、特异性免疫和非特异性免疫，还有呼吸运动和呼吸作用、胚盘和胎盘、子房和子宫等这样的概念，可以通过比较和分析，确定其异同，进行综合记忆，这样就不易混淆了。还可以把教材中的图解归在一起梳理复习，如根尖的结构、种子的结构、花的结构、肺的结构、小肠的结构和肾单位的结构等，通过这些图形结构的识别以及相关功能的复习，进一步理解生物体结构和功能的统一。

2. 突出主干，构建网络

在全面梳理知识点的基础上，要突出生物主干知识的复习，以提高应对中考的针对性和有效性。生物主干知识主要集中在“生物与环境的关系”“植物的生理活动”“人体的生理活动”等专题上。在进行这些专题基础知识点的复习时，一定要注意科学探究能力在知识点中的应用，如实验方案中变量的控制、实验现象的真实描述、实验结论的准确表达、图表信息的有效提取等。可以将其中的经典实验都找出来，列在一起进行分析对比，总结规律和方法，并精选一些典型习题进行练习。

主干知识中包含了更多的基础知识点，零碎的知识只有形成网络才能融会贯通、灵活运用。考生要在教师的引导下，对分散在教材各章节中的零碎的知识进行归纳、概括、串联，尽量挖掘知识的内在联系，在较高层次上同化这些知识，使自己初步建立合理运用生物学知识的能力。例如，以“为细胞的生命活动提供能量”为中心，将消化系统、呼吸系统、循环系统、泌尿系统、内分泌系统等结构和功能串联在一起，还可以深入联系“细胞是生命活动的基本单位”；以“毛细血管的结构和功能”为共同点，将血液流经肌肉、肺部、小肠、肾小球、肾小管等部位毛细血管处时，营养物质、氧、二氧化碳等废物的变化进行类比；分别以微观、中观、宏观视角纵观生物世界，串联“显微镜的结构和使用”“细胞的分裂和分化”“生物体的结构层次”“生态系统的组成”“生物与环境的关系”等知识。对这些知识点的归纳提升，还可以很好地呈现生物学的基本规律，即“除病毒外，生物体结构和功能的基本单位是细胞”“生物体的形态结构与功能是相适应的”“生物适应环境，同时也能影响环境”“生物体是一个整体”等。学生掌握了这些规律，有助于提高自己在解答综合性程度较高的题目时的能力。

3. 模拟冲刺，关注生活

考试是检查复习效果的最好方法。在最后的复习冲刺阶段，我们会经常进行模拟考试。每做完一套试题，都要找出自己的错源，析错改错后当即吃透相关知识点。还要养成在考前翻看以前做过的试卷的习惯，防止自己在同一个知识点上一错再错。

纵观近年来中考生物试题，越来越多地涉及一些与生活相联系的内容，学生应加以关注。例如，艾滋病、H7N9型禽流感等，可以将传染病与免疫的相关知识融合在一起考查；各地流行的生态农庄、大棚种植、屋顶菜园等，可以将生态学和植物的生理活动、细菌真菌的生理活动、生物的生殖等知识融合在一起考查；严重的雾霾、地震、泥石流等，可以从生物与环境的关系上综合出许多相关知识进行考查。学生可以通过一些综合试题的训练，发现这类试题的解答基础仍是熟练掌握生物学基础知识。无论题目内容怎样变，答法都是一样的，即所谓“题在书外，理在书中”。

二、应考策略

1. 规范应用术语，避免写错别字

我们在以往的中考生物阅卷过程中发现，考生因用语不规范或者写错别字而扣分的比较多。例如，种子萌发的环境条件为充足的空气、一定的水分和适宜的温度，这里的“充足的”“一定的”“适宜的”不能用其他词代替，还有植物“蒸腾作用”不能用“蒸发作用”来代替等。考生还常常将“胸廓”写成“胸廊”、将“芽孢”写成“芽胞”、将“光合作用”写成“光和作用”、将“蛋白质”写成“蛋白蛋”、将“叶绿体”写成“叶粒体”等。因用语不规范或者写错别字而扣分，实在是因小失大。

2. 细心审清题意，细致誊写题卡

有些考生常常题目还没有看清楚就急于答题，遇上熟悉的题一激动就盲目做，忽视了题意与平时自己做的题相比已有了细微的变化。考生在审题时一定要分清类似“正确”还是“不正确”、“由小到大”还是“由大到小”等题目要求。答案写入答题卡才是有效的，所以考生誊写答题卡时一定要细致，不要出现答案错位、漏字或多字现象，也不要在超出答题范围的区域答题，选择题答案填涂要规范。

（游盛华）

巧用反馈效应，实现自主复习

心理学家罗西和亨利曾做过一个著名的反馈效应心理实验：把一个班的学生分成三组，每天学习后都进行测验，测验后分别给予不同的反馈方式：第一组，每天告知学习结果；第二组，每周告知一次学习结果；第三组，只测验，不告知学习结果。8 周后，将第一组和第三组的反馈方式对调，第二组的反馈方式不变，实验也进行 8 周。结果，反馈方式改变后，第三组的成绩有突出的进步，第一组的成绩逐步下降，第二组的成绩稳步上升。

反馈原本是物理学中的一个概念，是指把放大器的输出电路中的一部分能量送回输入电路中，以增强或减弱输入信号的效应。心理学借用这一概念，以实验说明了学习者对自己学习结果的了解能够起到强化作用，促进学习者更加努力地学习，从而提高学习效率。这一心理现象被称作“反馈效应”。

一次，我尝试着使用反馈效应进行复习，结果让我喜出望外。

某班学生成绩中低面较大，厌学情绪严重，绝大多数学生在各次测验中成绩均不理想。马上就要期末考试了，我很着急，怎样才能大面积提高学生的成绩呢？灵机一动，手上有几套学生已考过的空白试卷，我就每样复印几十份。课堂上，我将试卷在讲台上摊开，由学生自选，挑出几份仅分发给班上成绩中上的学生做。学生中幸灾乐祸的、大松一口气的、不屑一顾的都有。我故意不理他们，对学生做完的试卷立马就改，正确率高的鼓励他们再做一份难一点的，错误多的鼓励他们重新做一遍。开始时成绩中上的几位学生积极踊跃，渐渐地，成绩中低的学生看到他们这样热情高涨，考得不好老师也不责怪，还受到鼓励，由开始庆幸自己没有被老师抓到做题，到后来主动要求老师发卷子给自己做，做完了也赶快给老师改，还和同学比谁错得少，下课了，还缠着老师等批改结果。以后的几节复习课，学生都会抓紧时间复习，然后抢着要老师的卷子做；合格了一张又要求做另一张，错误多的要求还要做，直到全做对为止；每做完一张卷，就问老师后面还有没有试卷，期望有更难的试卷。结果，此班的期末考试成绩均分大面积提高，不少原来只能得低分的学生也考及格了，甚至有的成绩达到了优分。

通过这次实践，我认识到以下四点。

1. 通过反馈，学习者了解了自己的学习结果，对学习确实具有强化作用

学生知道自己的学习结果，可以提高对学习的热情，更加努力学习。而且，面批面改式的即时反馈比远时反馈效果好很多。反之，学生如果长时间不知道自己的学习结果，就会缺乏学习的激励，就很难有进步了。

2. 反馈面批时不是指责而是鼓励，甚至鼓励他们不要怕错，只要一次比一次错得少

在师生感情和谐的氛围中，学生对学习由害怕转化为乐意。学生对学习对象产生了兴趣，使自己处于积极学习的精神状态之中，也就能更有效地掌握知识了。

3. 反馈时让学生根据自己的能力，选择具有不同难度的试卷

每一次自选试卷，都是学生对自我的一次挑战。同时，教师及时地、适度地鼓励，使学生看到了自己努力学习的成效，让学生很有成就感，增强了学习的信心，从而产生了自主学习的动力，学习效果的提高更为迅速。

4. 反馈的同时我发现：学生存在着这样一种心理，就是希望自己能被教师所关注

刚开始，教师有意识地只关注部分学生。后来学生发现只要自己积极努力，不管学习结果好坏，都会得到教师的及时关注。由于教师对每个学生提出的努力目标不同，所以每个学生个体在与教师的交往中，不断感受到一种特别的、被期待的暗示，因而激发了他（她）的上进心，使他（她）自主地参与到复习中，从而产生了比教师要求下的复习更好的效果。这时的教师就像磁场一样，不用逼迫，学生也会迫切地以良好的复习状态向教师靠拢，期望教师的继续关注。实践证明，教师的关注常常比表扬更能触动学生的心灵和情感。

我这次巧用反馈效应，使师生间产生了心向一致的“心理效应”，让学生如我所愿，实现了自主复习，并且达到了优良的复习效果。这次教学实践让我亲身感受到反馈效应的魅力：及时知道自己的学习成果对学习有非常重要的促进作用，并且即时反馈比远时反馈效果好，学生自己进行的主动反馈比教师进行的被动反馈效果好。

（游盛华）

体会希沃软件在生物学教学中运用的几个优点

近几年，希沃一体机在许多学校得到普及，许多教师也会运用希沃白板来备课和教学。为了在教学上灵活运用希沃软件，笔者在希沃官方网站上认真学习相关的应用教程，还参加了几次希沃相关培训及比赛，对希沃软件有了自己的认识，体会到其在生物学教学中运用的几个优点。

一、计时功能，增强时间观念，营造良好氛围

苏联著名教育实践家和教育理论家苏霍姆林斯基曾提出："如果老师不想办法使学生产生情绪高昂和智力振奋的内心状态，就急于传授知识，不动情感的脑力劳动就会带来疲惫。没有欢欣鼓舞的心情，没有学习的兴趣，学习也就成了负担。"抓住学生的心理特征，营造良好的学习氛围，利用计时功能，能让学生在规定时间内完成一定的任务或者习题，培养学生的时间观念，提高学生做题和学习的效率，使他们在考试时更有时间观念。

二、放大镜聚焦功能，突出重点，强调细节

在学生物知识的时候要注重学生物的观念，如生物与结构的统一观。例如，在认识细胞结构时，往往有些结构是比较重要而容易被忽视的，如细胞膜，由于很薄又紧贴细胞壁，在普通光学显微镜下不易被发现，但是它具有保护作用，还具有识别功能，能控制物质的进出，让有用的物质进入，将没用的物质阻挡在外。教师可以通过放大镜加上关灯模式，进行聚光，使学生聚精会神地注意到该重点结构，在脑海中形成深刻的印象。

三、笔的标注功能，不同颜色，不同图案

上课时，教师可以边讲知识边用笔画出重点，并用不同颜色的笔进行区分，这样学生听课时可以一目了然地捕捉到重点知识。另外，希沃软件的笔还可以换成其他的图案，如标记、笑脸、奖章、红花等，当学生作业和表现状态比较好时，教师可以用这些图案奖励学生，这样他们的兴趣会骤然提高，还会取得激励效果。

四、橡皮擦擦除功能，蒙层擦除制造神秘感

首先在备课模式将一些知识点添加蒙层，制造神秘感，然后上课时给学生留出时间自主学习思考，再将知识或者答案慢慢擦除出来，当学生答出正确答案时，会大大增加他们的满足感。

五、合理的思维导图，可以插入图片和视频

思维导图有利于学生厘清知识中各级主题的隶属关系和相关关系。希沃软件中的思维导图还可以插入大量图文和视频，用图文和视频建立生物的结构特征，协助学生在科学与艺术、逻辑与想象之间找到平衡，思维导图具有展现人类思维的强大功能，很有利于学习。

六、录制胶囊，随时录制微课，方便课后回顾

希沃软件中有录制胶囊，可以在办公室或家里录制微课。在授课的时候也可以点击录制胶囊，生成链接，分享到班级群，学生回家后可以打开链接复习和学习，也可以根据个人情况进行时间的调整与学习内容的梳理巩固，提高了学习的灵活性和人性化程度。

七、课堂活动，班级优化大师，活跃学习氛围

希沃软件设置了合理、生动活泼的课堂活动，如连线、分类、PK等，加上搭配的音效，能很好地激发学生的学习兴趣。以往检验学生知识掌握情况的练习题总是没有人愿意回答，但是有了课堂活动，学生都会踊跃完成。为了公平地对所有学生进行全面的了解，还可以用班级优化大师随机点名和抽

小组，并形成排名积分，随时掌握学生的学习情况，使学生保持浓厚的学习兴趣；还可以对图片及主题进行更换，设计更合理、更科学、更具有针对性和特色，也更符合实际教学需要。

八、希沃授课助手，展台展示成果，更清晰直观

当需要把某个学生的作业拿来给全班同学讲解时，可以通过授课助手把作业拍照，上传到课件上，可以放大也可以进行批注讲解，还可以将手机上的课件和资源投屏到一体机上，用手机操作翻页、放大，教师无须站在一体机旁边，可以走近学生，与学生更好地互动。还可以在手机上登录希沃账号查找云课件，这就解决了教师上课必须带U盘，一旦U盘找不到连课都上不成的问题。

九、学科工具，方便快捷，科学实用

学科工具的内容很多，有语文、数学、英语、化学、地理的，还有音乐、美术的。对于生物的学科工具，我觉得以下功能非常好：

（1）课程视频，在线课程视频资源，可直接导入课件。生物的学科工具有较多的结构和功能，一些动态图和视频的展示会让学生有更深刻、更形象的印象。

（2）仿真实验，在线3D实验，支持资源器材的组合与演示。实验是科学探究的基本方法，很多知识只有通过实验才能很好地解释，但是受到种种条件的限制，很多实验不能开展。有了仿真实验，学生能观察展示实验过程的画面，像演示实验就在身边一样，很有示范引领作用。

（3）精选在线题库，检索并生成答题卡。在线题库的题型丰富，内容全面，设计合理，还有非常详细的答案解析，可以检索并生成答题卡，十分方便实用。

当然，希望希沃软件能更新更多与生物学相关的学科工具，如显微镜、干湿计等，增加与课本配套的相关图片视频和资源。

好的东西是值得我们学习和摸索的。当你花时间去琢磨它的时候，它也在教会你很多新的知识，使你不断进步，也会帮助你在教学上有所提升，还会让你跟学生之间的关系更进一步。

（赵程程）

学习支架在初中生物学理性思维养成中的应用

——以“细菌”的教学实施为例

生物学课程期待学生能养成理性思维的习惯。为了使学生在理性思维方面得到发展，教师需要根据学生的实际情况，创设恰当的教学条件，这个教学条件实际上就是为学生提供各种合适的学习支架。初中生物学教学要将学生理性思维养成作为教学目标之一，为学生设计并适时提供合适的学习支架，以此作为展开学习活动的载体，这既能提高课堂教学效果，也对学生理性思维的培养起到潜移默化的引导作用。

一、以生活实际作为学习支架来诱发理性思维

新课导入之前，教师要了解学生的最近发展区，以带领他们快速切入理性思维。学习支架就是连接学生现有水平与目标水平的桥梁。教师可以选择与新授内容相关、学生又非常熟悉的生活实际作为学习支架，来引导学生进入理性思维情境。

例如，在教学“细菌”一课时，教师这样导入：“老师为了能上好课，养足自己的体力，前天特意炖了一锅牛肉汤，很是美味。我喝完还留了一点，放入这两个圆形烧瓶中，带到了我们的课堂。哪位同学愿意来尝尝？”教师故意走到学生当中，邀请学生大胆尝试。学生大都微笑着拒绝了。接着教师又问：“你们为什么不喝呀？”学生七嘴八舌开讲：“这汤坏了，不能喝。”教师追问：“为什么会坏？”（生答：“有细菌！”）“你对细菌知

晓多少呢？”“牛肉汤里的细菌是从哪里来的？”这一情境的创设和推进使师生在情感上有了交流，也让教师对学生的学情有了初步了解，为搭建学生理性思维的学习支架做了铺垫。

二、以生命科学史作为学习支架来启迪理性思维

生命科学史是一部思想史，展示了科学家所处的时代背景，记录着科学家的思想和思想转变，以及他们的科学探究过程。生命科学史是在初中生物学课堂培养学生理性思维的很好的学习支架，如“细菌”一节教学内容包含细菌的发现史，教师可以借此渗透理性思维的过程与方法，启迪学生的理性思维。

教师将细菌发现史中巴斯德的“鹅颈瓶实验”有意识地加以组织，可以构建让学生重视实证的理性思维情境。“19世纪中叶，许多科学家都认为细菌是自然产生的，如煮沸过的肉汤会自然地长出细菌，使肉汤变质。这就是当时人们认同的自然发生论——‘细菌是由肉汤自然产生的’。你认同吗？如果你反对，你该怎么辩驳细菌是自然产生的一说？”现在的学生基本能认识到，肉汤腐败是空气中的细菌从瓶口进入肉汤造成的。但是怎么证明呢？批判质疑的意识被激发出来了，学生有了实证的迫切需要，但缺乏一步到位的严谨思考。“不愤不启，不悱不发。”这时，教师展示巴斯德的鹅颈瓶实验装置，以及两个装着牛肉汤的正常圆底烧瓶，让学生了解巴斯德进行科学研究的基本方法和过程，分析“鹅颈”的作用，理解其中实证的重要、逻辑的严密和实验装置设计的精妙，并将之内化为自己的理性思维。

三、以学习任务作为学习支架来驱动理性思维

图片、视频、动画、表格、模型等常在初中生物学课堂出现，但是这些只能作为学生搭建学习支架的原材料，教师需要将它们组合起来，加上有效问题，形成一项项学习任务，以此作为学习支架，开展各种思维能力训练，步步驱动学生的理性思维。在“细菌”的教学中，教师设计了以下典型的学习任务，并将这些学习任务简要地呈现在纸质学案中，在课堂上分发给学生。

学习任务一指导学生观察课本中的细菌结构图，在纸质学案的图（图1）中首先添画补充缺少的结构，然后在各编号旁注明细菌结构名称。在学生

完成后，教师问：“同学们添画补充的是什么结构？”“与植物、动物细胞相比较，细菌哪几个结构是特殊的？”以此推动学生观察、比较，演绎建立“原核生物”和“真核生物”概念。然后比较细菌的结构与动、植物细胞的结构的异同点，让学生推测出细菌的营养方式。这一学习任务凸显细菌与其他生物的显著不同特点的比较，也是理性思维养成的重要一步。

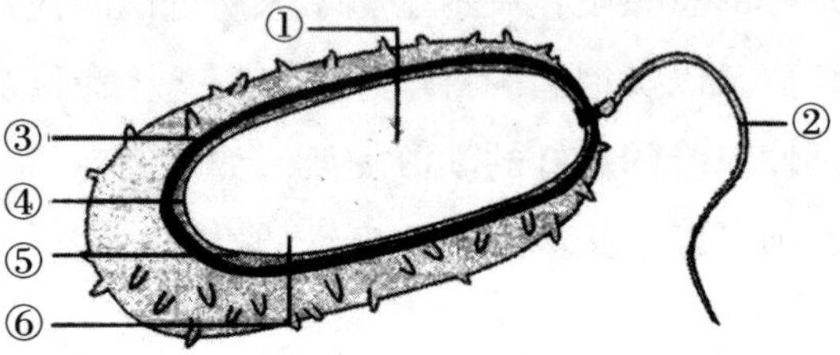

图1　细菌结构

学习任务二指导学生观看细菌繁殖的快放镜头，让学生直接感受细菌的快速繁殖和繁殖方式。但是细菌的繁殖速度之快是需要理性分析的，这时可以运用数学建模思想，即指导学生思考：“假设你手上此刻有1个细菌，细菌的繁殖速度按每30分繁殖一代计算，在不洗手的情况下，4小时后你手上的细菌数目是多少？”“如果是更长的时间呢？”让学生在学案上推演（图2）。用数学建模思想来解释生命现象和规律是理性思维的重要一环。

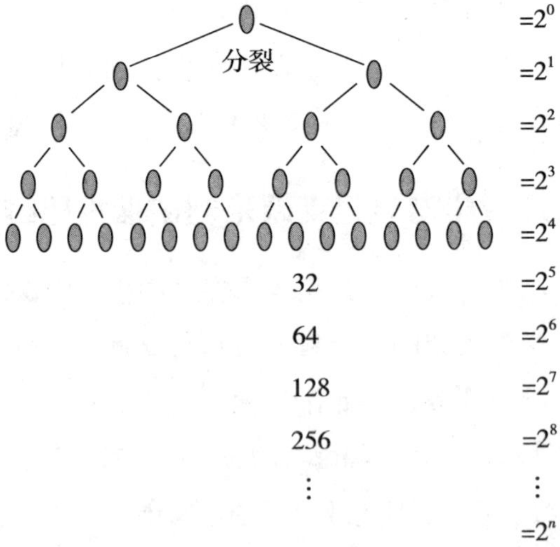

图2　推演图

学习任务三梳理本课知识点，尝试借助学案中的图3构建知识框架，并告知学生这个框架是可拓展的，具有开放性的。这样的学习任务有一定难度，可以让学生通过协作学习、展示交流来完成，最后有可能形成类似图4的知识框架。同时，结合学生的构建，提出问题：“细菌的哪些特点和它们的分布广泛有关？”，让学生能聚合归纳出“生物以各种方式适应环境”这一生物学基本观点。这种聚合归纳能力是学生理性思维的高层次表现，虽然有难度，但是只要教师不放弃，坚持结合教学实际，构建恰当的学习支架，小步子，慢慢来，还是能达成目标的。

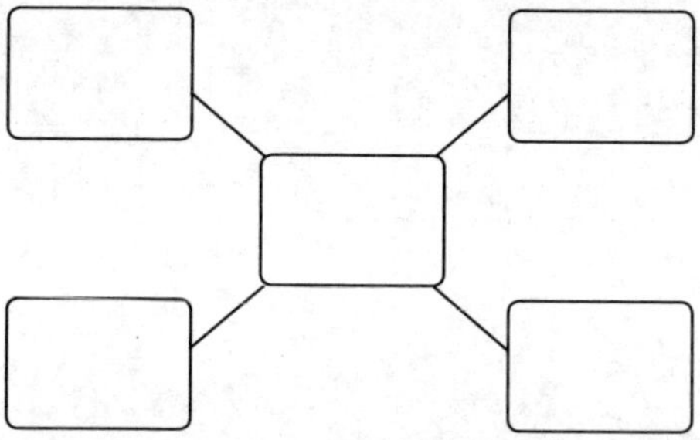

图3　构建知识框架

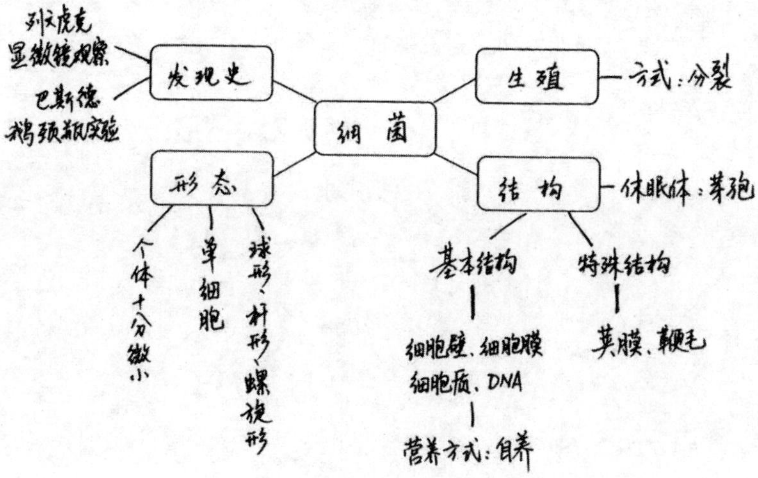

图4　最终知识框架

综上所述，学习支架就是帮助学生养成理性思维的“脚手架”，具有过渡、引领、指导作用。学习支架在学生学习认知之初具有较好的帮扶、辅助作用，特别是在学生高层次的理性思维养成中不可或缺。学生的理性思维养成不是一蹴而就的，需要通过我们的课堂教学有的放矢、循序渐进。应用学习支架进行初中生物学课堂教学，能使教师有步骤、有章法地开展学生理性思维训练，有意识、有目的地关注学生学习的状态、方式、过程以及效果，直至学生能独立学习，最终使学生养成批判质疑、重视实证、逻辑清晰的理性思维习惯和能力。

（游盛华）

第三篇
教学课例

基于学科核心素养的教学创新设计和实施

——以“探究细菌和真菌的分布”为例

科学探究是生物学学科核心素养的重要组成部分。在生物学教学中，组织探究性学习是落实核心素养、培养实践能力的关键。生物学课堂应高度关注学生学习过程中的实践经历，让学生积极参与动手又动脑的活动，在探究性教学中加深对生物学概念的理解，提升知识应用和问题解决的能力。因此，笔者对“探究细菌和真菌的分布”实验进行了创新设计，在教学实施中以探究和实践为主线，让学生在做中学、做中思、做中悟，将科学探究素养的培养真正落到实处。

一、教学设计的创新改进

（一）实验（思路/活动）的创新

传统的实验教学强调基础知识的学习和技能的培养，已经不能适应现在以培养核心素养为目的的教育需求。本实验需要使用制作培养基、高温灭菌、接种的相关仪器，由于学校教学设施不完善，课堂时间也不够，因此实验中必须有取舍。但大多数教师在安排本实验活动时更重视学生对“细菌、真菌分布”的感官感受，采取录制微课、安排课后活动、计数等多种实验组织方式，使学生感性认识细菌和真菌的分布。

本实验围绕探究活动的一般过程进行，重点落在制订并实施计划上，包括小组展示、找茬游戏、交流总结、教师演示。具体过程为：教师先让学生依据学案分组讨论，自主选择不同的环境、接种方式、实验步骤等操作，然后请一组学生上台展示他们的实验过程（同步投屏），其他组学生找出展示组的操作错误（视频重复播放），最后教师再对学生的点评进行归纳，点拨注意事项，并进行正确的操作示范（同步投屏）。其中，找茬游戏不仅充分调动了学生的积极性，使学生细致观察、认真思考，而且培养了学生严谨的科学实验态度，在体验的过程中收到良好的实验效果。

（二）教学过程的创新

学科教学过程即学科活动的过程，学科活动则是学科核心素养养成的主要路径。完整的学科活动应包括实践活动（动手、感性）和认识活动（动脑、理性）两个方面。杜威指出，真正的知识应该是主体在与客观对象相互作用的过程中，与经验材料紧密联系在一起的结果。本节课中笔者引导学生在参与互动中学习，在交往中学习，在思考讨论中学习，在游戏中学习，在探究中学习，在生活中学习，从而使学科核心素养得以形成。本节课的主要创新之处在于让学生在游戏中掌握知识、提升能力。具体流程如图1所示。

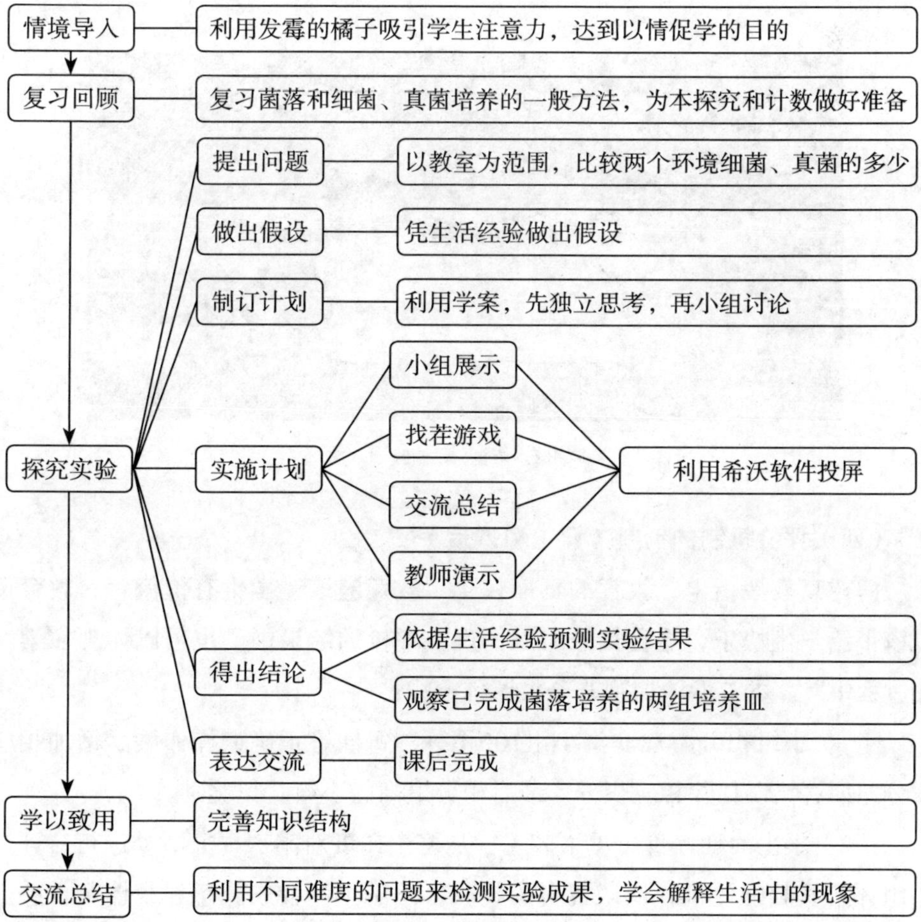

图1　教学设计流程

为保证在有限的时间内达成实验教学目标，凸显科学探究在生物学学习中的重要作用，形成生物学最常用的探究方法，本节课打破了传统的教师讲解实验要领、学生照本动手操作的授课模式，通过一系列教学设计，为学生提供更多合作交流、探究实验的机会，提升了实验教学质量。

（三）教学资源的创新

在生物学教学中，单靠教师用语言和文字等抽象符号去影响学生，远远不如直接的感官感受那样生动、鲜明、有效、持久。本实验除了利用传统的教学资源以外，还特别运用了希沃软件，将学生的设计方案拍照投屏，将学生的演示操作同步直播并重复播放，让全班学生都能清晰地看到整个过程，在找茬游戏中重复播放可以给学生充分的时间进行观察和思考。学生接种投屏如图2所示。

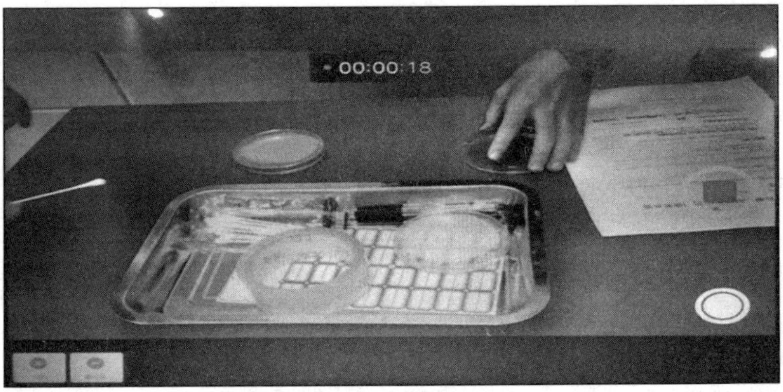

图2　学生接种投屏

（四）评价机制的创新（课上和课后）

傅树京教授指出，教育的真谛在于“教育应该让学生有价值感，教育也应该带给学生快乐，这种快乐可以体现在评价的结果中，也可以体现在学习的过程中”。本节课增加了非分数评价方式：

（1）小组积分游戏。每小组100积分，每回答正确或操作展示增加相应积分，回答错误扣除相应积分，最后积分最高的小组获得奖励。

（2）学生活动评价（见下表）。从多个角度对本次探究活动进行自评、小组评价和教师评价，谈谈各自的收获，让学生体会成就感和集体荣誉感，学会对自己进行肯定。

活动名称：检测不同环境中的细菌和真菌

姓名： 班级： 日期：

<table>
<tr><th>评价项目</th><th>具体内容</th><th>综合评价</th><th>具体评价</th></tr>
<tr><td rowspan="2">情感态度</td><td>① 积极参与活动</td><td>☆☆☆☆☆</td><td rowspan="4">我对自己的评价：</td></tr>
<tr><td>② 主动提出设想、建议</td><td>☆☆☆☆☆</td></tr>
<tr><td rowspan="3">合作交流</td><td>① 主动和同学配合</td><td>☆☆☆☆☆</td></tr>
<tr><td>② 认真倾听同学的观点和意见</td><td>☆☆☆☆☆</td></tr>
<tr><td>③ 对班级和小组的学习做出贡献</td><td>☆☆☆☆☆</td><td rowspan="4">小伙伴对我的评价：</td></tr>
<tr><td rowspan="2">学习技能</td><td>① 活动方案构思新颖</td><td>☆☆☆☆☆</td></tr>
<tr><td>② 实践方法、方式多样</td><td>☆☆☆☆☆</td></tr>
<tr><td rowspan="4">实践活动</td><td>① 积极动脑、动手、动口参与</td><td>☆☆☆☆☆</td></tr>
<tr><td>② 会与别人交流</td><td>☆☆☆☆☆</td><td rowspan="6">老师对我的评价：</td></tr>
<tr><td>③ 活动有新意</td><td>☆☆☆☆☆</td></tr>
<tr><td>④ 关注环境卫生和个人卫生的意识</td><td>☆☆☆☆☆</td></tr>
<tr><td rowspan="2">成果展示</td><td>① 观察日记</td><td>☆☆☆☆☆</td></tr>
<tr><td>② 探究学案</td><td>☆☆☆☆☆</td></tr>
<tr><td colspan="4">我的感想：</td></tr>
</table>

说明：用公正客观的态度评价。

二、教学实施

（一）设计导学案

出于高效课堂的考虑，教师必须在规定时间内完成预设的教学进程，不能在教学生成性、学生自主性上滞留太久。笔者精心设计导学案，以探究的一般过程为主线，穿插一些思考讨论题，引导学生在课堂上有方向地自主学习，使学生明确探究过程，做到心中有数，使探究过程有序而不忙乱，从而提高课堂效率、节省时间。

（二）探究学习

“纸上得来终觉浅，绝知此事要躬行。”苏联教育家阿莫纳什维利也认为，学生单靠动脑只能理解和领会知识，如果加上动手，就会明白知识的实际意义。杜威的“做中学”理论更是全面深刻地阐述了动手的价值和意义，他认为个体要获得真知，就必须在活动中主动地体验、尝试、改造，必须去“做”。因此，本实验安排了课上与课后结合的两个探究活动。

1.探究活动1（课上）

基于课堂的限制，本节课安排的探究活动为“教室中哪一处的细菌和真菌更多一些？哪一处更少一些？”提出问题是探究活动的重要过程，也是首要过程。教师应鼓励学生选择多种不同的环境，以保证探究实验的结论更接近事实。开始，学生的思维局限于角落、书桌等显而易见的地方，教师可以提醒衣服、饮水机、绿植盆等角落。教师再给予引导和充分的时间，让每个小组制订并实施方案，通过“展示”“找茬”进行交流总结，最后对实验结果进行预测，并通过观察两组已完成菌落培养的培养皿（图3，教师提前一周准备，将已完成菌落培养的培养皿带入课堂）得出结论——细菌和真菌分布广泛，并引导学生关注环境卫生和个人卫生。

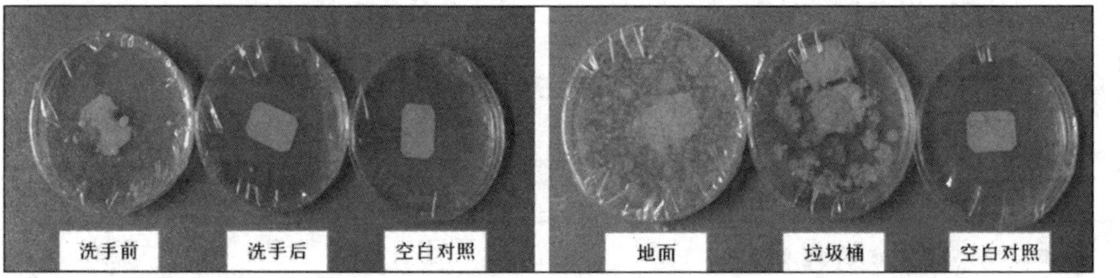

图3　已完成菌落培养的培养皿

2.探究活动2（课后）

本节课后，教师组织学生对课堂两组培养皿的实验结果进行进一步的探究。课后探究活动包括：①自来水和不同品牌瓶装纯净水的细菌、真菌比较；②不同品牌香皂洗手的除菌效果比较；③不同洗手方式的除菌效果比较；④不同洗手时间的除菌效果比较。

将学生分组并进行探究活动，引导学生思考如何设计变量和对照组，如何接种，怎样避免杂菌污染，如何计数，如何进行分析等实际操作问题，再次将本节课的探究过程和注意事项独立重复地运用到实际探究过程中，形成完整的探究实验报告，进一步提高学生的探究能力，最后让全班学生对实验结果进行交流讨论。

教师通过课上和课后两个探究活动，引导学生主动学习，在实践中实现知识的意义构建，将核心素养的培养落到实处，让学生将所学知识运用于生活之中。

三、总结和反思

本节实验内容与生活联系密切，针对教学资源及教学流程的创新设计也立足于学生实际，紧跟新技术的发展，将纯粹的物质验证转变为引领探究，更能促进学生生物学学科核心素养的提升。在教学实施中，学生参与教学的积极性和主动性都有明显提高，遗憾的是实验效果不能即时体现，只能通过预测和观察已培养好的菌落来得出实验结果。

从教学效果方面看，整个实验过程完全由学生自主参与，学生主动发现问题、提出问题、做出假设、制订计划、实施计划并展示交流、预测结果、得出结论，他们亲身经历了整个科学探究的过程；在实验过程中，学生的科学探究能力得到了充分发挥、提升；找茬游戏环节锻炼了学生严谨的科学思维；通过观察菌落得出的结论可有力地引导学生养成健康的生活习惯，体现了初中生的社会责任，使得生物学学科核心素养植入学生的灵魂深处。可以说，本节课让生物学学科核心素养真正融入了生物教学课堂。

（杨秋玲）

建构实验教学主线　促进探究能力提升

——“光合作用吸收二氧化碳释放氧气”的教学设计

一、教学主线的建构背景

主线教学法是指以教材文本的特点、学生的实际情况和教学内容的重点为依据，以某个视点（如生物科学史、逻辑推理、问题情境等）为主轴创设整体，再以主轴为中心重组教学点，分步呈现教学点，再逐一聚焦教学点，最后将前后教学点融会贯通，从而建构清晰且完整的教学脉络，进一步实现学生、教师、编者、教材之间的多边对话的一种教学策略。教学主线能把师生双方的理解、倾听、学习清晰地串联起来，所形成的认知线索能促进双方的理解和感悟。在生物实验教学过程中，教师还可以根据学生的认知特点、心理特点和教学实际情况，适当调整教材内容的顺序，整合相关教学内容，整理出恰当的教学主线，这样不仅能使课堂脉络清晰、行之有效，而且能进一步提升学生的科学探究能力。

人教版《生物学》七年级上册“光合作用吸收二氧化碳释放氧气”一节中，笔者尝试整合与挖掘教材相关内容，以“二氧化碳是通过气孔进入叶片并成为光合作用必需的原料的吗？”这一问题情境为主轴，建构“探究提问、探究思路、探究迁移”的教学主线并开展教学活动，以期让学生更深入地理解光合作用的实质并提升生物实验探究能力。

二、教学主线的建构依据

1. 教材分析

人教版《生物学》七年级上册“光合作用吸收二氧化碳释放氧气”一节中有三个主题，其中“二氧化碳是光合作用必需的原料吗？”是七年级上册教材的最后的探究实验，它是在学生接受了一系列科学方法训练和探究技能训练之后，综合考查学生探究能力的活动。教师引导学生从本节引入部分——比利时科学家海尔蒙特的“柳树”实验这个科学史，挖掘出另一个探究问题“二氧化碳是通过气孔进入叶片的吗？”再组合这两个科学探究，从而形成一个复杂有难度的探究——“二氧化碳是通过气孔进入叶片并成为光合作用必需的原料的吗？”这也是因势利导，顺水推舟。

2. 学情分析

回顾七年级上册教材不难看出，教材中“光对鼠妇生活的影响”“种子萌发的环境条件”“绿叶在光下制造有机物”等探究活动使学生接受了一系列科学方法训练和探究技能训练，初步掌握了在科学探究中设计对照实验的方法。通过“观察叶片的结构”实验，学生能了解叶片表皮分布有气孔，还可以借鉴“绿叶在光下制造有机物”实验中许多有关光合作用的探究实验方法和步骤。所以，无论是知识水平还是能力水平，学生都有足够的储备来完成“二氧化碳是通过气孔进入叶片的吗？”这个全过程探究及后续两个密切关联的探究活动。

3. 教学目标

本节第一主题“光合作用吸收二氧化碳作为原料”的教学目标除了逐步阐明光合作用的概念外，就是运用实验法独立设计并完成探究活动“二氧化碳是通过气孔进入叶片的吗？”难点主要在于该探究指导的表述很简单，只给出了要探究的问题和必要的背景资料（如氢氧化钠溶液能够吸收二氧化碳），学生要完成全过程设计并探究，难度较大。但这一难点一旦突破，学生就会对全过程探究有深入的理解，教师引导学生完成挖掘和组合迁移的新探究活动，必然能促进学生完成探究迁移，进一步培养学生较为全面的科学探究能力。因此，以“二氧化碳是通过气孔进入叶片并成为光合作用必需的原料的吗？”为主轴设计建构“探究提问、探究思路、探究迁移”的教学主线开展教育活动，从内容和逻辑上以及学生认知规律上来看都是顺理成章、水到渠成的。

三、教学过程

1. 依据经典实验，提出科学问题

（1）引入：课前指导学生充分预习本节第一主题。从简要复习“绿叶在光下制造有机物”实验的六个基本步骤——“暗处理、设置对照、光处理、脱色、染色、观察”，过渡到还有很多与光合作用相关的经典实验会成为我们开展科学探究的素材，引入本节教学。

（2）提出科学问题：指导学生阅读教材相关内容，并利用课件让学生进一步了解普利斯特里和海尔蒙特经典实验的主要内容及结论。特别注意引导学生找出海尔蒙特实验中被忽略的因素——气孔，并简要复习“气孔”知识点。之后以这两个经典实验为问题背景，引导学生提出有探究价值的问题。

此过程中学生很可能会提出五花八门的问题，但教师务必引出“二氧化碳是光合作用必需的原料吗？”以及“二氧化碳是通过气孔进入叶片的吗？”这两个问题，这样才能将主轴抓在手中，沿着既定教学主线开展后续活动。

2. 突破复杂实验，形成探究思路

（1）回归教材控制实验变量

分析“二氧化碳是光合作用必需的原料吗？”这一探究问题时，学生依据已有知识能力能确定所设计的对照实验的变量是“二氧化碳”。教师则以“要保证实验中只有二氧化碳一个变量，该怎样设置对照实验？”这一问题，引导学生回归教材，阅读教材中关于本实验的相关提示。特别强调“氢氧化钠溶液能吸收二氧化碳”“借鉴普利斯特里实验中控制空气流动的方法”等重要提示，再由小组讨论实验设计方案。讨论结束后，由小组代表口述实验设计方案，教师则根据学生口述快速绘图，呈现方案，以帮助学生进一步理解本实验中变量的控制以及对照实验的设置，并为后续实验设计展示提供方法支持（图1）。再次提示完成本实验可以借鉴“绿叶在光下制造有机物”实验中的六大步骤。

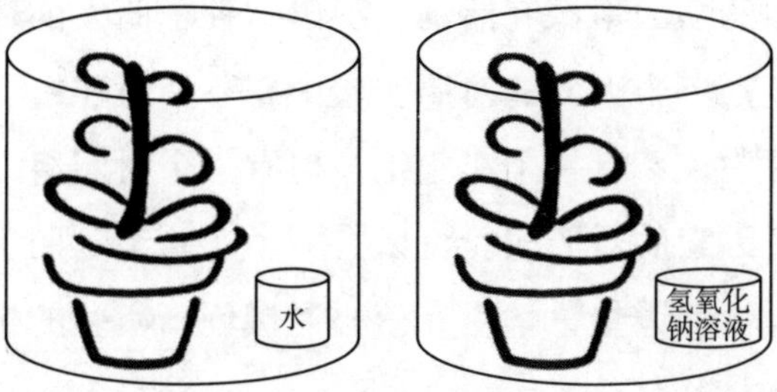

图1

（2）联系实际划归实验变量

分析“二氧化碳是通过气孔进入叶片的吗？”这一探究问题时，学生可以确定气孔就是变量。在设置对照实验时，教师联系植物叶片的实际情况将学生熟悉的“没有气孔”划归为“堵住气孔”，将“有气孔”划归为“不堵住气孔”。再让学生联系实际生活经验考虑怎样堵住气孔，激发学生主动思考、积极参与讨论实验方案。特别提示：依然按类似的图示法来呈现各组设计方案，以节约课堂时间，迎接更高难度的挑战。

学生“堵住气孔”的方法可能妙招齐出：透明胶粘贴、凡士林涂抹、保鲜膜密封等。有些组通过处理植物全部叶片与另一株不做处理的植物叶片对照，有些组通过处理一株植物的部分叶片（A）与同株其他叶片（B）对照（图2）。各组意见都可以保留到实验操作阶段，当操作不能顺利进行时，学生会去借鉴其他组的方案，这也是一个学习、内化的过程。

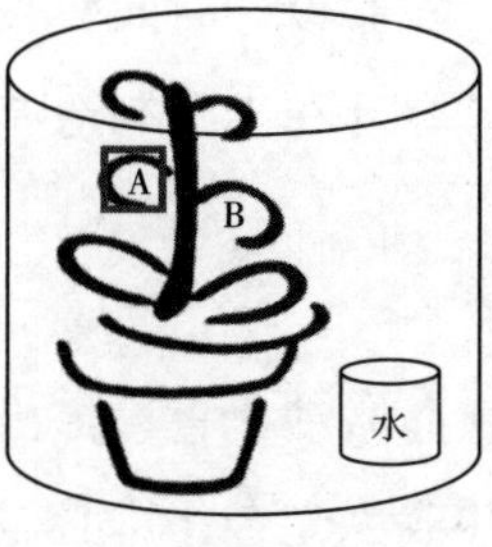

图2

3.挑战创新实验，促进能力迁移

将前两个实验组合成创新实验“二氧化碳是通过气孔进入叶片并成为光合作用必需的原料的吗？”时，学生会发现探究问题中存在两个需要同时探究的因素——二氧化碳和气孔。教师要鼓励学生迎接挑战，同时帮助学生回忆是否学习过类似的多因素探究活动。引出“种子萌发的环境条件”实验后进行简要复习，概括一个因素的对照实验中有一个对照组、一个实验组，三个因素的对照实验中依然有一个实验组，但有三个对照组，引导学生借鉴上述经验，找出两个因素的对照实验可以有一个实验组、两个对照组。加上前面两个探究实验设计的铺垫，学生有信心迎接创新实验的挑战，各组同样通过绘图展示各自的方案（图3）。

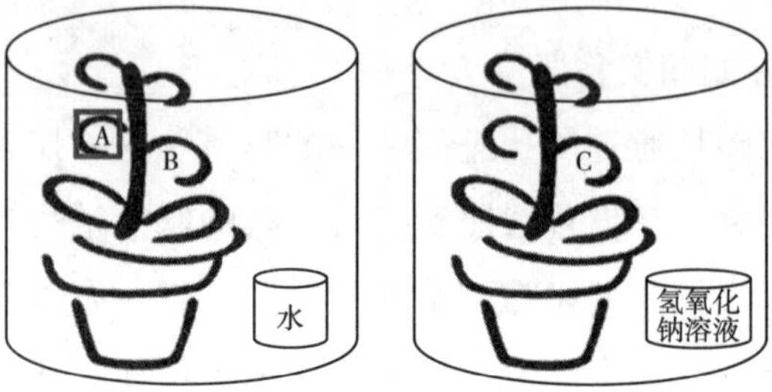

图3

学生在完成探究迁移的过程中，没有被创新的有一定难度的探究实验设计难住，不仅实现了科学探究能力的全面提升，还进一步增强了学习生物学的兴趣。

4.完成课外实验，体验实验乐趣

由于时间限制，课堂上只能完成实验的设计部分。如果没有实验实施这个环节，所有一切都只能算纸上谈兵，更不可能给学生体验科学探究乐趣、探索科学奥秘的机会。而且，实验设计时间较长，教师更应该提供实验所需材料和仪器，指导学生借鉴“绿叶在光下制造有机物”实验中的六大步骤耐心进行每一步。

5.教学反思

教师可能会为自己的灵感而激动，直接提出根据本节合并创新问题“二氧化碳是通过气孔进入叶片并成为光合作用必需的原料的吗？”开展探究实验设计，但由于实验过于复杂又没有铺垫，势必会让学生无从下手，教学效果会也会大打折扣。显然，先逐一分析两个有难度的实验再合并成创新探究实验更符合学生的认知水平、心理特点及教育实际；沿着“探究提问、探究思路、探究迁移”的教学主线完成这个探究实验，不仅能让学生深入理解了光合作用的实质，也能在学期将结束之时全面提升学生的科学探究能力，以及在对照实验中设置对照、控制变量的能力。

展示各组的实验设计是控制时间、决定成败的关键因素。一味靠学生嘴上说，或者拿出所有材料用具直接动手操作，都有弊端：一是不方便交流和展示，二是费时费力。如果在课前布置讨论交流作业，把相关的图片连同记号笔、固体胶、题板等分发到各个小组，鼓励各组将实验思路用图解的形式画下来，那么展示和交流活动就更能激发学生的思考，更加精彩，更能让教师、学生都体会到思考的力量、交流的力量、思维碰撞的力量。

这个实验的课后实施非常重要，不仅能锻炼学生的动手操作能力，有时还会无心插柳柳成荫，收获很多意想不到的惊喜。例如，某组学生用透明胶带处理叶片，在光处理时由于蒸腾作用胶带内部聚集大量水汽，有一点点边缘松动，对比染色的结果发现，叶片其他区域不变蓝，唯独松脱处有变蓝，用凡士林堵住气孔的小组发现凡士林在热酒精中竟然会变为球状小滴。这些都为学生开展进一步思考、讨论提供了素材。

（欧阳林锋）

“生物的特征”的预设和生成

以与学生对话为主的新课堂教学充满了变数，对习惯于传统教学方式的教师来说，新课堂是新旧观念的痛苦交战，是对自我的否定和超越。对于已有十来年教龄、擅长紧扣教材、课堂上精讲细述的教师来说，真正在课堂教学中将“以学生为主体”的理念转变为实际行动实属不易，毕竟我们已习惯于独揽课堂“大权”。因为害怕自己会不自主地“穿新鞋走老路”，不能达到新课程理念的要求，所以我们对教材的每节课都会精心预设、集体听课和反思讨论，相互提醒注意角色的转变。对人教版《生物学》七年级上册“生物的特征”的教学，我们经历了这样的预设和生成。

“生物的特征”的教学要求是：“不是从现代生物学发展水平的角度介绍生物的基本特征，而是从学生的生活经验和认知水平出发，让学生在常见的生命现象层面上了解生物区别于非生物的特征。”不同于传统的教学方法，本课的知识点不能直接讲述，而是要通过观察、调查、讨论等活动，由学生自主获得关于生物特征的基本知识，培养学生自主学习的能力。我们的预设包括以下方面。

课前准备：要求学生对生活环境和大自然中的各种物体进行广泛的观察和资料收集。

情境导入：观察一组有森林、草原、海洋、城市等自然景观的多媒体画面。请学生描绘所看到的画面并初步确定这些画面中哪些物体是生物，哪些物体是非生物。

分组讨论：要求学生用尽可能多的事例，包括我们熟悉的教室里的物体进行讨论：①还有哪些物体是生物，分别说明为什么认为它们是生物。②还有哪些物体不是生物，分别说明为什么认为它们不是生物。（借此过程，还可以培养学生的发散思维能力、观察能力和分析问题的能力。）

师生总结：总结生物的共同特征，并让学生任举一种自己熟悉的生物，或以人体为例说明同时具有营养、呼吸、排泄、对刺激做出反应、生长和繁殖等特征的物体才是生物。

练习反馈：指导学生完成课后练习和练习册上的练习。

本节内容的第一次课堂实践由我主导，其他教师听。在我的宣传鼓动下，本节课学生们情绪激动，大有“我的课堂我做主”的气派，特别是分组讨论环节，参与的积极性非常高。我在各组巡视，微笑着不时激励他们。看到学生们在一起叽叽喳喳地说着，我心中漾起一番得意：“把课堂主体让给学生”也蛮容易的嘛，我还少费些口舌。

渐渐地，课堂的嘈杂声越来越响，有几个小组的声音很大，我看到后面听课的老师又在对调皮的学生皱眉瞪眼了，我也不禁收敛了笑容，要求各组汇报讨论情况。我先选了表现最好的一组发言，答案出乎意料的准确：在回答判别生物和非生物的依据时，非常准确地照着教材念出了六点，超出我的预设了。这应该是下一个环节我归纳总结的内容，学生已经知道了，还学什么呢？原先精心设计的教学环节与预先设计好的提问不是全泡汤了？

小组发言还在继续。果不其然，刚才声音嘈杂的几个组在汇报人发言时，小组意见还没有统一，成员有不同的看法，还在不停地争吵，乱哄哄的，根本不知我的脸色已经变了。我皱起了眉头：场面失控了，心中不免犯起了嘀咕，想着怎么把课堂的控制权抓住。忽然，我被争吵中的一些学生的发言内容吸引了。一位学生坚持说汽车是生物，理由是汽车会动，需要营养（汽油），能呼吸，对外界刺激也会做出一些反应，与许多生物的特征是一样的。看样子，这位学生是一个汽车爱好者。还有个别学生就机器人、岩石、课桌、云彩等物体的一些特征大声地向我求证。

这样的争论使我想起了在WCS项目教学中学到的教学方法，我灵机一动，说：“我们来投票吧！”我在黑板上画上了以下表格，把学生发言中提到的的生物的特征以问题的形式列入，把没有争议和有争议的典型物体列入比较，引导学生用“√”或“×”回答每一个问题，统计出“√”多的物体是生物，顺势也肯定了生物的共同特征。

问题	树	鸟	人	机器人	课桌	汽车	岩石	云彩
它需要营养吗？								
它会呼吸吗？								
它能排泄废物吗？								
它能对外界刺激做出反应吗？								
它会生长吗？								
它会繁殖吗？								
它是由细胞构成的吗？								
它会动吗？								

学生在匆忙中完成了课后练习，练习册上的练习还未来得及做，一节课就跌跌撞撞地结束了。我心里发虚，学生们倒是兴趣盎然。如果是直接讲述的话，这节课简直太好上了，不过学生就只能接受灌输了。有意思的是，课间我被几个羞答答的女生怯生生的几个问题问得瞠目结舌。她们问："孙悟空是生物吗？""是不是只要是人制造出来的就不是生物？""会发出声音也是生物的一项特征，植物也会发声，只不过人的耳朵听不见，书上说用仪器可以测出来的。"我有点汗颜了：这节课，我还有多少漏洞？

课后评议时，针对课堂纪律问题，听课教师有两种意见迸发出来：A."这样上课课堂纪律难控制，吵吵闹闹像菜市场。"B."吵是正常的。吵才能产生思维的碰撞，才能使产生出的知识具有说服力。我们不能用老眼光看待新课程的课堂。"我认为，问题的关键还是在于作为授课教师的我，在备课时准备不够，主要是"备学生"不够。在这种以学生为主体、培养学生自主学习能力的课堂，对于学生已经知道什么、学生会想到什么，没有做好预案，缺乏教学机智。

我们针对这堂课的生成状态，再次学习了课程标准、课程标准解读和教材的教师教学用书，还翻阅了其他有关教育新理念的书，通过交流、碰撞和自我反思，总结了以下几点。

1.对教师课堂表现的评析

授课教师是在有意识地把课堂交给学生，还没有完全实现理念的内化，在潜意识里总想着怎么控制学生的思维；学生的课堂表现一旦出现意外，就想怎么让学生跟着自己走，跟着教案走。其实，新课程强调教师不能死搬教案，而要根据课堂教学的实际情境发挥自己的教学机智，灵活处理课堂教学中发生的问题，不断生成新的问题、新的课程资源，并加以开发和利用。另外，小组讨论时，教师没有把自己融入学生，如果能参与学生的讨论，就能及早根据学生提出的新问题做好调整教学计划的准备。授课教师在这堂课里处理较好的一点是，在学生出现问题、急需帮助时，适时运用了表格，用统计分析的方法疏导问题、共同探索。但表格中“问题”一列的内容限制了学生的发散思维，学生其实还有很多想法，不管他（她）的想法是合理的还是幼稚的，都应该让他（她）表达出来。所以，这个表格如果在分组讨论开始时就分发给小组填写，然后收上来进行典型性归纳、统计、分析，就既能实现学生的自主学习，也能减少课堂纪律问题带来的负面影响。事实上，后来我和同事们采取这种改进后的方法在其他班上课，效果很好，学生冒出了很多我们没想到的想法，还有学生已经认识到“能适应环境”也是生物的一项特征。

2.对学生课堂表现的评析

这堂课发言的学生可归纳为两种：一是“未学先知”型，二是“天马行空”型。此外，可能还有“人云亦云”型。我们必须认识到学生是具有独特个性的人，他们的遗传素质、社会环境、家庭条件和生活经历不同，从而形成了个人独特的心理世界，这种独特性意味着差异性，这种差异性不仅是教育的基础，也是学生发展的前提。那位准确说出生物特征的学生，就属于“未学先知”型。在评议时，有教师提出不准学生事先看教材，受到了我们大多数人的“抨击”：学生自己阅读教材预习知识，也是自主学习的一种重要途径，不但不能打击，还要保护、激励。这种类型的学生在班上也许不在少数，他们完全有可能通过预习等途径先了解知识，这也成了他们学习的一种背景或基础。教师不能无视这种状况的存在，而要了解这类学生的“更高需求”。对于“天马行空”型学生，我们应该保护他们的积极性，他们在发散思维能力方面更强，教师要善于捕捉他们思维的火花，积极引导。“人云亦云”型学生只是对自己缺乏自信，教师要有意识地给他们创造机会，让他们体验成功的快乐，敢于表现自己。“让每个学生在原有基础上都得到完全、自由的发展”“让不同的学生能够达到不一样的水平”，这也就达到了课程标准和新课程教材编写者的意愿。

3.教师今后努力的方向

新课程改革的一个重要目标就是转变学生的学习方式。要实现学生学习方式的转变，首要的前提是教师教学方式、教学策略的转变。从某种意义上讲，教师的教决定着学生的学。我们已经认识到，学生生命潜能的存在以及差异性使得以与学生的对话为主的课堂教学充满了变数。教师要根据学生的具体情况，随时调整教学过程中的预设方案，适应学生学习的内在需求，真正使学生成为学习的主人。因此，对于动感无限的新课堂教学，我们这些处于转变期的教师要有充分的心理准备和素质准备：在预设时，要能真正关注学生的发展，关注学生的个体差异（不仅是认知方面的），为每个学生提供积极主动参与活动的保证；要能为师生在教学过程中发挥创造性提供条件。这样，即使课堂不可避免地会出现变数，教师也能够充满自信地在教学实施过程中开放性地纳入弹性灵活的成分，开放性地接纳始料未及的体验。

总而言之，上述案例告诉我们：新课堂是一个动态生成的课堂，教学会经历一个从有序到无序再到有序的过程。教师在课程的预先设计与动态生成过程中，要学会放弃自己的课堂主宰意识，以学生为主体，关注每一位学生的发展。一方面，通过课程的预先设计来突出教学是有目的、有计划的育人活动的教育学特性；另一方面，通过课程的动态生成，在预设方案的实施中关注人的发展，使教学充满学生成长的生命气息。这是社会发展对人才培养的新要求，是教育的理想，也是理想的教育，是我们的课堂教学理念在嬗变中对传统的超越。

（游盛华）

基于学习背景差异和前科学概念差异的“输送血液的泵——心脏”（第一课时）同课异构案例

一、学习背景调查

项目 / 百分比 / 班级	小学开设了科学课	有种植、养殖的经历或者较长时间观察大人们种植、养殖	常观看科教节目、自然频道或阅读科普书籍	家长为高中及以上学历	家长常观看科教节目、自然频道或阅读科普书籍	与家长交流过有关自然科学方面的话题
2015级3班	50.00%	29.17%	66.67%	6.25%	2.08%	20.83%
2015级4班	84.91%	45.28%	69.81%	22.64%	10.85%	37.74%
2015级8班	71.43%	40.00%	100.00%	38.57%	13.57%	28.57%

二、前科学概念调查

（1）调查问题

你知道人体的心脏有怎样的结构和功能吗？

（2）调查结果（部分摘录）

班级	问题回答简记	各类回答统计比例		
		不知道	不准确	较准确
2015级3班	是肉，跳动	100%	—	—
2015级4班	结构：左心房、左心室、右心房、右心室。 功能：为血液循环提供动力	90%	10%	—
2015级8班	结构：有肌肉组织，能收缩、舒张，包括左心房、右心房、左心室、右心室 功能：提供血液，使血液流动，造血。	37%	63%	—

三、初步分析和诊断

2015级这三个班，在学习背景方面具有不同的代表性：2015级3班的学生大多是县乡进城务工人员的子女，家长学历普遍不高；他们小学时一般是留守在乡镇完成学业的，并没有多少机会科学地观察自然、观察生物，有限的科学知识多来自所在小学开设的课程和家里随意观看的电视节目。2015级4班的学生大多是较早随父母进城的，小学时是在城区完成学业的；家庭一般能认识到孩子教育的重要性，希望孩子通过读书改变命运，但对孩子的学业指导缺少方法。2015级8班的学生家庭一般是城区的老住户，家长的学历相对高一些，但对孩子的教育缺乏思想和方法指导，比较茫然，更谈不上科学；学生的思维一般较活跃，但缺乏严谨性。

通过对这三个班关于“人体心脏的结构和功能”的调查发现：2015级3班的学生对这个问题的认识几乎是空白的；2015级4班的学生大多也是空白，但有10%的学生通过自主预习，多少有些了解，属于不完整概念；2015级8班的学生则存在异质性概念。

四、概念转变建议

2015级3班以同化、丰富为基本思路，尽量组织一些易让学生识记、理解、感悟的活动，帮助学生构建概念的内涵和外延。2015级4班和8班的学生以顺应、修正为基本思路，对概念的缺失属性进行补充，将异质属性剔除，以此帮助学生建构科学概念。其他班级比照这三个班进行教学设计。

五、教学设计总体构想

本节课是人教版《生物学》七年级下册中“生物圈中的人”第四章“人体内物质的运输”的第三节第一课时的内容，主要讲述心脏的结构和功能，概念所涉及的知识点和难点较多，是这一学期教材的重点和难点。但这节内容为学习“血液循环”奠定了基础，更是对前一章“营养物质吸收进入血液后的去向及如何被细胞利用”相关知识的进一步说明，并为后两章的学习做好知识储备。本节课要求学生通过观察心脏各腔室的厚薄以及瓣膜的结构特点，能够描述心脏的结构和功能，强化“生物体结构和功能相适应”的观点，培养学生的科学观。教学实施时，可通过对心脏模型、实物的观察或借助多媒体教学手段，让学生更好地理解心脏作为“泵”的作用，结合启发、讨论、对比和图文相结合等方法，真实、形象、生动地展示心脏的结构和功能，把抽象的内容形象化、具体化，将复杂的问题简单化，吸引学生的注意力，使学生获得生动的感性认识，激发学生的学习兴趣，有可能的话还可训练学生独立思考问题的能力，并提高自我解决问题的能力。教学中，还要让学生在理解心脏的结构特点中认识心脏健康的重要性，培养学生热爱生命的美好情感。

六、教学过程

2015级3班的科学概念构建

【教学准备】

PPT展示图形和歌曲，心脏的结构模型橡胶放大版，4～6位学生。每生一个心脏结构图，用于自我测试概念掌握程度。

【新课导入】

同学们，通过前面的学习我们知道，血管如同四通八达的管道，将血液运送到全身各处，但是大家是否想过血液流动的动力从何而来呢？（生：心脏）你了解心脏的内部结构吗？你知道它是如何工作的吗？我们一起来学习第三节，“输送血液的泵——心脏”，进行心与心的对话。

【学习研讨】

（一）心脏的结构

（1）学生结合教材的心脏结构图，先自行认识心脏的各结构（同桌之间可协作），熟记各结构的位置和名称，并对照图1进行自我测试。

①________________

②________________

③________________

④________________

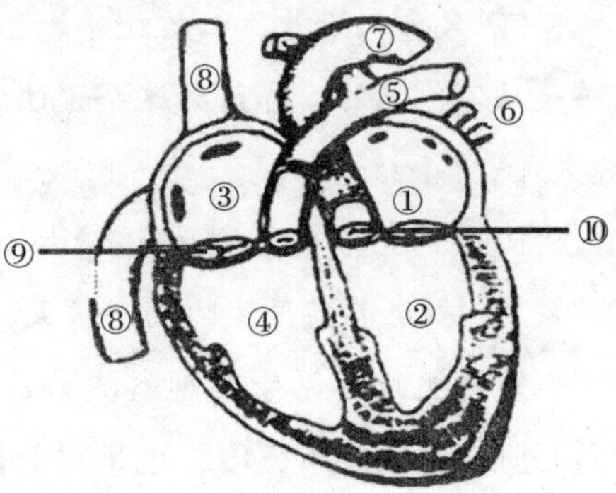

图1　心脏的结构

⑤______________

⑥______________

⑦______________

⑧______________

⑨______________

⑩______________

（2）结合心脏的模型，对应各结构的位置，形成对心脏结构的立体认知。

（3）画出你所认知的心脏结构简图，要求标识心脏四腔名称以及与四腔连通的血管名称。

意图：结合图形进行生物体结构的学习是生物学概念教学的基本要求，结合模型，学生更有认知的立体感。从能识别到能自己画，重点问题反复练，使学生印象深刻，能够举一反三。

（二）心脏的功能

（1）结合心脏的模型，边观察边思考：

① 心脏壁主要是由什么组织构成的？由此可见心脏有何功能？

② 比较心房壁和心室壁的厚薄，看看哪个腔壁最厚。结合四腔连通的血管，推测四腔血液的走向，看看与心脏腔壁的厚薄有无关联。

③ 推测房室瓣、动脉瓣有何作用。

（2）结合教材相关图示，同桌合作探究心脏的工作情况，回答：

① 左右心房收缩时，血液将流向哪里？房室瓣和动脉瓣是什么状态？

② 左右心室收缩时，血液将流向哪里？房室瓣和动脉瓣是什么状态？

③ 全心舒张时，血液将怎么流？房室瓣和动脉瓣是什么状态？

④ 只要人活着，心脏就不断地跳动。因此，有人说：在人的一生中，心脏是从不休息的。你认为这个说法对吗？为什么？

（3）小结：

心脏的结构与功能相适应。心脏肌肉发达，能够强有力地收缩，就像“泵”。心脏其实是左右两个“泵”同时工作。

意图：培养学生的观察能力、思维能力和语言表达能力，及时反馈学生对心脏功能的理解程度，也是对前科学概念内涵修正策略的执行。

【梳理小结】

1.学生填写以下内容

（1）心脏壁主要由______组织构成，由此可以判断它具有______的功能。

（2）比较心房、心室的壁厚：

心脏的结构和功能是相适应的，左心室的收缩把血液输送到全身，距离最长；右心室的收缩把血液输送到肺，距离较长；心房的收缩只需把血液送入心室，距离最短。所以，________的壁最厚，________的次之，________的最薄。

（3）心脏有四个腔，分别是______、______、______、______。心房连通的都是________血管，心室连通的都是________血管，具体如下：

① 左心房：与________相连通。

② 左心室：与________相连通。

③ 右心房：与________相连通。

④ 右心室：与________相连通。

（4）心脏中有两种瓣膜，有防止血液倒流的作用。其中______只能朝心室开，保证血液只能从心房流向心室；______只能朝动脉开，保证血液只能从心室流向动脉。这两种瓣膜保证血液按一定方向流动，即______→______→______。

（5）如果给一个完整离体心脏做灌流实验：

① 结扎下腔静脉，从上腔静脉注水，水只能从________流出。

② 从肺静脉注水，水只能从________流出。

③ 从主动脉注水，水只能从________流出。

④ 从肺动脉注水，水只能从________流出。

2.趣味应用

（1）教师以《祝你平安》的曲配词，播放给学生学唱：

面对你的心，
我能分得清。
左是我的右，
右是我的左，
上房下室我也一点不糊涂，
上下那个自然通，

面对你的心，
我能分得清。
静脉进心房，
动脉出心室，
两种瓣膜叫你守规矩，
少烟酒来多运动，

左右那个不相融。　　　　　　　　　保你心脏永健康。

（2）学生可用自己喜欢的歌曲配词，表演唱，如《洋葱》：

如果你愿意一层一层地剥开我的心，
你会发现，你会讶异，
明明在右手边怎么是左心室。
如果你愿意一层一层地剥开我的心，
上腔静脉，下腔静脉，
还有那很多在疯狂运动的肌肉组织。
如果你愿意一层一层地剥开我的心，
左边的血，向主动脉，
右心房、右心室的血往肺动脉流。
如果你愿意一层一层地剥开我的心，
你会明白，你会了解，
原来左心室的壁要比右心室的厚很多。

意图：基于学生的学习背景，及时梳理、纠偏、巩固对于本班学生建构科学概念非常必要，而且结合学生喜欢的歌曲配上本节课知识改写的歌词，有利于激发学生的学习兴趣。对科学概念加以应用是前科学概念内涵修正的步骤之一。

2015级4班的科学概念构建

【教学准备】

除了利用PPT将教学所用图形进行展示外，组织观察猪心的实验是本节课的关键，所以提前培训几名学生，会在课堂教学中发挥重要作用。另外，给每个小组准备一个题板，方便各组展示及比拼心脏结构简图的描绘。

【复习回顾】

（1）根据几组图示判断血管种类，并回顾动脉血管和静脉血管是依据血流方向划分的。

（2）结合图例，回顾毛细血管是连通于最小的动脉和静脉之间的血管。

（3）回顾心脏与三类血管之间的关系：心脏到动脉到毛细血管到静脉再到心脏。

意图：通过图示、图例，回顾三种类型血管的特征以及心脏与三类血管之间的关系，为本节科学概念的构建搭建台阶。

【预习交流】

通过以下几个简单的问题，交流心脏的位置、大小等几个基本问题。

（1）心脏在哪儿？

（2）心脏的大小？

（3）与心脏相连的血管是静脉还是动脉？还是静脉和动脉都有？

（4）心脏作为一个器官，主要由哪种组织构成？

意图：既使学生初步了解心脏的位置、大小，主要由肌肉组织构成等特征，又激发学生进一步探究心脏结构和功能的兴趣。

【学习研讨】

（1）结合图片，指导学生认识心脏的基本结构：四个心腔以及与心腔相连的血管。

（2）观察猪心实验：

要求找到心尖，把心尖朝右下方。把已经解剖好的心脏内部结构露出来，认清四个心腔及各种血管。

① 用手捏心室、心房，比较其厚度。比较左心室与右心室的厚度。

② 找找心脏四个心腔左和右、上和下的关系。

③ 找找心房和心室之间的特殊结构，推测这些特殊结构的作用。

④ 找找血管与心脏相连的部位有无特殊结构。

（3）讨论及交流：

① 比较左心室与右心室的厚度。

② 心脏四个心腔左和右、上和下的关系。

③ 心房和心室之间的特殊结构的名称和作用。

④ 血管与心脏相连部位的特殊结构的名称和作用。

（4）结合图片及动画演示，了解心房与心室的工作交替情况，体会房室瓣、动脉瓣的功能。

（5）小结：动画展示心脏左侧血流方向，并由心脏左侧血流方向推导心脏两侧的血流规律。

静脉 ——→ 心房 —房室瓣→ 心室 —动脉瓣→ 动脉

（6）拓展：根据提示，画出心脏结构简图。

（7）各组交流所画的心脏结构简图（图2），注意在交流中再次体现心脏结构的各种特点。

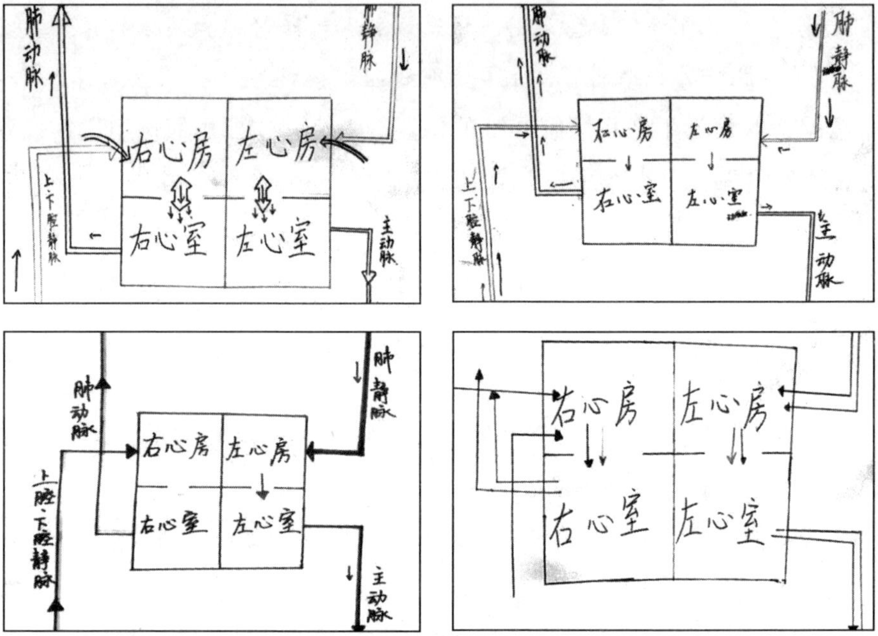

图2　学生绘制的心脏结构简图

意图：先通过图形初步了解四个心腔以及与各个心腔相连的血管，再对照猪心实物认识心脏基本结构，可以进一步巩固学生对心脏基本结构的掌握，是对本班学生错误概念缺失属性的暴露和补充。在识别结构后，教师提出几个观察细节，便于学生交流理解心脏结构和功能的适应性。通过讨论和交流，探讨解决心肌壁厚度、四个心腔的位置关系、房室瓣、动脉瓣等问题。由心脏左侧血流方向推导心脏两侧的血流规律，让学生学会类推，再次把错误概念中相对应的缺失属性找出来，补充到不完整概念中。让各组根据教师提示，画出心脏结构简图，并进行交流展示，是激发学生学习兴趣的重要方式，同时可以暴露课堂学习过程中产生的新的错误概念，并及时修正。

2015级8班的科学概念构建

【教学准备】

PPT展示教学必要的图形。购置新鲜的猪心脏数个，其中一半保持完好，其余的解剖好，以备观察。另准备解剖盘、盛有水的烧杯、小漏斗、医用输液管、心脏结构模型。

【课题引出】

猜猜看：大如拳头像个桃，关在小房日夜跳。伴你工作和休息，人人说它最重要。（打一人体器官）（生：心脏）今天学习的对象就是输送血液的泵——心脏。

【复习导入】

（1）你还记得血管的功能吗？（生：运输）

（2）回忆我们曾学习的肺泡与血液的气体交换和血液与组织细胞的气体交换，都涉及血液在血管中的运输，而且有两条线路（图3）。

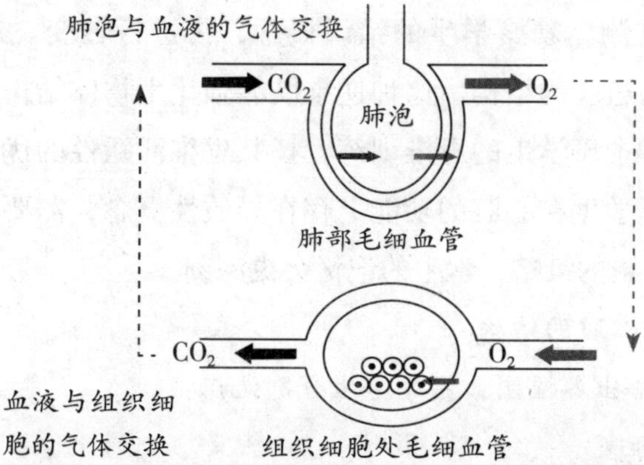

图3　肺泡与血液的气体交换

（3）我们前面学习了血流的管道——血管，由不同类型的血管和心脏构成封闭的管道系统：血液在其中循环流动。如果在管道系统中把心脏排除在外，只有各种血管组成封闭的管道，血液在其中能否正常循环流动?

【学习研讨】

（一）心脏结构和功能的推测

（1）由前面的复习导入，首先推测心脏的功能。

① 模拟实验：出示由两组输液管连接成的封闭管道，装入滴有少许红墨

水的水，演示将封闭的管道平放、竖立，观察液体能否流动。可见，不论怎样放置，液体都不能自动地在管道内循环流动。

② 手脑并用：使管内液体流动起来，但不改变管道的位置，能否做到？用手交替压缩输液管的回血管，管内液体就会循环流动起来。

③ 通过上述过程，联想：在人体内血液循环过程中，心脏起什么作用？有造血功能吗？平时我们能够感受到心脏的跳动，特别是剧烈运动后，心跳更加剧烈。心脏通过收缩为血液循环提供动力，推动着血液在管道系统中循环流动。心脏在血液循环流动的过程中，就相当于汽车的发动机，为整个循环过程提供动力，同时也像抽水机的泵，保证血液能够从低处流向高处。

（2）根据问题“心脏为什么能够提供动力，而且要支撑两条线路不逆流”推测心脏的结构：

① 心脏的主要组成是肌肉。

②心脏内有两条通道，不相通。

③心脏内有类似静脉瓣的瓣膜。

意图：先推测，暴露学生的错误概念，再进行转变。从心脏的功能切入，引出与之相适应的结构。这种逆推既能强化生物体结构与功能相适应的观点，又是针对本班学生的思维训练，扬其思维活跃性的优点，训练其思维的严谨性。本班学生在心脏的功能上存在异质性概念，需要剔除。通过实验来完成剔除是不错的策略，学生的记忆会更深刻。

（二）认识心脏的结构

（1）课件给出各幅图，指导学生分别认识：

① 心脏的位置。

② 心脏的外形和大小。

③ 心脏壁的主要构成。

④ 心脏四个心腔左和右、上和下的关系。

⑤ 比较心脏壁的厚薄。

⑥ 认识四个心腔连接的血管。

（2）分组感知实物。

以小组为单位，指导学生按照科学观察的方法和顺序观察猪的心脏，借此来感知人的心脏的结构，巩固、修正前面看图获得的概念认知。

（三）实验验证心脏瓣膜的功能

（1）从与右心房相通的静脉注水，水是从动脉血管流出的，说明前面的推测是正确的，血液从静脉到心房，再到心室，最后从动脉流出。从一侧静脉注水，水是从与同侧心室相通的动脉中流出的。

（2）换注水的血管为动脉血管，则出现溢水现象。

（3）小结：心脏内的各种瓣膜保证了血液只能从心房流向心室，从心室流向动脉，而不能倒流。

（四）动画演示心脏的收缩舒张。总结：位于我们胸腔内的心脏，它的组成、结构都是与它的功能相适应的，就像工作能力巨大的泵，保证了血液在管道内不断地循环流动。

意图：学生在此处不完整概念较多，指导他们科学有序地观察是必不可少的，这是补充缺失属性的策略。实物教学也能丰富感性认识，利于消除错误前概念，确立正确概念。先图后实物，是因为学生的抽象思维需要感性经验的支持。

（游盛华）

基于学生前科学概念的“输血与血型”教学案例

前科学概念是学生在课前对相关科学概念的内涵、外延及其例证认识准确，抑或认识不全甚至完全错误的地方。《义务教育生物学课程标准（2011年版）》强调，教师要关注生物学重要概念的学习，“必须注意到学生头脑中已有的概念”。前科学概念是学生开展科学教育学习的基础，是教师设计与开展科学教学的出发点。基于这一点，笔者在进行“输血与血型”教学设计时，开展相关学生前科学概念的揭示，根据学生的前科学概念状态开展科学教学。

一、课前准备

（一）设计问卷，揭示前科学概念

课前一周，笔者在本班发放调查问卷，调查学生对输血和血型的了解程度，问题尽量开放，尽可能多地掌握学生的基础。问卷中有以下三道题：

（1）你知道人在什么情况下需要输血吗？为什么？

（2）你知道什么是血型吗？人有哪些血型呢？

（3）关于“输血和血型”，你还知道些什么？

学生的前科学概念差异较大，有的学生在“输血和血型”方面的知识可能是空白的，有的学生可能需要了解更多的知识。因此，笔者又设计了以下问题：

关于“输血和血型”，你还想知道些什么？

（二）梳理前科学概念，用于教学设计

将本班学生的前科学概念以及学生还想知道的问题进行分类梳理，然后

一一设计，嵌于课堂教学中。一方面，要把学生现有的前科学概念作为新知识的生长点，引导学生从原有的知识经验中“生长”出新的知识，这是概念转变的一个思路。另一方面，学生个体的前科学概念有不少差异，在一个学习共同体之中，这些差异便构成了一种宝贵的学习资源，让学生个体看到那些与他不同的观点，从而促进学习的进行，这也是概念转变的一个思路。

二、教学实施

（一）复习回顾，引入新课

前面我们学习了血液的相关知识，师生简单回顾一下血液的组成及各部分的功能。教师介绍各血细胞的平均寿命。那么，“如果出血太多，怎么办？”学生通过前面的前科学概念调查和自主预习，大多能知道“要立即输血！”那么，“输血首先需要考虑什么？”“血型！”引入本节课题“输血与血型”。

（二）且导且学，同化修正

1.血量

输血是临床中抢救和治疗患者疾病的一个有效方法。针对第一个揭示问题“你知道人在什么情况下需要输血吗？为什么？”根据课前调查、梳理的情况，在课件屏幕上展示：

胡×文：因为体内血量的稳定对于维持人体正常生命活动具有重要意义。

以学生胡×文的一句解答引出“血量”，丰富学生的认知。很多学生对“为什么要输血”都有了解，基本正确，所以教师不用多讲，请舒×畅、管×民、易×缘三名学生先后解释，教师梳理归纳一下即可，同时引出失血过多的情况下需要输血，而输血必须考虑血型。

2.血型

关于血型，学生自主提了一些问题，课件屏幕展示典型问题：

熊×哲：血型是谁发现的？有什么意义？

许×慧：血型是怎么划分的？

教师点评这两个问题提得好，将会成为我们后面学习的线索。引出“你知道什么是血型吗？人有哪些血型呢？”课件屏幕展示部分学生的回答：

余×美：血液的型号。

冯×枫：红细胞膜上的差异。

潘×登：血液成分表面的抗原类型。

汪×文：红细胞上携带的抗原种类。

商×玉：以血液抗原形式表现出来的一种遗传性状。

×××：一个人的红细胞在遇上某些人的血浆时，这些红细胞会黏结（凝集）在一起，这就是血型。

教师点评以上学生的回答，有的通俗，有的是狭义的解释，有的是广义的解释，有的是查找了资料的，比较全面，也有的太专业，难以理解，学生自己也解释不清；还有“×××”的解释是错误的。要理解血型还是要从血型的发现说起。

（1）发现。

学生对血型的发现史了解甚少，教师在这里主讲。重点介绍奥地利科学家兰德斯坦纳在显微镜下观察到红细胞遇上某种血清时会发生凝集现象，从而发现了血型。由此引出血型划分表，告诉学生根据这个原理可进行血型鉴定。

（2）鉴定。

展示A型血遇上A型标准血清和B型标准血清时在显微镜下的状态，然后展示另外三种状态，让学生自己判断，分别鉴定出B型血、O型血和AB型血。

关于血型，有学生提出以下问题：

汪×依：除了A型、B型、AB型、O型这些血型，是否存在其他罕见的血型呢?

曹×丁、傅×希、刘×颖、邹×怡等：熊猫血是什么?

关于血型，学生的典型回答如下：

A型、B型、AB型、O型、Rh型

A型、B型、AB型、O型、Rh型、ABO型

A型、B型、AB型、O型

Rh阴性、Rh阳性

教师通过展示以上学生提出的问题和代表性前科学概念，激发学生的认知冲突，学生迫切需要知道血型到底是怎么划分的。

（3）划分。

教师简介血型是根据血液中各种成分所含抗原的不同而划分的，这样就有多个血型系统。A型、B型、AB型、O型这四种血型是根据红细胞膜上所含A、B凝集原的不同来划分的，归入ABO血型系统。然后，重点介绍学生特别感兴趣的“熊猫血”，即Rh血型系统。这样，就回答了前面几位学生的疑问，解释了前面列举的前科学概念的错误之处。最后，以龚×寒同学的说法来小结：临床中应用较多的是ABO血型系统（分为A型、B型、AB型、O型）和Rh血型系统（分为Rh阴性、Rh阳性）。

关于输血和血型之间的关系，学生们提了诸多问题，课件屏幕展示以下问题：

费×源：输血前为什么要检查血型？

梅×林：可以输入不同血型的血吗？

陈×栖、石×旭、薛×豪：不同型号的血进入人体会怎么样？

冯×枫：为什么输血失误会导致人休克？

刘×洲：A型血为什么不能输入B型血人体，O型血为什么什么血型的人都能输？

易×缘：Rh阴性血可不可以接受O型血？

商×玉、邹×怡、汪×娴：输血有什么注意事项？

学生费×源知道输血前必须检查血型，学生徐×宏等知道输血需要输入匹配的血型，但解释不清原理。现在有了前面血型的学习，这些问题学生们可以自己解答了。教师可以让学生自问自答，还是解释不清的话，可以向旁边的同学求助。这个环节可以让学生感受到凭自己的力量“长”出知识的快乐。

3.输血

教师根据学生交流、展示情况进行梳理小结，强调输血时主要考虑献血者的红细胞与受血者的血清相遇时是否会发生凝集反应。呈现ABO血型系统输血关系表，让学生说说其中的规律。课前已有学生杨×行、曹×颖认为任何血型的人都可缓慢输入少量的O型血；学生胡×芳、石×旭等认为输血要输同型血，不同血型的人不能相互输血，O型血的人可以给其他三种血型的人输血，而其他三种血型的人却不可以为O型血的人输血。教师这时引出：“有人说，AB型血的人是万能受血者，O型血的人是万能献血者。这个说法正确吗？”请学生再次全面思考安全输血的原则和注意事项：以输同型血为原则；异型间输血只在一定血型之间进行，而且在紧急情况下少量缓慢输入；在ABO血型系统中血型相同，在其他血型系统中也许血型不相同，因此输血前要做交叉配血实验；输入的血液还需要检验是否含有肝炎病毒、艾滋病病毒等。然后，再导入学生较为陌生的知识点：血液是十分珍贵的资源，为了避免血液浪费，更为了降低输血不良反应，将大力开展成分输血。

4.献血

血液资源来自人们的献血。关于献血，学生提问多，已知的少。课件屏幕展示以下问题：

邓×坤：人们如何献血？

章×欣：国家规定多大才能献血？

杨×彬：在发育期间能献血吗？

汪×帅、潘×缘：献血有副作用吗？

张×林、管×民：一个正常成年人最大献血量是多少？

教师针对学生的疑问，介绍世界献血者日活动、我国的无偿献血制度以及献血的基本条件；强调健康成年人每次献血200～300毫升是不会影响健康的，无偿献血，无损健康，而且功德无量。“同学们，等到年满18岁时，你愿意加入其中吗？”以此激发和培养学生相关的情感、态度与价值观。

5.番外

教师设计若干测试题进行课堂练习反馈，学生掌握良好，本节课的教学目标已然完成。但是在课前的前科学概念揭示调查中，发现学生对血型的兴趣不仅限于前面所学，有学生提出以下问题：

傅×希：血型的形成和什么有关？A型血和B型血的人会有O型血的孩子吗？

张×艾、刘×颖：为什么我们会遗传父母的血型？

黄×伟：血型的遗传规律是怎样的？

对于血型的遗传规律，有学生有以下错误认识：

潘×登：父母都是O型血，子女就是O型血；父母分别是A型血与O型血，子女就是A型血或O型血。

余×美：父母的血型分别是A型和B型，则他们的孩子不可能为O型血。

学生蒋×华甚至画出了爸爸是AB型血、妈妈是O型血的遗传规律图，虽然结果是正确的，但是表达不规范，他自己也解释不清。

鉴于学生对此类问题的强烈兴趣，教师有意识地补充了以下内容：先告诉学生血型是由基因控制的，介绍ABO血型系统中四种血型的基因种类。以蒋×华所表述的“爸爸是AB型血，妈妈是O型血，那么他们孩子的血型是……”为例，板书正确的遗传图谱。虽然学生当时还没有遗传学的基础，但图谱中基因的排列组合规律学生是能看明白的。然后，再提出一个问题：“现已知男宝是AB型血，女宝是A型血，你知道哪个宝贝是领养的吗？”让学生模仿教师的遗传图谱表示方法进行推演。学生在强烈兴趣的驱使下，一举解决了难题。

前面，学生熊×哲提出了一个很深刻的问题：“血型有什么意义？”此时教师适时收网，回应熊×哲的问题，梳理归纳出血型的意义：可用于安全输血、侦查案件、推测子女的血型等。

当然，还有学生提出：“胎儿和母体之间为什么不会导致血液凝集？”教师让学生回顾前面所学的知识，学生立马就明白了。对于“血型与性格有什么关系？”教师解释目前还没有科学依据能说明血型与性格的必然联系。

三、课后集议

本课例是课题“初中生物学前科学概念校本调查及转变策略研究”的一节研讨课。课题组教师一直进行概念教学的研究，从一开始关注“学生该学到什么？”到关注“该用什么方法让学生学到？”到现在变迁到教学首先要关注“学生原本学到了些什么？”即学生的学习背景和前科学概念状况，历经十二年的探索与实践。课题组认为，如果忽略了学生的学习背景以及前科学概念的存在，所制定的教学策略就无异于“空中楼阁”，“学生原本学到了些什么”将在很大程度上影响科学概念的建构。

课后，课题组成员以及邀请来听课研讨的专家和同行一起评议本课。首先，大家肯定本课的教学理念是先进的，这种以学生前科学概念为基点开展的概念教学，是真正的“以生为本”。然后，对笔者本课中教学资源的应用叹为观止。“输血和血型”有诸多教学资源可以应用，而本课例是将本班学生个体的各种前科学概念综合起来，教学资源被应用到了极致，可谓一课一用，其他班是不能照搬照用的。但是，此类前科学概念转变的思路非常值得同行借鉴。在我们实际的教学过程中，不能无视学生前科学概念的存在而另起炉灶，从外部灌输新知识。教师应基于学生的前科学概念，充分寻找它们与科学概念之间的关系，做到在学生的认知结构中找到原有认知的不足和缺陷，有的放矢地开展教学，或同化丰富，或顺应修正，快速有效地达到“消除错误概念，建立准确的科学概念”的目的。最后，听课者也观察到学生对本课有着广泛深入的参与感，随着答疑解惑的不断推进，学生的成就感也越来越强，这样的教学策略也让学生对生物学科的学习兴趣越来越浓。

（游盛华）

基于前科学概念为空壳概念的“生物的分类”三个课时的教学案例

一、前科学概念调查

（1）调查问题：①你知道生物分类有哪些等级吗？②对生物进行分类具有什么意义？

（2）调查结果（部分摘录）：

问题	班级	问题回答简记	各类回答统计比例		
			不知道	不准确	较准确
①	2014级8班	界、门，高级、低级，植物、动物	40%	60%	—
	2015级4班	中、高、低。 界、门、纲、目、科、属、种	88%	10%	2%
	2015级8班	界、门、纲、目、科、属、种	5%	90%	5%
②	2014级8班	体现生物多样性	80%	20%	—
	2015级4班	对生物圈的食物链有着平衡作用。 弄清生物之间的亲缘关系。 更好地保护生物多样性，更好地让人们了解生物。 食草动物，食肉动物，植物	74%	24%	2%
	2015级8班	可以弄清生物之间的亲缘关系，更好地研究各种生物	91%	5%	4%

（3）初步诊断：不管什么学习背景的学生，对分类等级单位的了解基本都是空白，通过预习能说出名称，但不知所以然，属于空壳概念。学生对生

物分类的意义缺乏深入的感知，大多也是空壳概念，个别是无例证概念或异质性概念。

（4）概念转变建议：以同化、丰富为基本思路，设计一些能让学生体验感知的活动，帮助学生理解概念的内涵和外延。这个思路应该适用于所有班级。

二、教学设计总体构想

保护生物多样性的核心是保护物种的多样性。根据一定的特征对植物、动物和其他生物进行分类，是认识生物多样性的基础。让学生体验分类的基本方法，对学生的分类技能不做过高要求，也不补充过多分类知识，只需对生物类群的有关知识进行归纳和总结。以人教版八年级上册《生物学》为蓝本，设计出三个课时的教学内容，多以游戏导入，从学生熟悉的内容入手，层层分析，调动学生的思维，及时纠正学生出现的错误，并通过一些故事使学生了解认识生物的历程，体会生物分类的意义。

三、教学过程

第一课时

【教学准备】

提前准备一些动、植物图片，分别制成能随意粘贴的卡片，以便学生进行体验活动，还可以反复使用。动、植物图片要注意在类别上具有典型代表性，而学生也较为熟悉，如植物可用衣藻、裙带菜、地钱、尖叶提灯藓、铁线蕨、凤尾蕨、铁树、银杏、马尾松、柏树、水稻、大豆、小麦、竹、油菜、向日葵等，动物可用草履虫、水母、海葵、蚯蚓、蜗牛、章鱼、蜘蛛、蜜蜂、鱼、青蛙、龟、蛇、鸡、虎等。

【情境导入】

同学们有到超市购物的经历吗？如果你走进一个大型超市，里面物品琳琅满目，却是散乱摆放的，你会怎样？重新找一家超市，里面物品摆放整齐，分类清楚。如果你想买支笔，你可以直奔文具区挑选；如果你还想买瓶果汁，你会直奔饮料区挑选。在生活中，将物品进行分类很常见，也很重要。物品多了，一定要分好类，否则会让我们的生活杂乱无序。

那么让我们一起走进生物圈吧！在绚丽多彩的生物圈里，目前已知的生物有200多万种，其中动物约150万种，植物约30万种，还有许许多多我们仅仅窥其冰山一角的微生物。据科学家估计，世界上有2000万～5000万种生物还有待于发现和命名。对这些生物，我们要认识它们，要了解它们之间的关系，要了解它们与我们人类的关系，对生物进行分类就更有必要了。

意图：学生在教师创设的情境下了解生物分类的必要性，激发概念学习的欲望。创设开放、互相接纳的课堂氛围是促进概念转变的重要环境条件。

【学习研讨】

（一）分类体验活动

（1）交给每个小组一些具有典型代表性的动物和植物的图片，各组图片互不相同。请各组学生尝试用自己的方法对它们进行分类。要求：①在各小组的展板上展示分类成果。②小组推荐主发言人，说说各自的分类方法和分类依据。提示：先分两大类，再想想是不是还可以继续往下分。

（2）根据学生展示情况进行小结：通过小组活动，同学们体验了如何分类，而且同学们在分类时，都是在找手中这些生物在某个特征上的相同点和不同点，然后依据这个特征，将具备这个特征的分为一类，将不具备这个特征的分为一类。然而，生物不可能只分成两大类。如果继续往下分呢？这就需要我们继续学习。我们来看看科学家是如何对生物进行分类的。我们先进入安详宁静的植物王国，看看科学家是如何对植物进行分类的。

意图：本次活动仅要求学生将生物分成植物和动物两大类，是对植物和动物根本区别的知识点回顾。学生在教师的提示和要求下进行生物分类分组体验活动，然后通过全班交流找到共性所在，初步了解生物分类的方法和依据。

（二）尝试对植物进行分类

（1）这几类植物的主要特征是什么？请根据它们的主要特征判断它们是否具有六大植物器官，如果有，就在相应的格子中画“√”（表1）。

表1

植物名称	类群名称	根	茎	叶	花	果实	种子
水绵							
葫芦藓							
肾蕨							
油松							
玉米							
向日葵							

（2）分析课本的图解，可否推导出科学家们在对植物进行分类时，考虑了植物的哪些特征呢？这些都涉及我们曾经学过的植物的器官组成。

（3）回答以下问题，尝试逐步完成课本的分类图解。

① 所有植物都有种子吗？

② 所有植物都有根、茎、叶的分化吗？

③ 种子植物的种子的外面都有果皮包被着吗？

④ 向日葵、玉米六大器官都具备，现在同在“种子外有果皮包被”这一系列中，需要比较什么特征上的不同呢？

⑤ 向日葵、玉米植株的叶脉都一样吗？平行叶脉和网状叶脉各有什么特点？

⑥ 向日葵、玉米种子里的子叶数目一样吗？具有两片子叶的植物是什么植物？具有一片子叶的植物是什么植物？

现在，对应课本图解中的字母，它们分别代表哪类植物呢？

（4）梳理归纳。

① 师生一起画出植物的分类图解。指导学生思考，如果我们把这些植物类群划分等级的话，单子叶植物和双子叶植物与藻类植物、苔藓植物、蕨类植物在同一个等级上吗？

② 我们把植物类群划分好了，以后我们遇到某种植物，即使叫不出名，也可以根据它所具备的某些特征判断出它可能属于哪一类植物。请学生判断手中的植物图片，把它们放在黑板上的植物分类图解中相关植物类群的后面。

③ 引导学生将藻类植物、苔藓植物、蕨类植物、裸子植物和被子植物按一定顺序进行排列（从结构上、生活环境上和它们能完成的生理功能上）。

（5）师生总结植物分类的方法和依据。

植物分类的方法是比较植物在形态结构上的差异，如根、茎、叶、花、果实、种子的形态结构差异，找出它们共同的特征和不同的特征。特别是在被子植物中，花、果实和种子往往是分类的重要依据。

意图：引导学生复习回顾藻类植物、苔藓植物、蕨类植物和种子植物的主要特征，以及裸子植物、被子植物的主要区别，菜豆种子和玉米种子的主要区别，为后面的分类活动做知识的铺垫。学生通过与教师一起完成表格，运用比较法，体会分类首先要区分不同生物的共性和个性，为下个环节的植物分类留下分类依据；通过课本中的图解，尝试了解科学家的分类思路。在教师层层推进的问题引导下，学生根据这些植物形态结构方面的某一个不同特征依次进行分类，在过程中应用分类的方法，体会分类的依据，进行植物分类的知识梳理。学生尝试根据植物的特征进行分类应用，同时初步了解生物分类的意义——认识生物的多样性；尝试将不同的植物类群进行排序，看出由简单到复杂、由水生到陆生、由低等到高等的顺序，初步了解生物分类的意义——弄清不同类群之间的进化关系。学生与教师一起归纳总结植物分类的方法和依据，从而实现概念的构建。

【课后反思】

本课是生物分类学的基础，也是对学生前面所学生物学知识的总结。概念转变理论告诉我们，学生的已有概念是学生进行概念构建和重组的基础。以学生现有的知识经验为教学起点，引导学生从已有的经验出发，可以通过问题情境—认知冲突—交流讨论—回顾总结这一过程，或者以学生已有的知识结构为基础，通过概念的形成、同化教学实现概念的转变和知识的建构。因此，我没有急于让学生掌握生物分类的意义，落脚点主要为“尝试对植物进行分类”，一方面引导学生温习植物类群的有关知识，为其进一步探究学习做好铺垫；另一方面注重让学生在尝试分类活动的过程中，学会植物分类的一般方法，从而初步理解生物分类的意义，而且培养了学生的科学素养。在组织学生尝试分类活动时，我是以小组合作讨论的形式进行的。组织时注意提供给学生解决问题的必要知识补充，注意把一些思路、方法教给学生。

小组合作讨论后的班级交流展示通过学生帮助、教师指导，实现了师生互动，取得了很好的教学效果。

第二课时

【教学准备】

提前准备一些动物图片，其中包括每组必备的一套与课本P98类似的10种动物图片，包括螳螂、蜗牛、蚯蚓、涡虫、白尾海雕、蝴蝶、雨蛙、岩蜥、鱼、虎，还有准备用于游戏奖励的动物图片，如蜜蜂、蜘蛛、海葵、海马、大鲵、蛇、企鹅、家鸽、海豚、北极熊、马、黑猩猩。对这些图片，要有意识地在类别上进行选择，而且要制成能随意粘贴的卡片，以利于学生进行“给动物找家”的活动，并可以反复使用。

【复习回顾】

上节课我们学习了植物的分类，请同学们回忆：植物分为哪几类？植物分类的依据和方法是什么？

【游戏导入】

告别安详宁静的植物王国，让我们带着对生物分类的初步认识，一起来领略博大神奇的动物殿堂的魅力吧！先请同学们一起来玩个“你说我猜”的小游戏。每组出两名成员参与，任选屏幕中“东”“南”“西”“北”图标中链接的题目，选过的不能再选。规则如下：A同学看屏幕上的动物种类名称（屏幕分别显示“腔肠动物”“软体动物”“环节动物”“甲壳动物”“昆虫类”“节肢动物”“鱼类”“两栖动物”“鸟类”“哺乳动物”等名称），只能表述对应动物的主要特征；B同学背向屏幕，根据A同学的表述猜出屏幕上的动物种类名称。猜对一个即随机奖励一张动物图片。

意图：各小组自由组对参与游戏，组间形成竞争；复习回顾本学期学过的腔肠动物、软体动物、环节动物、甲壳动物、昆虫类、节肢动物、鱼类、两栖动物、鸟类、哺乳动物的主要特征，以游戏的方式检测学生已有概念的掌握情况，让枯燥的知识背诵变得轻松有趣，为本课的概念学习应用搭好知识台阶。

【学习研讨】

（一）尝试对动物进行分类

1. 初试给动物分类

在200多万种生物中，动物就占了150多万种。在对植物进行分类时，我们依据的是植物的形态、结构、特征。根据这个经验，我们可以根据动物的外部形态结构对课本上的这10种动物进行分类吗？教师给每个小组都提供一套这11种动物的图片，让学生开展小组活动，尝试对这11种动物进行分类。

2. 再试给动物分类

引导学生对这11种动物按以下次序重新进行分类：

（1）先按体内有无脊椎将动物分成无脊椎动物和脊椎动物两大类。

（2）这11种动物中，是无脊椎动物的有蚯蚓、蜜蜂、蜘蛛。这3种动物如果再分成两类，该怎么分？观察它们之间的相同特征和不同特征："身体分节，体表无外骨骼""身体分节并分部，体表有外骨骼"。

（3）动物的种类繁多，分类自然也格外细，特别是脊椎动物。现在这11种动物中脊椎动物有8种，我们要从中找出它们之间的差异。指导学生依次根据体温是否恒定、是否用鳃呼吸、是否胎生再次分类。

3. 梳理归纳

我们已经根据动物分类方法将这11种动物分好类别了，根据我们前面所学，它们其实分别属于什么类群呢？

（1）引导学生梳理前面的分类思路，在黑板上画出动物的分类图解。

（2）在前面的游戏环节中，各组都有奖励的动物图片，请同学们在动物分类图解中找到它们的家吧。请学生将图片贴在黑板上的动物分类图解中的相应位置。

（3）引导学生把上述动物所属的类群按一定顺序排列，如在结构上按从简单到复杂的顺序排列。再看看脊椎动物的结构排序，还可以看出什么顺序？再次引导学生分别从生活环境来看和从它们能完成的生理功能来看。

4. 拓展

自然界里还有另外一类不容易引起人注意的生物——微生物，它的种类目前已知有10多万种。你能对它们进行简单的分类吗？教师提供几种微生物的名称（噬菌体、球菌、杆菌、酵母菌、螺旋菌、植物病毒、霉菌、动物病毒），请学生用前面学的分类方法，回忆曾经所学的细菌、真菌和病毒的知识，对这些微生物进行简单的分类。不需写特征差异，直接像黑板上动物的分类图解一样书写即可，写在各组的展板上。

意图：小组尝试对11种动物进行分类的方法可能会五花八门，但肯定有小组会根据曾经学过的“脊椎的有无”进行分类，或者根据是不是变温动物进行分类，这就涉及动物的内部构造和生理功能了。由此可以引导出，仅凭动物的外部形态结构很难正确地对动物进行分类，往往还要比较动物的内部构造和生理功能。当然，分类的方法与植物是一致的：找出共同的特征和不同的特征。学生在层层推进的问题引导下，再次尝试对11种动物进行分类，不断体会分类过程中对动物外部形态结构、内部构造和生理功能的比较。学生回顾前面所学知识，将这11种动物放大到它们所代表的动物类群，也为下一个环节做衔接。对常见的一些动物进行分类，学生和教师一起画出动物的分类图解，这是概念转变策略的重要方式。学生再次根据动物的形态结构、内部构造和生理功能进行分类应用，在动物分类图解中找到它们的家，同时再次体会生物分类的意义——认识生物的多样性；尝试将不同的动物类群进行排序，看出由简单到复杂、由水生到陆生、由低等到高等的顺序，再次体会生物分类的意义——弄清不同类群之间的进化关系。学生在教师的引导下，回忆已学的细菌、真菌和病毒的知识，进行简单的微生物分类，只是对分类知识的简单应用，但有利于学生从前科学概念到科学概念的渐变式转变。

（二）理解生物分类的意义

分类在生活中很重要，对生物进行分类更为重要。前面我们尝试对植物、动物和微生物都进行了分类，那么为什么要把生物这样细致地、一层一层地进行分类呢？给同学们讲两个故事：

故事1　被同伴驱逐的蝙蝠

很久以前，鸟类和兽类（哺乳类）因为发生一点争执就爆发了战争。双方僵持，各有胜负。鸟类胜了，蝙蝠就出现在鸟类的堡垒里，说：“啊哈！我有翅膀又能飞，所以是鸟的伙伴！”这时，鸟类很欢迎蝙蝠的加入。可是蝙蝠是个胆小鬼，一打仗它就不露面，躲在一旁观战。后来，兽类胜了，蝙蝠又出现在兽类的营区，说：“啊哈！我是老鼠的亲戚，也是兽类！”当时，兽类也很欢迎蝙蝠的加入。就这样，每当兽类胜利，蝙蝠就加入兽类；

每当鸟类胜利，蝙蝠又成为鸟类的伙伴。最后战争结束了，兽类和鸟类和好了，双方都知道了蝙蝠的行为，都不要它加入，驱逐了它。最后，蝙蝠只能在黑夜偷偷地飞。其实，从分类学的角度分析，蝙蝠应属于兽类（哺乳类），因为它是胎生哺乳的动物。如果这些鸟类和兽类的首领能懂些分类学的知识，就不会被蝙蝠所骗了。

故事2　鸭嘴兽的发现

200多年前，当第一批英国探险者从大洋洲带回一只鸭嘴兽标本时，所有的科学家都不敢相信他们的眼睛：它全身裹着柔软的褐色的浓密短毛，四肢很短，五趾具有钩爪，趾间有薄膜似的蹼，酷似鸭足，还有像鸭一样的嘴，尾大而扁平。科学家们认为这种奇形怪状的混合物一定是什么人恶作剧制成的假冒货。最令人难以理解的是，这种动物能像爬行动物或鸟类一样产卵。卵像鸟类一样靠母兽的温度孵化，母兽又能像哺乳动物般喂奶水给幼崽。但是母兽没有乳房和乳头，在腹部两侧分泌乳汁，幼崽就伏在母兽腹部舔食。这违背了科学家们已有的对哺乳动物和非哺乳动物的划分。经过多番争议和研究，科学家们终于得出结论：这种奇异的动物是“卵生哺乳动物”，起名叫“鸭嘴兽”，应该是爬行动物或鸟类在向哺乳动物进化过程中的一种过渡类群，是很原始的哺乳动物。

由这两则故事可知，科学家们对生物进行分类，可以弄清不同类群之间的亲缘关系和进化关系：生物在同一个类群中，说明它们之间有较近的亲缘关系；生物从简单到复杂、从低等到高等的排列顺序，还是了解生物之间进化关系的重要证据之一。对生物进行分类，还可以让我们认识更多的生物，为保护生物多样性打下基础。

意图：通过两则故事激发学生兴趣，调整课堂节奏，更为重要的是深入浅出地让学生理解分类的意义是弄清不同类群之间的亲缘关系和进化关系，这也是认识和保护生物多样性的基础。

（三）课堂小结

我们已经知道生物分类是研究生物的一种基本方法，而且这种方法还在不断地发展和完善。今天我们又一次应用生物分类的方法对动物和微生物进行了初步分类。分类并没有到此为止，让我们再次朗读什么是生物的分类吧！朗读中我们会发现文中有哪些陌生的词语。

意图：学生齐声朗读课本相应的文字，巩固生物分类的依据和意义等。文中陌生的词语，如“种”“属”“分类的基本单位是种”等，为下节课做铺垫。

【课后反思】

分类活动如果由一个人来完成，确实有难度。小组合作讨论的方式在本节课得到了充分运用，取得了非常好的活动效果。在合作讨论过程中，各种不同认识的交流和争论，激发了学生思维的火花，使学生在交锋中取长补短、互相矫正。这样的讨论能使每个学生都积极参与，通过交流解决很多难题，提高课堂效率。本课的“你说我猜”小游戏让枯燥的知识变得生动有趣；“理解生物分类的意义”中引入两则故事，减少灌输式说教，深入浅出地化解了概念理解的难点，使结论和过程有机融合起来，使知识和能力和谐发展。

第三课时

【教学准备】

提前准备一些动、植物图片，包括白马、枣红马、斑马、驴、犀牛、牛、虎、蝙蝠、蜜蜂、猫头鹰、鲨鱼、鼠、蚯蚓、人、向日葵等，制成卡片，在背面贴上双面胶。

【复习回顾】

前面两节课我们尝试对植物进行了分类，也对动物进行了分类，那么我们回忆一下：我们给动、植物分类的依据分别是什么？生物分类的意义是什么？

【情境导入】

蜜蜂，我们也可以把它称为昆虫、节肢动物、无脊椎动物或者动物。为什么同一种动物会冠以不同的名称呢？其实这个问题就如同有人问“你是哪里的学生？”你的回答可以是“我是中国的学生”，也可以是“江西的学生”，还可以是“九江的学生”或者是“九江实验中学的学生”“九江实验中学××班的学生”等。这其实与我们今天学习的生物分类的不同等级单位类似。种、界就是生物分类不同等级中的单位名称。

意图：激发学生疑惑，形成认知冲突，用学生熟悉的生活中的常识进行类比，学生即刻就领悟到了蜜蜂在不同的分类等级中的位置，从而理解分类等级单位各个名称所代表的含义。

【学习研讨】

（一）帮白马寻亲

1. 创设情境

展示一幅白马的图片，这是一匹来自内蒙古大草原的白马，它来到一座动物园学习。可是它非常寂寞，想寻找自己的亲戚，于是在动物园的广播里播出了一条寻亲启事："我，来自草原的一匹白马，想寻找自己的亲戚，你们谁是我的亲戚？"寻亲启事播出后立即来了一批动物（大屏幕展示枣红马、斑马、驴、犀牛、牛、虎、蝙蝠、蜜蜂、猫头鹰、鲨鱼、鼠、蚯蚓等动物的图片），它们都说自己是白马的亲戚。它们是白马的亲戚吗？到底有多亲呢？

2.亲戚表述

（1）选择枣红马、斑马、驴、犀牛、牛、蝙蝠、猫头鹰、蜜蜂等作为亲戚代表，把它们的图片分发给各组，请学生们代它们进行亲戚表述。按以下要求完成表述：①表述的顺序：按由近到远的亲缘关系顺序，亲戚们上台表述，谁最亲，谁次之，由亲戚们自己判断，如果有亲戚判断错了，同学们可以帮忙纠正。②表述的句式："我是（动物名）。我是你（最亲、比较亲、比较远）的亲戚。虽然我们不同，但是我们又相同，我们同在一个（分类等级单位）里。"表述结束后，教师依序将动物图片贴在黑板适当的位置（注意：同一等级单位的动物粘贴在一起，不同等级单位的动物间隔开一个小空）。

（2）用下面这些提示语，"亲戚"边表述教师边进行点拨、梳理，并适时板书：种、属、科、目、纲、门、界。

提示语：

① 与白马关系最近的亲戚是枣红马。白马与枣红马只是毛色不同，其他特征都非常相似。它们同在"种"这个分类等级单位里。特别强调：每一匹马是一个动物个体，但所有的马都属于动物的同一个物种。白马和枣红马就属于同一个物种。

② 第二位是斑马。白马和斑马除了皮毛不同以外，其他特征都极其相似。不过仔细看，它们的身形、头、尾巴还是略有不同。所以它们虽然长得很相像，却属于不同物种。它们在同一个"属"里。

③ 第三位是驴。驴的体型比马和斑马都小，但它们有不少共同特征，都

是第三趾发达，有蹄，其余各趾退化。它们同在一个“科”里。

④ 第四位是犀牛。犀牛的形态特征与马差异就大多了，犀牛不属于马科，它的足不是一趾，而是三趾，趾端有蹄。但是因为它和马科动物每只足的蹄数都是奇数，所以都属于奇蹄目。

⑤ 第五位、第六位分别是牛、蝙蝠。牛由粗大的第3、4趾均衡地承担体重，第2、5趾小而呈悬蹄。它是偶蹄目的动物。蝙蝠的形态与白马差异太大了，它们有翅膀，看上去很像鸟类。但它们没有羽毛，也不生蛋。蝙蝠的翅膀是在进化过程中由前肢演化而来的，由其修长的爪子之间相连的皮肤（翼膜）构成。白马与牛、蝙蝠相比，虽然形态、结构的差别更大，但都有毛，恒温，都是胎生哺乳，这些都是哺乳动物的特征，我们把它们归在一个“纲”里——哺乳纲。在这里引导学生暂时回顾一下前面分类所学，套用哺乳纲的分类等级单位：鸟类→鸟纲、爬行类→爬行纲、两栖类→两栖纲、鱼类→鱼纲。

⑥ 第七位是猫头鹰。猫头鹰是鸟纲的动物，与白马的差别极大，但它们都有脊柱，同在脊索动物门的脊椎动物亚门。为什么是脊索动物门，而不是脊椎动物门呢？我们的脊柱都是由一个一个的脊椎骨组成的，但是还有些低等的动物，它们也有像我们的脊柱一样的轴，但不是由一块一块的骨组成的，它们的轴就叫脊索，所以我们把有脊索和脊柱的动物都归入脊索动物门。除了脊索动物门的动物外，其他动物都没有脊索或者脊柱。再次引导学生暂时回顾一下前面分类所学，套用脊索动物门分类等级单位，将学生曾经熟悉的环节动物、软体动物、节肢动物、软体动物等转变为带有“门”这个等级单位的称呼。

⑦ 第八位是蜜蜂。现在我们知道蜜蜂是节肢动物门的动物。它与白马的亲缘关系比前面的动物都要远。它们都是动物，都需要从外界摄取有机物，不能进行光合作用。蜜蜂与白马同在一个“界”——动物界里。就此，简单介绍蜜蜂的具体分类等级：动物界、节肢动物门、昆虫纲、膜翅目、细腰亚目、蜜蜂科、蜜蜂属。目前发现有9个种：黑小蜜蜂、小蜜蜂、黑大蜜蜂、大蜜蜂、沙巴蜂、绿努蜂、苏拉威西蜂、东方蜜蜂、西方蜜蜂。

（3）小结：我们按照从种到界的分类等级，了解了马原来是这样被列入不同的分类等级的。

（4）拓展应用：还有几个亲戚（如虎、鼠、鲨鱼、蛇、蚯蚓等）没有表述，它们与白马亲缘关系如何呢？有没有同学上来帮它们确定一下远近关系呢？它们与白马应该同在哪一个等级单位里呢？动物饲养员来了，他说他也是白马的亲戚，他应该归在什么样的分类等级单位里呢？向日葵也来凑热闹，该将它归在哪里呢？（向日葵能进行光合作用，属于植物界）

（5）思考归纳：在7个等级单位中，哪个等级单位生物的亲缘关系最密切？哪个等级单位的生物共同特征最多？哪个等级单位所包含的生物种类最多？科学家将生物分成不同等级单位的根据是什么？

意图：游戏的设计、情境的创设激发了学生的学习兴趣，使深奥抽象的概念知识变得浅显、生动、有趣。学生在游戏规则的指导下，通过小组合作学习和角色融入，深入观察图片，分析课本资料，学会生物分类方法的应用，表述不同分类等级的生物体在形态结构、生理功能等方面的差异和相似程度，体验将生物分成不同等级单位的根据，体会它们之间的亲缘关系。表述句式的设计使学生的深入探究有一定的目的性，让学生的讨论与交流有了一定的目标。学生与教师一起进行及时的知识梳理和小结，在教师关键词语的点拨下，学生的旧识新知得以融会贯通。结合板书，归纳本课知识点，给学生一个生动、简洁、直观的系统概念外延，建构本课的知识体系，达到概念转变的目的。

（二）认识生物的学名

1. 创设情境

课件展示金松的标牌，明示其中的外文是拉丁文，是金松的学名。这个学名是怎么来的？代表了什么意思？为什么要用学名呢？

2. 阅读了解

指引学生阅读教材，了解双名法的提出者——林奈、科学名称各部分的含义及书写规范。教师以有“植物中的大熊猫”之称的银杉为例进行说明。

属名	种加词	命名者
Cathaya	*argyrophylla*	Chun et Kuang
↓	↓	↓
银杉属	银杉	陈和匡
华夏	银色的叶	陈焕镛 匡可任

意图：学生通过阅读自学完成，然后根据教师讲解的“银杉”学名含义，直观地了解生物分类学在日常生活中可以传达给我们的讯息，加深对相关概念内涵的理解。

（三）课堂小结

本课主要通过帮白马寻亲了解了马的生物学分类地位，从而知道它和其他动物之间的亲缘关系。生物界的生物数以万计，我们不厌其烦地对它们进行科学的分类，就是为了更好地认识它们，有效地保护它们。怎么认识？怎么保护？欲知详情，且听下回分解。

【课后反思】

本课以大量的图片展示为主，教学内容既简单又抽象。这就给相关概念的教学带来了难度：如何让学生带着问题去阅读课本，比较各种动物形态结构的差异，让学生从这些图片中体会出不同生物具有共同的特征并利用这些共同特征来确定分类等级。为此，我对一个优秀课堂教学设计中“帮白马寻亲”的游戏加以改造，实施后确实可以让学生在愉快的感性体验中学习。本课采用课件辅助教学，给学生以生动直观的情境感受，但一屏一屏的画面过去后，很难让学生对本节课的知识点留下一个系统完整的印象。因此，我将动物图片按一定的顺序粘贴在黑板上，将主要的知识点在与学生梳理归纳的过程中书写在图片旁，给学生留下了一个生动、简洁、直观的系统知识的画面，这对初中学生建构科学概念起到了很重要的作用。

（游盛华）

“先天性行为和学习行为”（第一课时）例证教学案例

一、学情分析

本课教学前曾做过学生的学习背景分析和前科学概念的揭示，大部分学生对小动物或多或少有所观察和饲养，但缺乏科学的、长时间的观察和思考。对“如何区分动物的先天性行为和学习行为”这个前科学概念揭示的问题，学生回答不知道的、不准确的、较准确的各占1/3，所以需要面面兼顾。在简单问题上，如“区别动物的先天性行为和学习行为”可以考虑“以生带生”，较深层次的问题，如“理解行为对动物生存的意义”“先天性行为的局限性”就需要教师的引导分析。总之，本课的概念转变策略以同化、丰富为主，选择合适的例证丰富教学内容，支撑对概念的理解。

二、教学设计

【教学目标】

（1）使学生了解动物行为获得的两种途径。

（2）使学生能区别动物的先天性行为和学习行为。

（3）使学生能说明先天性行为和学习行为对动物生存的意义，能认同学习的重要性。

【教学重点】

区分先天性行为和学习行为，理解行为对动物生存的意义。

【教学难点】

理解行为对动物生存的意义、先天性行为的局限性，认识学习的重要性。

【教学准备】

本课分两个时段要求学生完成以下预习题，需要提前布置，学生课前按时完成，否则将影响本节课的课堂学习效果。

第一个时段（课前一个月布置）

观察家养动物，如小狗、小鸡、小猫、乌龟、金鱼，或者野生动物，如蚂蚁、蚯蚓等，认真观察它们的行为并用文字、照片或录像记录下来；还可以搜集与本节课有关的图片、文字资料（不是教材上的），准备进行展示和资料分析。

温馨提示：

（1）爱护动物。在观察动物时不要伤害它们，观察完毕后，让它们再回到利于它们生活的环境中。

（2）注意安全。所选动物不要对自己造成伤害。

（3）注意卫生。及时洗手，必要时戴口罩等，不增加疾病传播的几率。

（4）以下有篇某同学写的观察笔记，供同学们参考，相信你一定会比他写得好。

第二个时段（课前一天布置）

请阅读教材P47～P50的文字和图片，完成以下习题：

（1）动物行为多种多样。从行为的功能来看，有________行为、________行为、________行为、________行为等。

（2）从行为的获得途径来看，动物的行为大致可分为两大类：________和________。

（3）先天性行为是指动物________就有的，由动物体内的________所决定的行为。

（4）学习行为是指在________的基础上，通过________的作用，由________和________而获得的行为。

（5）在课本P48～P49的六幅表示动物行为的图中，属于先天性行为的有________，属于学习行为的有________。

课前一周了解学生收集或写了哪些动物观察笔记，进行筛选，把它们组合在课件中，作为本课的教学资源。学生动物观察笔记选摘如下：

龟（王×）——如果有了危险，小乌龟就把头和四肢都缩到壳里去了，谁也奈何不了它。

兔子（翁×鑫）——家兔胆小怕惊而善跑。当有突然响动时就会马上戒备或迅速逃跑。在奔跑时还能突然止步，急转弯或跑回头路以摆脱追击。

小狗（冯×涛）——小狗吃食的时候，你可不能靠近它。因为这时如果你去打扰它，它会以为你要抢它的食物，就会大叫，甚至会咬你！

小鸭子（邹×钰）——我拿起一根菜叶来喂小鸭。两只小鸭看见了，马上跑过来。黑嘴的小鸭先咬住菜叶的一端，正当它得意扬扬准备把菜叶独吞的时候，黄嘴的小鸭已咬住菜叶的另一端，把它从黑嘴小鸭嘴里夺出来。黑嘴小鸭哪里会服气呢，两只小鸭就打起架来了。

蚂蚁（杨×乐）——天很阴沉，马上就要下雨了。脚下的蚂蚁还在忙碌着。有五只蚂蚁正在搬运一个方便面碎屑。它们一起拖着方便面碎屑来到了洞口，可是怎么塞也塞不进去。最后它们把方便面碎屑竖了起来，呈一个“一”字向着洞口塞。一只蚂蚁顶上，旁边的蚂蚁来帮忙，一齐用力，把方便面碎屑塞进去了。天也开始下雨了。

猫（陈×芝）——小黑猫很聪明，它知道要去外婆给它准备的小沙坑里方便，不管是小便还是大便。方便之后还会自觉地用后腿踢起沙子把尿或粪便埋起来。

兔子（余×浩）——为了讨好这只调皮的小兔子，我找来一棵枯菜和一棵嫩菜来喂它。像我想的一样，它真是鬼机灵啊，只吃嫩菜而对枯菜毫不理睬，抢到嫩菜后就飞快地跑到笼子里去了。

小狗（董×伊）——我家买了一只小狗，它一开始还只会吃、喝、睡。后来我每天都会教它做点事情，渐渐地，它会坐下来和我握手，我经常把它牵出来给大家表演它的绝技呢。

小猫（陈×飞）——我家猫咪生了一只小猫。小猫刚刚出生的时候眼睛没有睁开，粉红色的身体上绒毛又短又稀。这时候它就会吃奶，还会用爪子抓住猫妈妈的身体。猫妈妈会在小猫很小的时候教给它们什么东西能吃、什么地方能睡、怎样爬树、怎样从树上下来。吃奶的小猫一天天长大，一个多月后的小猫喜欢玩线团、纸球，更喜欢玩蜻蜓、小壁虎之类的小动物。它是在练习捕食的技巧。长大之后，小猫不仅会捕鼠、逮鸟，看看，它还会去鱼缸里捞鱼呢。现在的小猫很是得我们家人的喜欢。

意图：学生在预习题的指导下，一方面通过有意识的动物行为观察或资料搜集，初步认知动物的行为；另一方面通过浏览教材和调动原有认知，在课前完成“先天性行为”和“学习行为”概念名称与内涵的了解，为学生课堂中的深入学习打好基础。

【复习回顾】

上节课我们开始了“动物的运动和行为”的学习，在引言部分，我们学习的孔雀开屏、仙鹤起舞、大雁南飞、蜜蜂采蜜等都是动物的行为。这些活动对动物本身有什么意义呢？请同学们回顾一下，什么是动物的行为？

意图：学生回顾“动物的行为”概念内涵，为本节课主要内容引入做铺垫。

【预习交流】

动物的行为多种多样。引导学生交流预习题1和题2，了解动物的行为可以从“行为的功能”和“行为获得的途径”来看。教师适当解释取食行为、防御行为、繁殖行为、迁徙行为，适当补充攻击行为、储食行为、通信行为和社会行为。引导学生交流预习题3和题4，使学生初步认知先天性行为和学习行为的概念，注意概念中的关键词。

意图：通过课本预习，学生了解了取食行为、防御行为、繁殖行为和迁徙行为，初步认知先天性行为和学习行为的概念名称与内涵。让学生交流预习题，也可以起到检测预习情况、规范概念表达的作用，消除学生的前科学概念差异。

【学习研讨】

（一）区分先天性行为和学习行为

（1）引导学生再次审读两种行为的概念内涵，看看两种行为在形成时间、获得途径上有何不同，并予以板书。

意图：学生与教师一起梳理概念内涵，比较两种行为在形成时间、获得途径上的不同。强化对两种概念本质属性的掌握，为下个环节有效区分先天性行为和学习行为打下知识基础。

（2）小试牛刀，以学生所举的一些例证来区分两种行为。

一个月前请同学们写一些或找一些动物观察笔记，我们来赏析其中的一部分。请相关同学进行展示，并说明这些行为是先天性行为还是学习行为。

意图：师生共同赏析动物观察笔记，学生以自己的生活经验和对两种行为概念内涵的理解，初步区分先天性行为和学习行为，确认概念的外延。这里有“以生带生”的方法，便于概念转变。教师可对照板书，引导学生对照概念的本质属性进行区分。学生所举的例证中可能会有一些较为复杂的行为，不必过多地去区分到底是哪种行为，可以留给学生以后进行实验探究。

（3）组织小组竞答，判断以下行为哪些是先天性行为，将相应序号直接写在展板上。

① 大象帮人运木材。

② 母鸡孵蛋。

③ 变色龙能改变身体的颜色。

④ 听见上课铃，同学们赶紧走进教室。

⑤ 鹦鹉学舌。

⑥ 蜜蜂采蜜。

⑦ 导盲犬帮助盲人过马路。

⑧ 蜻蜓点水。

⑨ 蚕吐丝结茧。

意图：学生分组讨论，并将答案写在各组展板上。本活动补充了学生所举例证的不足或不全面，既拓宽了学生视野，又使学生对两种行为在概念外延上有了进一步认识。小组合作学习也是促进概念转变的策略。

（4）拓展思考。

例证导入：一名出生不久的孩子，由于身体患病，母亲抱着她到医院进行治疗。当护士把针扎在她身体上时，她立马就哭了；第二次去医院的时候，她一看到穿护士服的人就哭了起来；等她长大了一些，当听到妈妈要把自己送到医院的时候，立刻就哭了起来。

① 孩子的这三次哭泣，哪些属于先天性行为？哪些属于学习行为？

② 先天性行为和学习行为有关系吗？

深入思考：是什么原因使动物有了先天性行为呢？没有这些先天性行为，动物的学习行为是否能建立起来呢？

意图：以问题激发学生深入理解先天性行为和学习行为之间的关系。案例帮助学生联系生活实际来理解概念，同时理解两种行为之间的关系。深入比较两种行为，也有利于学生及时将概念知识应用到实际生活中，提高学生应用科学概念的能力。

（二）先天性行为和学习行为对动物生存的意义

（1）师生共同阅读教材P48～P49的六段资料，首先区分六段资料中描述的动物行为里哪些是先天性行为，哪些是学习行为。

（2）引导学生分组讨论以下问题：

① 对比资料1、2，分析先天性行为和学习行为对动物生存的意义有什么相同和不同。

② 对比资料3、5，分析先天性行为有什么局限性，动物如果没有了学习行为将会怎样。

③ 对比资料1、4、6，分析不同动物的学习能力是否有差别，学习行为是否有遗传因素的作用。

④ 阅读材料，回答问题：

1920年印度传教士辛格在一个巨大的白蚁穴附近发现狼群中有两个“狼孩”。据辛格讲，这两个孩子回到人类社会之初，具备狼的特点：吞食生肉，四肢爬行，半夜时像狼似的嚎叫，不会说话。辛格夫妇俩为使两个“狼孩”能转变为人，做了各种各样的尝试。其中一个“狼孩”卡玛拉被救回时7岁，4年后掌握了6个单词；将近5年的时间学会了两脚步行，但快跑时仍会用四肢。卡玛拉一直活到17岁，但她直到死时还没真正学会说话，智力只相当于三四岁的孩子。

说说为什么“狼孩”进入人类社会后仍不会说话，你对人类的学习行为有什么新的认识，这对你树立良好的学习态度有什么启示。

（3）师生交流这四道讨论题的思考结果，在交流第②道讨论题时，引导学生发现两种行为在适应性方面也是有区别的，并补充板书内容。

意图：六段资料加上课后练习4，通过四个分层次设计的问题和这些例证的支撑，学生逐步理解行为对动物生存的意义、先天性行为的局限性、不同动物学习能力的差别等，并认同学习的重要性，从而达成学习目标。

【练习反馈】

要求学生先独立完成以下课堂练习题，然后小组讨论，最后师生交流答案。

（1）动物的取食行为中，鱼吃钓鱼者投的饵料属于________行为，第一次脱钩逃跑的鱼不再上钩属于________行为。（选填先天性或学习）

（2）失去雏鸟的美国红雀到池边给金鱼喂食，是因为它（　　）。

A. 想诱捕金鱼　　B. 捕到的昆虫太多

C. 喜欢金鱼　　D. 有哺育后代的本能

（3）动物的先天性行为所具有的特点是（　　）。

① 生来就具有的行为。

② 不是生来就具有的行为。

③ 由身体里遗传物质所控制的行为。

④ 在成长过程中，通过生活经验和“学习”逐渐建立起来的新的行为活动。

A. ②④　　B. ①④　　C. ①③　　D. ②③

（4）动物的学习行为有利于（　　）。

A. 找到食物　　B. 适应复杂的环境

C. 找到配偶　　D. 逃避敌害

（5）下列动物中，学习能力最强的是（　　）。

A. 蚯蚓　　B. 青蛙

C. 蝗虫　　D. 黑猩猩

（6）与“狼孩”事例不相符的叙述是（　　）。

A. 学习行为是建立在遗传因素的基础上的

B. 环境因素对人的学习行为的形成有影响

C.“狼孩”没有学会说话，是因为其不具备人的遗传物质

D. 如果错过了人类语言发展的关键时期，就很难弥补

（7）树林中，一只小鸟正飞来飞去忙着找吃的。突然，它发现树上有一个色彩艳丽的小动物在慢慢移动，便迅速飞了过去，将小动物一口吞入口中。就在同时，小鸟觉得口中刺痛难当，赶紧把它吐了出来。原来这小动物是舞毒蛾的幼虫，既有艳丽的色彩，又有毒毛，毒毛会粘在捕食它的动物的口腔黏膜上，使捕食者痛苦不已。

① 如果今后这只小鸟再看见艳丽的舞毒蛾幼虫可能会怎样做？请说明你这样推测的理由。

② 这只小鸟的这种行为从获得途径上看属于哪种行为？请说明理由。

意图：学生按教师要求完成练习，师生交流反馈本节课的学习情况，及时评价和矫正。练习题的选择主要围绕本课的学习目标，让例证进入选项或题干，检测学生概念转变情况，减少继发性前科学概念的产生。

【课堂小结】

（1）对照板书梳理先天性行为和学习行为在形成时间、获得途径和适应性上的区别。

（2）结语：人类的发展史就是一部学习史，每一项发明创造都凝聚了前辈们不断学习的结晶。人类在不断探索中前行，在不断学习中进步，只有这样才能适应复杂多变的环境，才能在激烈的生存竞争中处于不败之地。作为青少年的我们，现在应该做好哪些事情呢？必须“学习、学习、再学习”。

意图：师生进行本节重点概念内涵的梳理，再次认同学习的重要性，获得情感上的升华。

【板书设计】

比较内容	先天性行为	学习行为
形成时间	生来就具有的	不是生来就具有的，是后天形成的
获得途径	由动物体内的遗传物质决定	在遗传因素的基础上，通过环境因素的作用，由生活经验和学习获得
适应性	不随环境的改变而改变，只适应相对稳定的环境	能适应不断变化的复杂环境

三、课后反思

本课个人得意之处是采用了学生提供的动物观察笔记作为本课的教学资源，既让其成为本课概念教学的重要例证，又提升了学生的课堂参与感，激发了学生的学习兴趣。还有就是将课本的资料分析讨论题和课后思考题中的例证进行取舍和整合，以四个讨论题让学生分组研讨，有意识地让学生通过例证分析过程来理解行为对动物生存的意义、先天性行为的局限性、不同动物学习能力的差别、学习的重要性等。例证的多样性、问题设计的有效性和阶梯性指导学生沿着正确的方向一步步独立地、顺利地完成任务。不过，因为想让尽可能多的学生看到自己的动物观察笔记成为大家学习的例证，时间限制导致学生对四个讨论题的研讨交流不够充分和深刻，以后还是要对学生动物观察笔记进行精选。

（游盛华）

生物学第二课堂“叶贴画的制作”活动报告

一、活动目的

七年级学生刚开始学习“生物圈中的绿色植物”时，对身边植物的名称、形态、生活都非常感兴趣，但是教材内容不能满足学生强烈的好奇心和探索欲望。我们从七年级学生的实际出发，组织本活动，以生物学中蜡叶标本的制作为基础，让学生通过本活动更多地了解有关植物的知识，尤其是叶方面的知识，同时强化科学思想和环保意识，实践科学方法，提高动手操作能力，并且培养学生对自然美的感受和鉴赏能力，使学生受到美好情感的熏陶。

二、活动对象

七年级上学期期中的学生。此时学生已学完“生物和生物圈”，有了对“生物与环境的关系”的初步认识，即将学习“生物圈中的绿色植物”，专项关注绿色植物的生活。

三、活动时间和地点

11月下旬起，每双周的周二下午第四节课进行活动，活动地点以生物实验室和校园为主。活动至次年3月底结束。

四、实施步骤

1. 制订活动计划

制订活动计划并向学校提出申请，组织学生报名，同时准备好活动所需的学习单内容。

2. 实施活动计划

按课时安排依次实施以下活动内容：

第一课时：发放学习单1，学习有关叶的知识，主要包括叶的结构、叶的功能、叶形、叶色、叶脉、叶序、单叶和复叶等。以讲授法为主，并结合挂图和部分标本。活动地点：生物实验室。

第二课时：发放学习单2，学习如何采集和粗选叶贴画所需的叶。强调在进行活动的同时注重对花草树木及环境的爱护，切忌以科学活动为借口做有违科学精神、科学伦理的事。对照校园及周边社区绿化、道路分布图，确定下节课的户外活动路线，减少重复路线，所走路线分布的植物种类要尽量丰富。同时，还要注意户外活动的安全。

第三课时：继续学习学习单2的内容，学习如何压制和整理蜡叶标本（图1），并用教师提供的一些叶进行模拟操作。活动地点：生物实验室。

图1　学习蜡叶标本的制作

第四课时：结合前三节所学内容，实地认知有关叶的知识，再次识别校园内的植物，采集和粗选叶贴画所需的叶（图2），马上回实验室进行整理和压制（图3）。在接下来的两周时间里，实验室向活动小组开放，以便学生可以按时给叶标本换干燥的纸，从而顺利完成叶标本的压制干燥程序。活动地点：校园和周边社区、生物实验室。

图2　科学采集叶标本

图3　压制使叶片变得既干燥又平整

第五课时：检查叶标本的压制干燥情况，如有缺损、霉变等情况，可再次采集、压制。发放学习单3，学习叶贴画的构图程序，以及选台纸、固定、命名等方法（图4）。活动地点：生物实验室。

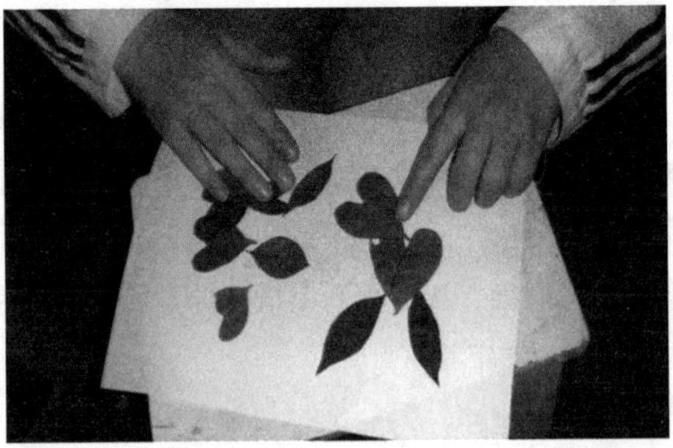

图4　学习构图和固定

寒假：学生将各自压制好的叶标本带回家，独立进行构图、固定和命名等制作。

3.评价整理

每个学生将作品带到课堂，按照叶贴画评价量规进行自评（图5）和互评（图6）。活动地点：生物实验室。

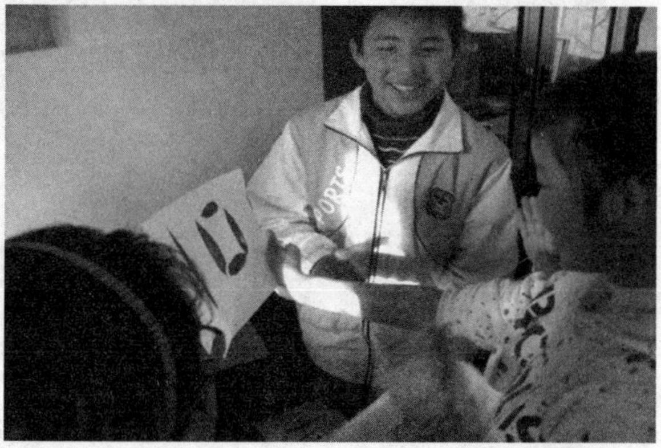

图5　自评："我的作品现在看起来显得太简单了！"

图6　互评："把所有作品摆在一起，好做比较！"

课后，教师将作品逐一拍照存档，对部分有欠缺的作品，师生进一步加工处理，有的还可以借助计算机技术进行修饰（图7、图8）。所有作品封塑保存。

一幅因叶片未固定好而有缺损的作品，通过数码扫描后，加上了一个数码相框，就显得很有意境了

图7　借助计算机技术修饰的作品（1）

一幅布局过满的作品，通过数码扫描后，也加上了一个数码相框，重新命名为“秋天的鱼”，堪称完美

图8　借助计算机技术修饰的作品（2）

4.展示交流

张贴作品，在校园内展示交流一个月（图9、图10）。为了让观者了解叶贴画的材料来源，学生们还给校园植物拍了照片，并简要介绍了它们的主要特征。

图9　展板的A面

图10　展板的B面

五、活动收获和体会

在活动过程中，学生从简单的书本内容进入视界丰富的科技实践活动，从说教式的科学思想教育、环保教育到落实在行动中、细节处的科学行为，从简单地模仿到科学、有步骤地细致制作完成一件美好的作品，学生对这个经历的记忆和体会是深刻的。活动过程中，学生有合作交流，也有独立创作；有自我展评，也有团队互评。学生还学会了在一定评价方式的引领下进行合作学习的团队共进方式。

所有作品在校园内展出长达一个月，参与的学生很有成就感，更加热情地投入生物学的学习和环保行动。作品展也吸引了其他学生以及教师、家长、来宾，有一定的社会效应。

反思整个活动过程，我们认为，活动时间可适当提前一个月，这样不但可保证与七年级上学期《生物学》教材相衔接，而且可让学生采集到一些还未被寒冷脱净的叶片，丰富叶标本的种类。

（游盛华）

第四篇

教学感悟

WCS项目课教学方法和教学思想浅析

WCS项目课是教育部基础教育司从1997年开始和国际野生生物保护学会（Wildlife Conservation Society）合作，在云南、四川、江西和湖北四省的部分中小学开展保护野生生物教育而开设的课。我有幸参与了这个项目课的教学工作。经过一年多的实践，我从教学方法到教学思想都受到很大的启迪，教学思路拓宽了许多。

一、教学方法别具特色

WCS项目课的课堂可谓不拘一格，学生多以小组活动为主，穿插一些别具特色的教学方法，努力营造一种轻松、民主的氛围，让初次接触WCS项目课的我豁然开朗：“哦，原来还可以这样上课。”《教师手册》中有详细的教学步骤，既让教师有“法”可依，又留有教师发挥个性的空间。经过粗略梳理，我发现有以下几种教学方法。

1. 体验导入法

根据“体验比理解更重要”的自然教育理念，项目课中有好几节课是从学生自己的体验开始再引申到动物的。如“感觉敏锐的水栖动物”一课，让学生先进行“听觉游戏”“触摸和嗅觉游戏”，有了真实的感觉后再思考体会水栖动物是如何觅食和了解环境的。“水中漫游”“干渴难言”“适应环境”“潜水困境”“如果鸟类不会咀嚼”等也是让学生思考假设人处于相应环境应怎么做，进而体会动物是如何适应环境的。

2. 比较法

比较法是WCS项目课常用的方法，多用于对两种或两种以上动物（包括人）的某些特征进行比较。

（1）比较归类型：如“生物的特性”“有骨兽”等，通过比较几种生物体的特性，找出共同点和不同点，然后依此进行归类。

（2）比较分析型：如“动物的牙与食物”“你能掘穴吗？”“迷人的羽毛”“有翼动物”等都属于此类型，都是就动物的某一方面特征进行比较，然后引导学生分析其适应性，以及适应性的优与劣。

3. 观察法

达尔文说：“我既没有突出的理解力，也没有过人的机智。只是在觉察那些稍纵即逝的事物并对其进行精细观察的能力上，我可能在众人之上。”学会观察是自然学科的必修课。在项目课中，观察也是学习的基础。“动物的脚”“你能掘穴吗？”“如果鸟类不会咀嚼”“水栖野生动物”等或需参观动物园观察动物形态特征，或需观察粪便、食丸等，而且要学会有计划性地观察（如设计参观线路），有时还专门设计一些游戏（如“互相找变化”）来锻炼观察力。

4. 假想法

WCS项目课非常有利于开拓学生的思维和培养学生的创新意识，学生可以假想现实中可能不存在的动物，如“再现生灵”“高空中”等。但假想要遵循结构与功能相适应、生存与环境相适应的原则，所以此法可以让学生重温并巩固已学的知识。

5. 游戏创作法

“寓教于乐”是我们常说的一种教学方式，或者说是一种教学理念，但教师实际操作时用得很少或者用得很生硬、很牵强，学生“乐中无得”。“水、水、汪洋一片”“多彩的变色龙”“人类的影响”“动物的脚”等课都设计有游戏。例如，“多彩的变色龙”中，先有答案后提问题的“奇异动物游戏”让人觉得很新鲜。“人类的影响”中有小品创作表演，有算术练习，有模拟辩论，通过多种学生喜爱的活动让学生真正“乐中有所得”。

二、教学思想重视综合素质的培养

项目课通过运用各种教学方法，激发学生的学习兴趣，培养学生各项素质，这与我国推进的素质教育是相符的。

1. 培养环保情感

据美国教育专家统计，在少年时代接触与环境保护有关的事情，如亲自参与环保活动，对一个人有很大的影响。也就是说，青少年时代接受过的环境教育和参加过的环保活动，对一个人的价值观和人生观的影响是不容忽视的，其对环境的态度与没有相关体验的人是完全不同的。

项目课的开设，“不是要求学生记住若干知识点，而是使学生意识到人与动物、植物、自然环境间互相依赖共存的关系，从而达到规范自己和周围人群行为的目的”。项目课的课堂上轻松、民主的氛围很浓，教师多用鼓励和小组竞争的形式激发学生爱上项目课、爱野生动物、保护野生动物、关心野生动物生存环境的情感。

自然教育应该是一种情感教育，教人建立起对自然、对生命的恰当的态度和情感，摆正人类在自然中的地位。联合国环境规划署确定每年6月5日为世界环境日，表达了世界各国人民对美好环境的向往和追求。我们不难理解，环境保护的基础是爱，是每一个地球公民对自己、对他人、对所有生命的爱，“因为爱，所以关怀”。

2. 培养观察力

我们已知观察力对学习自然科学的重要性。在WCS项目课的课堂上，观察力的培养是必不可少的。“动物的脚”等好几节课都是以观察为主，而且学生不能人云亦云，一定要通过仔细观察表达自己的观察结果，或对或错不予计较。

3. 培养科学素养

科学素养是我国未来发展所需人才的必备品质，它包括科学精神与态度、科学过程、科学方法与能力、对科学技术与社会关系的理解等诸多方面。

“比较”是进行科学分析和创造的过程中很重要的一个环节。项目课中多用比较法来进行动物分类或分析其适应性的不同，如“有骨兽”，中间还穿插了一些绘气象图、算术练习等进行科学分析的必要方法的训练。

让学生学会辩证思考，如“你能掘穴吗？”就让学生意识到穴居生活对穴居动物的优势和劣势，使学生能一分为二地思考、看待问题、事物。

让学生学会有计划性和周密性。这也是科学研究中很重要的素质要求，常常有事半功倍的效果，否则易引起失败和浪费。例如，参观动物园前，先要对照动物园游览图计划好参观路线，以便尽可能多、尽可能快地看自己想看的动物。例如，“假如我是动物园园长”，“我”该如何布置展区，既让游客能领略野生动物的风采，又让野生动物生活得好呢？食性、适应的气候、巢穴的材料等各方面都要考虑周全、缜密。

4. 培养创新意识和创造能力

创新是社会发展的原动力，没有创新，社会便不会进步。项目课努力开拓学生的思维，让学生大胆地展开想象的翅膀，不以对错来限制，如“假如你生活在树上，你将如何改变你的身体结构？”“假如你生活在极地，你需要什么装备？”等。对于想象的动物，要求学生或用画笔画出来，或用废弃物品制作出来。还有“人类的影响”之类的课，要求学生自己、自己制作道具、自己表演小品，学生的聪明才智得以尽情发挥，激发了他们创造的乐趣。

5. 培养社会责任意识

学生迟早是要走上社会的，他们会在社会中从事不同的职业。这些不同职业的工作与野生动物的保护有什么关系呢？在“人类的影响”中，学生可以在模拟辩论会上分别扮演动物保护组织人员、政府官员、建筑工人、工厂主、渔民等角色，来讨论是否通过某一项动物保护的法律。各方代表充分辩述此项法律与自己、与社会、与野生动物的利害关系，让学生体味责任与义务、权利与利益之间的矛盾冲突，对提高他们的社会责任意识是大有好处的，同时培养了他们的民主意识。

WCS项目课的教学方式多样化，有些因客观条件难以照搬，必须进行本土化、校本化处理。WCS项目课的教学思想涵盖面很广，对于我国的生物学教学有诸多可借鉴之处。

（游盛华）

WCS项目课教与学的收获

2000年前后，我有幸参加了国际WCS教育项目培训和一年多的教学。通过这带有典型美国风格的教与学，师生均收获颇丰。

一、教师的收获

1. 更新了教育理念

WCS项目课堂多以小组活动为主，教学模式不同于我们初中生物常规教学。例如，运用体验导入法的“你能掘穴吗？”一课，先让学生比赛挖沙：一个用大铁勺挖，一个用五指并拢的手挖，一个用五指叉开的手挖。通过比赛来体会鼹鼠、犰狳、场拨鼠对掘穴生活的适应程度。这种教学模式在以往的常规教学中是没有的，它让我学到了自然学科“体验比理解更重要”的教育理念。另外，还有假想法、游戏创作法等教学模式都是我以前不敢想象的。曾经的我，上课的特长是能抓住重点、突破难点，叙述层次清晰，逻辑严密，可以说是个不错的知识灌输者。现在的我，首先认识到生物教育更多地是一种情感教育。要让学生喜欢上生物课，学生才能喜欢这万千自然界中多姿多彩的生命，建立起对自然、对生命的恰当的态度和情感，摆正人类在自然中的地位，由心底产生对万物生灵的呵护之情。这不是一个乏味的知识灌输者能做到的。再者，我学会了怎样指导学生比较分析、有计划地周密地观察、辩证地思考问题，还让学生通过自己动手给心爱的小鸟做个舒适的窝，扮演成人社会中的各种职业角色，体会他们与自然保护之间的关系，培养学生的科学素养和社会责任感。

2. 提高了个人素养

WCS项目课堂是个开放、民主的课堂。现在的学生接触外界的信息渠道很多，课堂上他们随时都有可能讲出你从未听过的故事。倒不是怕学生超过自己，而是怕自己因为知识的缺乏而失去判断力。我先后购买了《动物大百科（VCD）》《探索》和《绿色的家园》等系列书，还有《创造性思维与教学》等教育理论书，使自己处于“充电”状态。WCS项目课教学也让我养成了积累、整理资料的习惯。过去的我也组织了不少活动，但活动过后什么也没留下。WCS项目课教学要考核教师到底为它开展了哪些工作，平白的文字缺乏说服力，需要我有意识地保留一些原始的照片、笔记等。养成这样的习惯对我今后开展课题研究、进行过程性资料的积累非常有益。

二、学生的收获

1. 学会独立思考

WCS项目课推动学生充分参与到各种活动中。这些活动需要学生有自己的见解，可以不受他人甚至是教师的影响。例如，“你能掘穴吗？”一课，请每位学生仔细研究三种掘穴动物的图片，比较特征并排序，然后根据投票来比较差异，说明哪种动物更适合穴居生活。

2. 学会浪漫想象

想象是创造的源泉。WCS项目课堂让学生展开想象的翅膀，在假想的空间里浪漫翱翔。例如，趣味思考题：假如你想一生中大部分时间都生活在树上，你将如何改变你的身体结构？学生说：“要有浓密的毛发”“要有长长的尾”“要有锋利的指甲”“个子不能长得太大了”等，各有各的理由。“再现生灵”一课更是对学生想象力最大限度的释放。学生根据流程图制造假想动物，互相交换后又以古生物学家的身份来推测他人假想动物的生活方式。在这堂课中，学生充分动脑动手，很容易获得满足感和成就感。

3. 学会表现才艺

在WCS项目课堂上，每个学生都有展示自己的机会。经常有小制作、小辩论、小品表演等。例如，在“适应气候”的课堂上，学生分四组分别代表道奇、纽约、费城、查尔斯顿四个城市的动物园，竞夺来自某个地区的野生生物的展览权，提出自己在气候、展馆条件上的优越性。学生们要表现出自己敏捷缜密的思维、流利清晰的口齿、咄人而又不失礼节的气势。学生还可以根据报纸上的一些新闻报道写台词、做道具、排演成小节目，宣传保护野生动物的必要性，揭示在保护野生动物过程中所遇到的挫折等现实问题。每一位学生都参与演出，哪怕没有一句台词，哪怕只有一个静止的形体动作，也能体现出参与和团体精神。

4. 学会多角度考虑问题

孩子们考虑问题一般较为单纯或较为偏激。在“救救白鳍豚”的课堂上，模拟通过保护白鳍豚的一项更严厉的法律议案。学生们分别扮演建筑工人、工厂主、商业化的渔民、动物保护主义者和政府官员。“动物保护主义者”向政府阐通过此议案的重要性，“建筑工人”“工厂主”“渔民”则阐述通过此议案对各自行业生存的影响。“政府官员”则听取民众意见，果断决策，妥善解决民众之间的矛盾。这样的角色扮演，有利于学生学会体谅他人、多角度看待问题。

5. 学会适应生活

动物必须适应某种生境才能生存。WCS项目课堂中的很多内容都是围绕“适应”这个中心点展开的。学生们在讨论动物的适应性生活时，潜移默化中也学会了适应生活（指自然生境中的生活）。例如，在“适应气候”一课中，思考：“如果在沙漠、雨林、草地或极地中旅行，生存需要的基本装备是什么呢？”在研究动物住所的构造、建筑材料、功能和动物的栖息地时，可以联想到人类居室的建造。动物界中有许多可借鉴的地方，观察动物的生活，可使人类适应生活，少走弯路。

WCS项目课让师生都开阔了视野，丰富了知识，锻炼了能力，学会了不少原本不会做或很少做的事，实现了师生共同成长。

（游盛华）

锋从砺出，香自寒来

——九江实验中学生物组“问题·方法·探索”课题一年工作总结

“宝剑锋从磨砺出，梅花香自苦寒来。”转眼，我们参加“问题·方法·探索”课题工作实施已近一年了，个中的苦与乐真可以用上面的两句话来表达。

一、组织领导和管理

自我校更名为九江实验中学后，学校特别注重教研教改工作，积极推动教师参加教研教改，以此来突出我们的“实验”特色，成立了教研处，专门组织和管理各学科的教研教改工作。全校教师都有不参加教研教改就会被淘汰的危机感。所以，市教研室组织“问题·方法·探索”课题工作后，我校全体生物教师踊跃参加，以整个生物组的名义参加这项课题工作。在学校其他学科的教师还在对“新世纪的教师应该如何施教”的问题感到茫然的时候，我们生物组教师就已经有了很明确的目标，率先在教研处的课题工作中登记注册。同时，我们的工作也得到了学校领导的大力支持，学校尽可能为我们实施课改提供方便。就拿排课来说吧：按课题工作计划，教改从七年级开始，那么我们五位生物教师都必须在七年级上课。而且，为了便于学习体会新的教学理念，我们每个人还在七年级五个班分别加上一节WCS项目课。这给教务处安排我们的教学课时带来了很多麻烦，但这些麻烦在教务处充分征询我们意见的基础上被一一化解了。课题工作的进展也得到学校领导的关注，学校领导经常督促我们的工作并参加我们的集体备课。与学校其他课题工作一样，我们课题组每周集体备课1～2次，听课10节以上，校级公开课1节，期末每人都要撰写阶段性工作小结，这些都要列入个人工作考核。

二、课题组工作开展内容

明确课改目标后，我们及时制订了课改方案。对于这种教学法在实施过程中会发生什么情况我们谁也没有底，所以我们给自己定的计划是：上学期以自我揣摩为主，认真领会“问题·方法·探索”的要求，充分借鉴WCS项目课的教学理念和方法，发挥自己过去教学上的长处，寻找适合用这种教学法上课的切入点，每周交流一次；下学期，为了促进大家相互学习、共同进步，每周上公开课一次，每周轮一个人。每节课都有说课、议课、听课、评课四个环节，大家都开诚布公地谈，不收着掖着，使得每个人都能认识到自己的不足，从而鞭策每个人都得到进步。

我们制定的教学目标是：让学生能热爱和关注生物的生活，能积极参加保护生物多样性的活动，并掌握一定的探索生物生命现象的技能和方法。所以，我们让学生给校园里的主要树种挂牌，参观动物标本馆，认真写参观报告，制作植物标本和树叶贴画，写观察笔记，等等。我们在评价学生学习情况时，除了必要的知识性卷面考核外，还将参观报告、观察笔记、小制作和实验技能等都列入评价内容，促进学生重视生物学习的每一个方面。

三、体会

“问题·方法·探索”教学法，其实就是美国教育心理学家布鲁纳（J.S. Bruner，1915—？）“发现教学法”的现代翻版。布鲁纳注重研究学习心理学问题，其学习理论以学生的知识学习为研究对象，以培养探究性思维方法为目标，以基本教材为内容，使学生通过“再发现”（因为学生所要学习的知识是前人已经总结出来的间接经验）进行学习。这种教学方法曾一度被认为，甚至现在仍然被认为有某些缺点，不宜在教学中实施而被许多教师知而不用或者闻所未闻。

现代社会发展对实施素质教育、培养创新人才的需求使得我国教育面临着不得不进行的一场变革。“以学生为主体，教师为主导”的呼声越来越高。教师不再是课堂的“主宰”，而是学生的“伴读”。布鲁纳的“发现教学法”与现代教育发展的要求一拍即合。“问题·方法·探索”的教改课题就是依据“发现教学法”的理论，学习WCS项目课的教学方法，设法化解“发现教学法”的缺点，结合我国教材与学生的实际情况进行改革和创新。在近一年的实施工作中，我们体会到以下几点：

（1）使用此教学法，能使学生产生兴奋感和自信心，能充分激发学生的内部动机。这就是现代素质教育所提倡的“调动学生积极性、主动性、创造性，充分发挥学生主观能动作用”。那么，教师要尽可能地对学生的每一次发现给予肯定，不吝惜自己的赞许，充分调动和保持学生探索解决问题的方法的内在动力。

（2）它强调不仅要学好知识，更重要的是要对学生进行学习方法、思维方法、学习态度的培养，让学生通过动手、动脑、“再发现”的步骤掌握知识，不但要“知其然”还要“知其所以然”，使学生更好地理解、巩固和运用知识。这种教学法在某种程度上与现今“Handson”活动有类似的作用，强调学生主动学习，即听过会忘记（You hear，you forget），看过能记住（you see，you remember），做过才能学会（You do，you learn）。

（3）它提倡学生的合作交流。它强调在活动过程中，学生能与同伴进行交流，向教师阐述自己的观点，与其他同学及不同实验结果进行比较，以检验其观点和实验结果的准确性和有效性。

（4）教学成败的关键在于教学设计，教学设计中关键的一笔在于精巧地设问引导和耐心地等待。因为主要的学习内容要交给学生独立或合作完成，学生学习进行得如何很大程度上取决于教师的引导与指导，所以教师必须精心备课，否则课堂教学就会出现混乱，而且学生不易获得系统完整的知识。

（5）迫切需要必要的资料和条件。生物教学本来就要求具备直观性。用此教学法授课，要尽可能为学生提供探索、解决问题的资料和条件。因为学生的知识经验和思维能力有限，靠他们现有的知识经验也许不足以完成每一次学习任务，所以每节课都要针对学生的此种情况进行局部的预先铺垫，使学生有触类旁通的学习准备。因此，我们的课堂有课文相关的小资料，更多的是教具、实物，米饭、鸡蛋、水果、瓜子、饮料等在我们的课堂也屡见不鲜。

四、问题

（1）学生思维能力的各异性。有些学生在课堂上思维特别活跃，而有些学生的思维则较为停滞，还停留在以往学习经历中等老师“喂”的状态。可以说，我们的七年级生物教学方法与学生来自的小学或其他学科的教学方法有很大不同，这使学生的思维水平出现了断层。所以，我们呼吁这种教学方法要尽早在各学科、各年级因地制宜地铺开应用。

（2）课时不够。用此教学法上课，常常要留有足够的时间让学生去探索、去发现，大纲上要求1课时完成的内容，我们常常需用2课时。加上我们还要组织各种活动，原有的一周2课时的安排是满足不了课堂需求的。所以，迫于课程的进度，我们不得不压缩某些内容的教学。

（3）教师的付出很大。就目前来说，我们还做不到每节课都用这种教学法来上课，或者不能充分地运用这种教学法。因为这种教学法要求教师做的课前准备工作特别多，而教师手头的资料和条件十分有限。为设计和上好一节这样的课，教师可以说是殚精竭虑。为设计好一个问题，常常几天几夜睡不好，上网搜集购买音像资料等是常有的事。尽管学校给予了很大的支持，但日常教学有时要用的小物件，如一只鸡蛋、一锅米饭、锅碗瓢盆等，还有必要时鼓励学生的小奖品等，不可能都让学校报销，确实也挺难为教师的。

不管怎样，有付出就有回报。学生对我们的课很有兴趣，大多很投入。虽然素质的培养是个长期的、循序渐进的过程，很难在一年半载内看到教改课题实验班的学生在素质上有多么大的提高，但其影响的深远是不可估测的，甚至可能影响学生人生观、世界观的形成。我们的工作也得到市教研室和学校的肯定，我们五位教师的教学水平也有了一定进步，个别教师可以说有了质的飞跃，苦与累带来的是成功的无限喜悦。我们始终坚信，只有经历这“痛苦”的磨砺，才能有宝剑的耀眼锋芒，才能有梅花的沁人清香！

我们如不起眼的毛毛虫向往着五彩蝴蝶的蜕变，痛并快乐着。

我们还需奋斗不息、学习不止。

（游盛华）

我的优课反思

我的课例“人的生殖”被评为教育部2015—2016年度“一师一优课、一课一名师”活动“优课”。在得知这个喜讯后，我习惯性地反思这节课从预设到生成的过程，梳理获奖的缘由。

一、选题重要

“人的生殖”这节课其实是不好讲的，原因有以下两点：

（1）本课之前学生学习了人类的起源与发展，从整体上知道人类是由森林古猿进化而来的。本节是从人的个体发育的角度学习人的由来，为第三节学习青春期发育的有关知识做准备，起到承上启下的作用。这里隐藏着一个哲学命题：我是谁？我从哪里来？我将到哪里去？同样涉及方法论：引导学生学会以处在什么样的位置、用什么样的时间段的眼光去看待与分析事物，如何看“大大的我”和“小小的我”，这就涉及学生世界观和方法论的培养。这一点不能讲破，讲了学生也不懂，但又要有这个视界的转化认识。

（2）随着社会的发展，“性”已不再是一个禁忌的话题，不少父母已开始对孩子进行性教育，但依然有些遮遮掩掩。我曾设计以下前概念揭示题：“我从哪里来的？”“你曾经问过父母这个问题吗？”“你的父母是怎么回答的呢？”“你自己是怎么想这个问题的？”学生的回答是这样的（见下表）。

班级	简记
2014级 8班	1. 应该是妈妈生的，从妈妈肚子里来，妈妈的卵子与爸爸的精子相遇，形成受精卵再发育的（我妈妈是这么说的）。 2. 从垃圾堆捡来的，但为什么我和父母长得这么像？我认为是从妈妈肚子里爬出来的。 3. 细胞变来的
2015级 4班	1. 女娲造的，亚当和夏娃造的。 2. 垃圾桶捡来的。 3. 从石头里蹦出来的。 4. 爸妈生下来的。 5. 受精，在母亲的肚子里
2015级 8班	1. 森林古猿进化的。 2. 从天上掉下来的。 3. 充话费送的。 4. 石头里蹦出来的。 5. 垃圾桶捡来的。 6. 从肚子里生出来的。 7. 父母交配后生出的

这是2014年和2015年我在学生中所做的调查，学生的表达比较肆意、天真、自然。在课堂上，男女生一起讨论这个敏感的话题，对于青春期的孩子来说难免有些尴尬，既感兴趣，又觉羞涩。学生早把书上的相关内容看过了，虽然一知半解，但多少还是知道一些的，就看教师怎么讲了。教师在理解学生这种心情的前提下，有针对性地设计引入这个环节，大家互相调侃一下，以缓解尴尬。

当然这还不够，这仅仅是气氛的渲染而已，还需要观点的铺陈和过渡。教师请学生回顾被子植物是怎样繁殖后代的，回忆开花、传粉、受精、结果等知识，强调精子与卵细胞结合形成受精卵，受精卵发育成新个体，是生物界的普遍现象，以期端正学生学习本节内容的思想，帮助学生了解生殖过程在生物圈中的重要性，生物圈中所有的生物都要通过生殖来完成种族的延续、基因的传递，使学生顺其自然地进入相关知识的学习。学生坦然学习这个内容，把它看作科学来严肃对待，教学就能顺利地开展了。在第三节课上，小组讨论时，我亲耳听到一位男生很正经地问女生：“你们说的大姨妈就是月经吧？”

二、团队优势

我们生物组一直以来不断参与、主持课题研究，与省、市教研员保持良好的互动，掌握最前沿的教育科研动态，储备的教学资源也很充足，自制的初中学案已经成型，各种练习题、试卷资料也较多。生物组还有着优良的传统，这是上一辈教师传承下来的，就是有事大家一起上，一起帮忙，一起出谋划策，一起讨论问题、解决问题，绝不收着藏着，业务上有不同的观点都是可以敞开说的。除了备课时大家团结协作外，因为生物课教具、学具、实验仪器等东西多，所以每次拍课时都是一人上课，其他人忙前忙后，主动完成其他事务。应该说，团队远比自己单打独斗的力量大。而且，只有团队强、自己强，才能保留优势；如果自己强、团队不强，那自己也只是昙花一现而已。

三、设计制胜

拍这节课时，我已是40多岁的胖大妈，出镜上没有一点优势。我想本优课更多地是在教材的处理、教学设计和课堂的把控上制胜，有自己的教学个性。

拍录像课与现场观摩评课的感觉是不一样的，一定要保持有节奏地呈现亮点、看点，枯燥无味的录像课评委是看不下去的，特别是开头要引人入胜。当然，亮点不是教师讲得如何精彩，而是必须以学生的学习为主体，教学方法的实施也必须落实到学生的学上。美国教育心理学家罗伯特·加涅说："为学习而设计教学。"为此，要把握好三点：第一，解读教材，准确把握教材的内容、特点和重点；第二，了解学生理解教材所必需的教学资源，摸准学生对教材学习的兴趣；第三，取舍内容，根据学生的认知基础和教材的特点，确定教学的重点。即使是结束语的设计，也应该是与教学紧密关联的，而不能游离在外，提倡"水到渠成"，自然结束。教学资源的应用也应从教材出发，服务于教学目标，与培养学生能力结合起来，该板书时板书，该用多媒体时用多媒体。本优课就使简洁规范的板书与多媒体相辅相成，共同融入教学。

“人的生殖”教学设计要点

【预习交流】

通过上节课的学习，大家已经知道人类作为一种生物，是由森林古猿进化来的。那么，我们每一个人作为一个个体又是怎样来到世上的呢？课前老师让大家问问父母：①我是怎样来到世上的？②父母记忆中母亲怀孕、分娩前后，印象深刻的事有哪些？请谈谈你们的父母是怎样告诉你们的。学生回答问题，调动课堂气氛。

【复习回顾】

请学生回顾被子植物是怎样繁殖后代的，理解生殖是自然界很普遍的现象，以期端正学生学习本节内容的思想。

【学习研讨】

学习任务一　概述男、女性生殖系统的结构和功能

（1）导语：人类新个体的产生，也要经历雌雄生殖细胞结合，在母体内完成胚胎发育，再由母体产出的过程。雄性生殖细胞即为精子，雌性生殖细胞即为卵细胞。那么它们是怎样产生的呢？

（2）指导学生观察课本中图4-5和图4-7，熟悉其中的结构名称以及对应的功能。然后，要求学生分别标出课本中图4-6和图4-8中所缺的结构名称。再请学生进行连线练习，将男、女性生殖系统的结构与其功能对应起来。

（3）对应课本中的图4-5和图4-7，向学生强调睾丸、卵巢、子宫等孕育新生命的重要器官的功能。

学习任务二　描述受精过程

（1）通过视频简介精子和卵细胞的特点，如形状、大小、数量、运动特点，以及卵细胞的养分等，从中提取有关受精过程的信息。

（2）通过简图强调：精子进入阴道后，游进子宫，进而进入输卵管；精子与卵细胞相遇的位置在输卵管；众多的精子中，只有一个能够进入卵细胞。

（3）小结：可见形成生命是很幸运的。精子和卵细胞在输卵管相遇，这是自然界中奇妙而美丽的生命约会，将孕育出神奇而伟大的生命。

学习任务三　描述胚胎发育过程

受精卵的形成标志着一个新生命的诞生，这一个小小的细胞又是怎样发育成一个可爱的婴儿的呢？

（1）设疑：

① 受精卵接下来要发生什么变化？最终植入什么部位？直到婴儿出生会经历哪些阶段呢？

② 胎儿的营养是如何获得、废物是如何排出的？

（2）学生自主阅读课本P9～P11，然后教师播放图片和视频，师生交流对前面两个问题的认识。依次明确以下内容，让学生理解胎儿在子宫内的生活，也为学生认识怀孕母亲负担加重、要有为人父母的责任心等提供有效信息，提升学生感恩的情感。

① 受精卵在输卵管内利用卵黄内的养分进行细胞分裂，逐渐发育成胚泡。胚泡缓慢移动到子宫中，最终附着在子宫内膜上。在子宫内膜上，胚泡继续分裂和分化，逐渐发育成胚胎。胚胎在8周左右时发育成胎儿。

② 胎儿生活在子宫内半透明的羊水中，通过胎盘、脐带从母体获得所需要的营养物质和氧；胎儿产生的二氧化碳等废物，通过胎盘经母体排出。简要介绍胎盘的结构和功能，试想："一位准妈妈怀孕期间抽烟、喝酒甚至吸毒，对胎儿会不会有影响？"

③ 分娩和剖宫产。

（3）拓展介绍，解决学生感兴趣的一些生殖问题：宫外孕、结扎、双胞胎、"试管婴儿"。

【课堂小结】

（1）结合板书及课件中大大的"人"字图片，引领学生对本节内容进行小结：这节课我们共同探讨了人的生殖，男女性生殖系统，特别是其中的重要器官——睾丸和卵巢产生精子和卵细胞，精子和卵细胞在输卵管内相遇，最终一步步形成一个完整的生命，成为一个健全的人！让学生理解"人"的建构之奇妙。

（2）新生命的孕育和诞生充满冒险和挑战，每一个人能够降生都是非常幸运的、珍贵的，父母有责任心和爱心才能孕育出健康活泼的生命。结合孕妇身体各部分增重情况表，询问学生的感触。结合学生所谈，教师推进：母亲在怀孕期间为更好地为胎儿提供生长发育的物质，身体和生命活动的负担都增加了许多。母亲为胎儿的健康要付出许多，要保证自己有健康的生活方式，有足够的营养，调试好自己的心情，当然还要有父亲无微不至的关心照顾，所以大家公认怀孕是女人一生中最美的时刻。

（3）结合视频和背景音乐，有感情地朗读以下诗句：

世界上最浩瀚的莫过于海，
世界上最浩瀚的海莫过于爱。
海的岸边有一条长长的堤坝，
堤坝凝结的是父母亲的爱与关怀。
儿女总是在海里泛舟嬉戏，
全然不知道危险与忧虑。
外面的雷鸣电劈，
在这里只是一串涟漪……
经历疼痛，才有生命的诞生，
经历挫折，才有人生的美丽。

同学们，我们能够来到这世上是幸运的，我们能够得到父母的爱是幸福的。我们唯有不断进取，好好学习，去绽放生命的美丽，去创造生命的精彩，才能不辜负父母的殷切期望。希望这节课对同学们以后的学习和生活有帮助。

学生在知识和情感的铺垫下，可能会谈到生命的诞生充满了艰辛和挑战，所以我们要尊重父母给予我们的生命；生命的诞生是责任和义务的体现，所以我们要感谢父母对我们的爱护；生命的诞生是对生活习惯的考验，所以我们应该从小养成良好的生活习惯。推动学生情感的升华，以期为学生今后的学习和生活向健康的方向发展提供助力。

四、技术支撑

首先要明确的是，教学中所用的PPT只是一种辅助手段，不能完全代替板书。虽是辅助，但我在制作和使用PPT时还是非常注意以下方面：PPT不能有科学性错误，排版要工整，无错别字，不要有其他可能转移学生注意力的修饰，力求简约；字体尽量统一，最多用两种字体，配色也不宜过多；标题使用32号黑体字体，正文文本字号不小于24号，图表中文本字号不小于18号；正文一律使用1.25磅行距；每张幻灯片正文内容区域的左右和下方距离边缘至少2厘米；文本框要略微大些，以免在换用计算机播放时因分辨率不同造成文字错位；图片不能简单地、不成比例地拖拉。我的课件中常有视频，所用视频一定是结合教学内容有所剪辑的，会声会影、爱剪辑、快剪辑等视频剪辑软件，我都能较为熟练地应用。另外，这些视频插入PPT中后，一定要试播一下，保证播放流畅。

一分耕耘，一分收获，教学工作是苦乐相伴的。我认为要做就做到自己的极致，只怕自己能力有限想不到，只要能想到的就一定要做到，这中间熬过了很多痛苦的时光。然而，正像于永正老先生说过的那样，课堂是个遗憾的艺术，虽然这节课被评为部级优课，但是重新观看依然有种种不足，课堂上的细节处理依然粗糙。以研究者的视角来分析成败，也将成为我继续提高业务水平的重要途径。“纸上得来终觉浅，绝知此事要躬行。”别人的课听了无数堂，不如自己上一堂。理论到实践还是有一定距离的，只有亲自去做了，才能够懂得其中的奥秘！行动起来吧！如今教育技术日新月异，我们一定不能放松自己，要紧跟时代步伐，一步一个脚印地往前走，一边摸索一边实践，不断更新自己的教育理念，提高自己的教学质量！

（游盛华）

对生物学课堂运用多媒体教学的认知

随着计算机在教育领域应用的普及和进步，多媒体技术在现代教育教学中的地位日益上升，逐渐显示出传统教育教学不能比拟的优越性。在生物学课堂运用多媒体教学，无疑给学生提供了全方位、多渠道、最直接的视觉、听觉感受，是教育发展的必然趋势。但是，多媒体教学没有无限的神通，我们需要对生物学课堂运用多媒体教学有基本的认知。

一、生物学课堂运用多媒体教学的优势

多媒体在生物学课堂的成功运用，不仅使课堂气氛从传统的“死气沉沉”转变为“生机盎然”，学生的学习自觉性也被大大地调动，而且拓展了教学空间，提高了教学效率。

1. 创设情境，激发学生的学习兴趣

学习总是与一定的情境相联系的。在情境的媒介作用下，生动直观的形象才能有效地激发学生联想，唤起学生原有认知结构中有关的知识、经验及表象，使学生产生兴趣。兴趣是最好的老师，在浓厚兴趣的驱使下，学生必定能专注于学习，其汲取知识的效率也将大大提高。作为教师，要想尽方法激发学生的兴趣，为学生创设直观形象、生动活泼、富有趣味的学习环境，多媒体教学就能达到这样的效果。在信息技术和生物学科整合的教学过程中，教师要充分发挥多媒体计算机具有的综合处理图形、图像、动画视频以及声音、文字和语言、符号等多种信息的功能，从声音、色彩、形象、情节、过程等方面创设与当前学习主题相关的、尽可能真实的学习情境。例如，在讲述“血管与心脏”时，利用多媒体动画和视频多侧面、多角度地展示心脏的动态收缩图像，吸引学生的注意力，引导学生积极思考，理解心脏

的主要功能；也可以对画面进行动态分割，展示心脏的内部结构，适时引导学生观察心脏的四个腔，比较四腔壁的薄厚，寻找与心房、心室相连通的血管，探究瓣膜开放的方向，推测血液的流向等，高效地解决了“四腔、血管、瓣膜、血液流动方向相统一”的难点问题，还能使学生清楚地区分动脉、静脉、毛细血管等的知识。这样生动的画面、丰富的内容、多样的问题和及时的反馈，为学生创设了课堂教学情境，营造了愉快和谐的学习氛围，激发了学生的求知欲望和学习兴趣，提高了学习效率。

2. 精用多媒体，快速突破教学难点

多媒体可以将一些晦涩难懂的内容具体化，将一些抽象的内容形象化，这样更便于学生理解内容及教师突破教学重难点，从而提高课堂的教学效率。例如，在教学“细胞的生活需要物质和能量”时，其中的一个重点内容便是细胞膜控制物质的进出。这对于学生来说是比较难理解的，教师通过Flash动画的形式，用三种不同颜色的圆点分别表示有用的物质、没用的物质及细胞内部产生的废物，利用这三种圆点在细胞膜之间穿插的动画帮助学生理解这一重难点问题。实践证明，这种方式更容易使学生掌握重难点问题，从而提高课堂教学效率。

3. 加大课堂教学容量，提高教学效果

常规教学手段中，教师的大量板书和学生的大量记录，浪费了许多宝贵的时间，因而课堂始终停留在课本知识本位的讲解上，在有限的时间内根本无法补充更多能够让学生扩展知识面的信息。但是多媒体在生物课堂的应用有利于缩短课堂授课时间，更有利于学生们广开思路，通过各种手段掌握所学知识。这是常规教学手段不容易办到的。例如，讲“血液”这部分内容时，在演示实验中观察血液中加入抗凝剂后的分层情况时，需要较长时间（一般几小时）才能出现结果，即使出现结果，也往往不明显。为了配合学生对现象的观察，在完成实验操作后，可将从完整实验的视频中剪辑出来的实验现象和实验结果播放给学生看，学生一看便能认出哪一层是血浆，哪一层是血细胞。这样不仅节约了课堂教学时间，而且结果也非常明显。在实验完成的基础上，教师就可以利用节省出来的时间进行其他血液知识的讲解，可以联系生活实际讲一些例子，进一步加深学生对知识的掌握，这样能高效扩展学生的知识面。

4. 全面优化课堂教学，拓展学生思维空间

课堂教学运用信息技术，借助电脑、数码投影机和视频展示台等多媒体工具，通过屏幕向学生展示图、文、声、像相结合的精彩内容，吸引力大，渲染性强。生物世界既有细微、简单的个体，又有庞大、复杂的生态系统；既有瞬间的变化，又有漫长的生长、发育和演化过程。采用多媒体课件辅助教学，就可以实现微观放大，宏观缩小，瞬间变慢，历史重现，跨越时空，深入细致，纵览全局；还可以展现生物个体与系统之间、个体与群体之间、个体与环境之间、生态系统与生态系统之间的关系。这样有利于学生从微观上探究生物内部的结构和特征，从宏观上了解生态系统的发展和变化，既拓宽了学生的视野，又拓展了学生的思维空间。

二、生物学课堂运用多媒体教学的弊端

（一）教师方面

1.“多多益善”，模糊了教学的重难点

多媒体应用过多，课堂容量过大，教学进程过快，会使学生应接不暇，最终导致学生对所学内容不理解，思维跟不上，笔记记不上。因此，运用多媒体教学时，应充分考虑学生的思维水平和思维速度，给学生留有足够的思维活动时间，确保学生理解和掌握相关的知识内容。

2.“以电脑为中心”，忽略教师的主导作用

在运用多媒体教学时，课件已提前设计好，上课时只需动动鼠标，缺少必要的交流，这使得“以教师为中心”变成了“以电脑为中心”。先进的教学手段不应完全取代传统教学，板书、语言描绘、手势比画、师生情感交流等传统做法仍然是十分必要的，只有教师和多媒体两方面的优势都发挥出来，才能达到一种完美的结合。

3. 费时费力，缺少灵活的适应能力

多媒体教学准备花费的时间和精力是常规备课的几倍，甚至十几倍，而且多媒体的“静态性”和一成不变的机械步骤使其缺乏课堂教学的适应能力。教师的课堂教学不可能是统一模式，教师要依据教学对象的变化不断改变教学方法、统筹全局，引导学生适时开展各种活动，从而充分发挥教师的主导作用。

（二）学生方面

1. 成了学生的欣赏课

许多多媒体课件的内容过于“大”而“全”，画面音响过于“美”而“真”，形形色色的生物素材形象而生动。当课件亮相于课堂，学生便沉醉于“诗情画意”中，哪还有时间和精力去听教师的知识讲解呢？

2. 削弱学生的操作能力

多媒体能够指导学生的实验操作，但是学生的实验能力只有通过实际训练才能获得。例如，显微镜的使用、临时装片的制作、解剖等基本技能的训练，只有学生亲自动手做才能达到教学大纲的要求，必须经过反复操作才能熟练。

3. 削弱学生的观察力

多媒体可以在较短的时间内介绍多种动植物的形态、结构等各方面知识，扩大学生的知识面，也可以重复观察，但不能全面培养学生的观察能力。学生只有亲自接触大自然，做一做、摸一摸、量一量、闻一闻、尝一尝，才能得到真实完整的知识。例如，观察苔藓植物叶子的形态结构时，就要亲自用显微镜观察。自然界是丰富多彩的，让学生亲身在大自然中感受远比教师说教效果好。

三、扬优除弊

对生物学课堂运用多媒体教学有基本的认知后，就要扬优除弊，将多媒体教学的作用最大化。具体措施有以下方面。

（一）更新教育观念

我国著名电化教育专家南国农先生认为：电化教育＝现代教学思想方法×现代教学媒体。二者不是相加，而是相乘，无论哪方为零，结果都会为零。因此，我们要加强现代教育理论的学习，真正树立现代教学理念，从增强理性认识和实践操作的结合上，提高多媒体辅助课堂教学的效益。

（二）合理使用媒体

1. 根据教学目标选择、应用多媒体

生物学教学过程就是教师根据教学目标，借助媒体传递知识信息的过程。因此，在生物学教学中运用的多媒体必须根据教学目标和媒体的功能来

选择。

2. 根据不同课型的教学结构和学生的认知过程组合运用多媒体

在生物学教学中，多媒体的组合并不是随意地凑合，而是根据不同课型的教学结构和学生的认知过程进行组合。例如，绪言课、形态结构课、实验课、复习课等，不同的课型运用多媒体的方法是不同的。

3. 遵循感知、注意等心理活动规律，控制使用多媒体

在教学中使用多媒体时，必须依照感知、注意等心理活动规律进行有效的控制，如媒体的使用不宜过多，使用媒体时要注意变换呈现的形式，要尽量变静为动，演示时要与讲解、谈话、讨论等方法配合好。

总之，对生物学课堂运用多媒体教学的正确态度应该是使多媒体教学与传统教学法优化组合，利用多媒体对传统教学法进行灵活的、恰当的、巧妙的改造，并完善、发展、发挥各自的优势，弥补各自的不足，通过优化求得效益，使我们的教学实实在在上升到一个新高度。

（郭奕富）

小学科，大作为

——论生物学对初中生的学习促进作用

生物学其实是一门很基础也很重要的学科，在初中教育及人类生活中都发挥着重要而特殊的作用。

一、促进学生的身心健康

学习生物学知识，了解病毒的结构，掌握病毒的生活和繁殖过程，有利于我们了解病毒是如何寄生在人体内，又是如何使人患病的。学习了生物学相关知识，能更好地消灭病毒、打败病毒。多少位医学界的科学家、医护人员奋力拼搏在一线跟病毒抗争！正所谓：“知己知彼，百战不殆。”如果他们对病毒不了解又如何去战胜它呢？同样，从事其他工作的人们，或者我们身边的每一位家庭成员，都要多多少少掌握一些生物学知识——如何预防传染病，如何有效控制传染病的传播。例如，呼吸道传染病的预防措施主要有：减少外出，戴口罩，与人保持距离，勤洗手，勤换衣，勤通风，多消毒，这些都能有效地切断传播途径；通过测量体温及核酸检测等，早发现、早报告、早隔离、早治疗，这些都是常见的控制传染源的方法；从康复者体内提取血清来救治患者，研制出比较有效的疫苗，注入健康人体内以预防相应的病毒感染，就属于保护易感人群。只要清楚了这些基本的预防措施，我们就能更好地控制传染病的流行。

通过学习生物学知识，我们还知道健康不仅仅是身体的健康，还包括心理健康以及良好的社会适应能力。现在恶性肿瘤发病率越来越高，很多是“现代文明病”，也称为“生活方式病”。一些不正确的生活方式和生活态度，导致了人体的各种亚健康或者不健康。所以，每个人都应该保持良好的、积极的状态去面对自己的生活，保持身心健康。学习生物学知识，还能让我们区分处方药和非处方药，能对症下药，能结合使用说明书做到安全用药。同样，当我们学习人的心脏的结构和功能时，就自然会想到如何去保护我们的心脏；当我们学习人是如何呼吸的，了解到呼吸道对空气的处理时，就知道了为何用鼻呼吸比用嘴呼吸好，就不会总去抠鼻子了；学习了呼吸道虽然有处理空气的能力，但是这种能力是有限的，大家就会更好地保护大气环境，共同创造一个清新的呼吸环境。还有，学习了运动系统的组成，我们就知道了运动系统是如何工作的，知道可以通过热身运动，佩戴护膝、护腕等来保护自己的关节，做到安全第一，科学锻炼。

二、提升学生的动手能力

生物学教育注重学生科学素养的培养，提高学生分析、思考、解决问题的能力，帮助学生形成一定的生物学思想和观念。“结构与功能的统一性”就是其中很重要的一点。在生物学教学中，许多教师也意识到了这一点，因此在平时教学中多次利用模型、图片等辅助教学，也会引导学生制作相关的模型，这既让学生对生物学相关知识有更好的理解和掌握，又能充分锻炼他们的空间思维构建和动手操作能力。在教学中，教师要尽可能创造条件，让学生真实地去参与、去实践、去体验、去感受，既要关注记忆、理解、应用等低级认知能力的培养，更要重视分析、评价、创造等高级认知能力的提高。例如，在学习细胞结构时，为了让学生能快速记住细胞的结构名称及功能，可让学生完成细胞结构的模型制作，利用合理的材料制作细胞的各部分结构。教师在引导学生制作前，列出详细的活动步骤，给学生留有充分的空间，充分发挥学生的积极性、主动性和创造性，把握科学、环保、准确的原则。制作模型可以增强学生对生物结构的感性认识，使学生理解相关理论内容，而且可以激发其求知欲望。在制作过程中，学生们不但充分发挥了想象力，而且锻炼了动手能力。当学生们面对这些通过自己辛勤劳动形成的智慧成果时，会进一步激发学习的兴趣以及强烈的创造欲望。

三、增强学生的环保意识

习近平总书记多次强调“绿水青山就是金山银山”的重要理念，要尽最大可能维持经济发展与生态环境之间的精细平衡，走生态优化、绿色发展之路。人们要提高生活水平，不但要使物质基础有所提高，还要有一个舒适可靠的环境。因此，环境的好坏决定了我们的生活质量，保护环境是我们每个公民应尽的义务和责任。有不少地方的环境问题是很严峻的，环境问题的解决也是刻不容缓的！学习生物学知识，有利于我们更好地开展环保工作。例如，可以利用一些微生物对垃圾的有机物进行分解，还可以利用一些特殊蛋白质（如水解酶等），对垃圾中的大分子物质进行分解，促进物质的循环。一些生物防治的方法也得到了普及和发展。生物防治能更高效地消灭害虫，可以减少农药的使用，从而减少对环境的污染！通过生物学学习，学生认识到植被的重要性，能更主动地参与植树造林。生物学告诉我们酸雨的形成原因，所以我们就会减少硫化物的燃烧或者通过一些净化装置减少煤、石油等燃料燃烧时污染物的排放。生物学让我们学会了垃圾分类，会更好地处理身边的垃圾，可以在小区、街道等处宣传环保知识，增强公民的环保意识。生物学让更多的人能以环保的思维去处理身边的问题，为人与自然的和谐可持续发展提供帮助。

四、锻炼学生的科学思维

生物学科核心素养是学生通过学科学习而逐步形成的正确价值观念、必备品格和关键能力，包括生命观念、科学思维、科学探究和社会责任。生物学教学是指向未来的，培育核心素养就是为未来而教。我们应该让教学过程成为学生观察、发现、思考、辩论、体验和领悟的过程。生物学注重科学探究的过程，十分注重利用一系列科学方法去解决问题，而每一种方法都有相关的特征和逻辑推理过程，如简单的观察，也有从外到内、从表到里、从简单到复杂、从表层到实质的过程；简单的归纳与推理，也要根据已有的数据条件和事实特征，分析其中存在的规律和方法，从而得到问题的解决方法。生物学教学活动要以思维培养为主线，要根据教材内容和学生的心理特点，创设带有具体问题和情感氛围的学习情境，使学生形成良好的求知心理，在情境中去激活思维，发展科学素养，掌握学习知识结构、揭示问题本质的规律，培养学生严密的思维品质和良好的逻辑思维能力。

生物学是一门解释生命现象和生命活动规律的学科，人类的生活与生物学也是密切相关的。希望初中生不要忽视生物学的重要性，好好学习，养成良好的科学思维能力，掌握思考解决问题的方法，让生物学为以后的精彩人生打下基础！

（赵程程）

第五篇

育人担当

巧用人文精神滋养初中生物学课堂

很多年前，就有人提出用人文精神来滋养我们的教育。生物学课程虽然是自然科学领域的学科课程，但是作为一名教师，要在本学科体系中发掘人文意蕴，巧用人文精神来滋养我们的初中生物学课堂，以接近教育的本质。

一、领会在生物学规律中

“离离原上草，一岁一枯荣。野火烧不尽，春风吹又生。”生物学是研究生命现象和生命活动规律的科学。初中生物学课堂向学生揭示了生命现象和生命活动规律，同时，生物的适应性、生命的坚韧性等也映射出许多人生哲理，可以潜移默化地让学生从中领会。

【案例一】

在学习“生物对环境的适应”时，我列举了在沙漠中生存的一种不起眼的植物——骆驼刺。骆驼刺地面部分长得矮小，庞大的根系却长达20米。它只要有一点点水，就能在阳光下张扬生命的绿色。我引导学生领会：骆驼刺没有美丽的身姿，也没有动人的灿烂，可是它与所有的生命一样，不自怨自艾，不自暴自弃，乐观、自信、顽强地生长着。

【案例二】

在学习“人的生殖”时，学生了解到：精子历经重重艰难，终于与卵细胞相遇在幽深狭窄的输卵管。而且，众多的精子中，只有一个能够进入卵细胞。这自然界中奇妙而美丽的生命约会，将孕育出神奇而伟大的生命。我让学生从中领会：生命的形成是多么幸运的事，而且接下来的新生命的孕育和诞生还将充满冒险和挑战。因此，每一个人能够降生到这世上都是非常幸运的、珍贵的，父母有责任心和爱心才能孕育出健康活泼的生命。我们能够得到父母的爱是幸福的。我们唯有不断进取，好好学习，去怒放生命的美丽、去创造生命的精彩，才能不辜负父母的殷切期望。

【案例三】

在学习“昆虫的生殖和发育”时，我列举了一种“十七年蝉”。它的幼虫要在地下过十七年的黑暗生活，经过四次蜕皮后，钻出土壤爬到树上再次蜕皮才能变成成虫。我让学生从中领会：我们作为一个有生命价值取向的人，也要经得起学习中的磨炼和煎熬，受得住生活中的诱惑和迷茫，以坚强的毅力和顽强的生命力，在通往光明的路上为了自己的理想坚持到底。

【案例四】

在学习“昆虫的生殖和发育”时，我还解释了：蝉即将蜕皮而出时，会苦苦地挣脱束缚。如果这时有人恻隐之心大动，想帮助蝉尽快脱离“苦海”，用剪刀把皮剪掉，蝉虽轻松地爬了出来，却从此丧失了飞翔和生存的能力。原来，蝉蜕皮挣扎时身体中的体液才能流到翅膀上去，翅膀才能充实有力，才能支持它在空中飞翔。缺少了这一环节，蝉最终会因飞翔本能的丧失而死亡。我让学生从中领会：成长就是痛苦的挣扎。人生要努力拼搏、经受磨砺才会更精彩，靠投机取巧、靠“拼爹”效应会得不偿失，任何投机取巧或妄图减少奋斗而达到目的的做法都是见识短浅的行为。

【案例五】

在学习“生物进化的原因”时，我列举了象。象是一种繁殖很慢的动物，但是如果每一头雌象一生（30～90岁）产仔6头，每头活到100岁，而且都能进行繁殖的话，那么750年以后，一对象的后代就可达到1900万。因此，按照理论上的计算，就是繁殖不是很快的动、植物，也会在不太长的时期内产生大量的后代而占满整个地球。但事实上，几万年来象的数量从没有增加到那样多，自然界里很多生物的繁殖能力都远远超过了象的繁殖能力，但各种生物的数量在一定的时期内都保持相对的稳定状态。这个案例可让学生领会：世界上没有永远的强者，能力再强也会有制约。

【案例六】

在学习“生物进化的原因”时，我还列举了一种生活在寒带的雷鸟。雷鸟在白雪皑皑的冬天，体表的羽毛是纯白色的，一到夏天就换上棕褐色的羽毛，与夏季苔原的斑驳色彩很相近。然而，如果某年冬天没有下雪或延期下雪，已经换成白羽的雷鸟反而会成为醒目的猎物。我让学生从中领会：世界上的一切事物时刻都在运动着、变化着，没有绝对静止的东西，也没有一成不变的东西。如果想适应这个世界，就不能用习惯的思维和眼光来看待和理解它，要用创新发展的眼光来看待问题，用与时俱进的理念来处理问题。只有这样，才能成为真正的适者。

【案例七】

学习“生物进化的原因”，少不了说到达尔文自然选择学说中的一个经典案例：马德拉岛上有550种甲虫，其中200种翅膀很不发达，不能飞行。在29个本地特有的昆虫属中，有23个属全部翅膀退化。为什么这里是残缺者成为与环境斗争的胜者呢？原来是这些海岛上经常刮大风，那些有翅能飞但翅膀不够强大的昆虫，常常被大风吹到海里，因而生存和繁殖后代的机会就少；而无翅或残翅的昆虫由于不能飞翔，就不容易被风吹到海里，因而生存和繁殖后代的机会就多。经过一段时间的自然选择之后，岛上无翅的昆虫就特别多。学生可以了解到：生物生存的过程就是一个不断与环境斗争的过程，一般情况下只有形态、结构、功能等方面强大的个体才能成为与环境斗争的胜者而生存下去。这个案例还让我们领会到：胜者不一定是强者，只有适者才是永远的赢家。

二、感悟在生物科学史中

罗蒙诺索夫曾说过：“攻克科学堡垒，就像打仗一样，总会有人牺牲，有人受伤，我要为科学而献身。”生物科学史中有诸多科学家的故事，他们在工作和学习中表现出来的那种自觉、顽强、勤奋的精神，是学生在学习过程中克服困难、战胜枯燥的强有力的榜样力量，教师可让学生从中感悟。

【案例一】

达尔文跋山涉水，历尽艰辛，跟随贝格尔舰进行了历时5年的环球考察。在见识了大自然的奇花异草、珍禽异兽，收集到各种千奇百怪的变异后，达尔文进行了细致的整理和查阅，终于出版了一部划时代的巨著——《物种起源》。李时珍远涉深山旷野，遍访名医宿儒，搜求民间验方，观察和收集药物标本，亲尝了许多药材，判断药性和药效，花费了整整27年的时间编写出一部医药学著作——《本草纲目》。英国姑娘珍妮·吉多尔为了揭开黑猩猩行为之谜，冒着生命危险只身前往非洲森林，接近生性多疑、凶暴的野生黑猩猩，经过十余年的努力，收集到许多珍贵的一手资料，并且与黑猩猩成了好朋友。科学史上最孤独的天才——孟德尔，通过长达八年的辛勤劳作进行豌豆杂交实验。当别的植物学家只停留于对现象的概括描述时，孟德尔却挨个去数豌豆种子，“每一粒种子都是宝贵的，不可抛弃”。运用这样的实验方法是需要极大的耐心和严谨的态度的。正是通过对不同代豌豆性状、数目细致入微的观察、计数和分析，孟德尔才发现了生物遗传的基本规律，为人类认识生命又打开了一道重要的门。

科学上的成功从来都不是一蹴而就的，它是一个不断完善的过程。生物学史上有许多科学家默默无闻、少见经传，甚至一直没能成功，但他们的工作对后人的探索有重要的借鉴作用。在课堂教学过程中，教师不仅要给学生讲解科学探索成功的范例，也要展示科学探索的艰辛和反复、失败和挫折，让学生从中感悟，这有利于促进学生形成积极的人生态度。

【案例二】

从1665年英国物理学家罗伯特·虎克发现细胞，到1838—1839年德国植物学家施莱登和动物学家施旺提出细胞学说，前后经过了170多年，其间有不少科学家的工作对细胞学说的创立做出了很大的贡献。而且细胞学说建立后又经历了数位科学家的不断探索，直到1858年才较完善。而沃森和克里克提出的DNA分子双螺旋结构模型，借鉴了许多科学研究成果，经历了无数次不同结构模型的建立和否定。幸而他们没有气馁，终于功夫不负有心人。

真正的科学家是有着崇高的理想和旷达的价值观的。诸多生物学家心系国家、民族，乃至整个人类和生物圈的命运，把个人的得失甚至生命抛在脑后。教师要让学生从中感悟，抛开功利性的学习心态，了解科学对自然、社会与人的意义和价值，学会关心国家和社会的进步，学会思考人类与世界的和谐发展，通过努力提高自己的创造能力和实践能力，增强学习科学的使命感与责任感。

【案例三】

在初中生物课堂中，不得不提起享誉世界的“杂交水稻之父”袁隆平。他多年来一直致力于杂交水稻的研究，取得了骄人的成绩，为我国农业生产的发展做出了不可磨灭的贡献。教师还要让学生明白，袁隆平有着超过千亿元的身价，但这并不是体现在他个人的财富上，而是更多地体现在他为社会创造的财富上。只有将个人价值与社会奉献结合起来，一个人的成功才是最有价值的。还有，世界上第一个人工合成的蛋白质——具有生物活性的结晶牛胰岛素是由我国科学家邹承鲁院士和其他科学家一起研制的，它是生物科学发展历程中一个重要的里程碑。在当时实验条件艰苦、设备简陋的情况下，科学家们克服了常人难以想象的艰辛，凭借着锲而不舍的精神，最终获得了成功。这说明一个人只有将崇高的理想建立在一项项具体甚至枯燥的工作上，奋斗才是扎实的，离成功也是最近的。还有，苏联科学家在第二次世界大战中宁肯活活饿死也不吃种质库中的一粒种子。战争能摧毁一切，却摧毁不了希望。这些种子不仅是战后苏维埃人民幸福生活的希望，更是人类利用多种多样的基因培育出新物种以自我救赎的希望。面对这些至死仍保护着希望、留下希望的科学家，我们除了感动，还能做什么？

三、体验在生物学的学习过程中

学习是一个持久的过程，其中当然会有不少失败和艰辛，但也会有成功和喜悦。学生放弃学习、厌恶学习更多的缘由是被眼前的一次次失败和艰辛打败，看不见坚持下去的不远处就是成功和喜悦。

【案例一】

初中生物学中会讲到“尝试与错误”是动物常见的学习行为。蚯蚓走“T”形迷宫的实验中，蚯蚓要经过大约200次尝试，遭受许多次轻微的电击后才能学会直接爬向潮湿的暗室。当动物和它发现的食物之间设有障碍时，它可能会经过若干次“尝试与错误”才学会绕道取食。教师让不同小组进行不同动物学习绕道取食的探究实验，可以得出下表：

动物名称	“尝试与错误”的平均次数
狗	4次
公鸡（散养）	10次
公鸡（圈养）	13次
小鸡	25次
乌龟	45次

我让学生比较表中的实验数据，反思自己以往的学习，得到以下启示：动物越高等，学习能力越强，“尝试与错误”的次数越少。相比之下，人这么高等的动物，已经够幸运了，一点挫折、一点困难怕什么。散养的鸡比圈养的鸡“尝试与错误”的次数要少些，说明多实践才能多长见识，才有利于提高学习效率，更快地获得成功；即使学习能力很低（如乌龟），如果锲而不舍也是能成功的。

不少学生做事缺乏持久性，容易马虎了事。在家长的宠爱下，有的还养成只会高谈阔论不愿动手实践、在困难面前推脱逃避、在利益面前争先恐后的不良习惯。结合初中生物课堂实验和实践活动，我会不断地激发学生亲身参与的兴趣。

【案例二】

学习“人类对细菌和真菌的利用”时，让学生们一起动手做酒糟、做泡菜；学习“为家长设计一份午餐食谱”时，可以将设计付诸行动，真的为家长做一顿营养午餐，让学生在体味劳动的辛苦的同时也品味到收获的喜悦。初中生物学实验，有的时间较短，实验效果立竿见影；有的时间较长，实验结果需要七八天才能出来，如探究种子萌发的环境条件、测定种子的发芽率、根的什么部位生长最快等实验，观察时间都在一天以上，并且需要学生定时去观察、记录。如果实验的变量控制不好，还会有实验失败、重新开始、推迟好几天结果才出来的可能。这就需要学生细心、耐心和有恒心。反复实验，终于成功后，我及时引导学生反思实验过程的一波三折，去体验持之以恒的学习态度终究会让自己获得成功的喜悦。这些积极的情感体验，会让学生形成稳定的态度和价值观。

德国哲学家雅斯贝尔斯提出：“教育的本质是一棵树摇动另一棵树，一朵云推动另一朵云，一个灵魂唤醒另一个灵魂。”在初中生物学课堂中，知识技能的传授不可缺少，但真正的教育必须超越于此。在初中生物学课堂上巧用人文精神，让学生领会在生物学规律中、感悟在生物科学史中、体验在生物学的学习过程中，使初中生物学教育上升到培育人的精神、唤醒人的灵魂的高度，这样我们初中生物学教师的职能才是最优化的。

（游盛华）

初中生物学教学与小组合作学习结合的实践应用

初中生物教师在新课程理念的指导下开展小组合作学习活动，这是当前保障课堂教学实效性的重要举措，符合新课改对学生提出的“自主、合作、探究”的要求，既能兼顾学生个体的自主发展，又能保证学生发挥合作精神，展开合理的探究性学习活动，从而构建高效的初中生物课堂。

一、初中生物学教学引入小组合作学习概述

教学就是一种师生、生生之间围绕课堂知识进行交流与互动的过程。在传统教学模式下，教师虽然注重师生间的互动，但是却疏忽了生生间的互动。而小组合作学习却可以改变这一问题，旨在让学生以小组的形式展开平等互助的协作学习，还可以通过组际交流有效地完成教学任务，达成既定的学习目标。因此，总体而言，小组合作学习方式就是一种基于团体动力学原理，旨在打破传统班级中制约学生主动发展的学习状态，进而让学生在集体学习的过程中进行有效的互动，实现“静态的集体背景”朝着“动态的集体力量”这个新方向转变的学习方式。

小组合作学习在生物学课堂上的应用，有利于学生素养的发展。首先，小组合作学习可以激发初中生在生物学习过程中的团体意识，使学生在平等互助的过程中共同完成学习任务。其次，在小组合作学习过程中，学生与学生之间彼此尊重，相互合作，在保证集体共同发展的同时，还能充分保障学生个体的健康发展，尤其是能使学生的创新精神、创造能力等方面得到良好

的发展。最后，小组合作学习可以增强学生与他人交往的能力，可使其在以后的学习活动中主动寻找同伴，共同朝着相同的学习目标前进。

二、初中生物学教学与小组合作学习结合的实践应用

1. 基于信息技术辅助的小组合作学习活动

将信息技术运用在小组合作学习活动过程中，这是非常先进的教学模式，教师可发挥信息技术在课堂上应有的教学优势，引导学生走进有效的情境，更高效地掌握相应的生物知识。例如，在人教版《生物学》八年级下册“传染病及其预防”一课的教学中，教师就可以利用信息技术设备来播放与传染病相关的视频，尤其是一些医院的宣传视频，让学生更好地了解艾滋病和“非典”等传染病的各种知识，尤其是其传播特点、传播途径、防治措施等。学生在这些视频资源的引导下，会产生更强烈的探究欲望。在小组合作学习的过程中，教师可引导学生以小组为单位自主选择某一典型案例，结合课文知识，再在组内分工合作，通过多种渠道来了解这一典型案例，并搜索多种多样的学习资源，在组内进行资源共享，让原本枯燥的教学活动在小组合作学习模式下变得生动，提高学生在学习生物知识时的综合处理能力。

2. 基于问题情境的小组合作学习活动

在小组合作学习活动中，教师要为学生创设有效的问题情境，旨在让学生在组内合作中围绕有效的问题来展开探究活动，以保证小组合作的学习质量。因此，将问题情境与合作学习相结合是课堂教学非常重要的一个发展趋势，教师要在生物学课堂教学中倡导这一教学模式，注重激发学生的主动探究欲望和创新意识，使其在科学探究的过程中获取各种有效的生物学知识。例如，在人教版《生物学》七年级上册“单细胞生物”一课的教学中，教师就可以为学生创设有效的问题情境：“同学们请看这张图片，草履虫的形态是什么样的？它会如何运动？如何对其前端与后端进行区分？在水中的草履虫有怎样的呼吸方式？会如何摄食？它的食物又是什么？它的天敌又是谁？你们是否可以帮它趋避敌害？”在这样的问题情境下，小组内成员需做好分工合作，发挥个体与集体的作用，既完成个人的学习目标，又朝着共同的学习目标一起努力。

3. 基于开放式内容的小组合作学习活动

开放式内容主要是指一些开放性的探究性课题，没有固定的答案，可为学生提供广阔的探究空间。在开放式内容的引导下开展小组合作学习活动，教师可以很好地调动学生参与的积极性，让学生在组内合作的前提下，自由自主地搜集相关资料，并在组内讨论自己的探究成果。但是需要注意的是，即便是开放式的合作学习内容，教师也不能完全放手让学生完成任务，而是要在学生的学习活动中合理地发挥自己的指导作用。以人教版《生物学》七年级下册“人类活动对生物圈的影响”一课为例，教师让学生根据该课题的内容展开自主合作探究，在师生互动下，引导学生进行有效的小组讨论。在讨论结束后，学生将小组成果展示出来。在这一小组合作学习过程中，学生都能够意识到人类活动对地球圈产生了极大的影响。有的小组以一次性筷子的使用为切入点进行了细致的分析与探讨，有的小组则就不可降解塑料袋的使用展开了论述，还有的小组从生活垃圾堆放等问题入手进行论述，这充分尊重了学生的自主性。自主选择主题来细化切入点，可以调动学生主动参与合作探究的积极性，切实提高学生对这节课知识的学习效率。

4. 基于生物实验教学的小组合作学习活动

在初中生物学教学中，实验教学是非常重要的组成部分。教师在实验教学中开展小组合作学习活动，可以锻炼学生的自主操作能力和合作探究能力，使其深刻掌握实验教学中的各项知识点。例如，在人教版《生物学》七年级下册“馒头在口腔中的变化”实验教学中，教师可以让学生在实验室内以小组的形式进行自主实验操作，学生可在组内了解实验的具体目的与实际步骤，并在讨论之后合理分工。例如，有的学生负责切碎馒头，有的学生负责采集唾液，有的学生负责准备玻璃棒、试管及碘液等实验所需的器材与材料。在此基础上，学生就可以展开有效的小组合作，在操作的过程中将自己观察到的实验现象都记录下来，并且发现其中的问题，然后进行自主思考，并讨论如何解决这一问题；在制订解决方案并实施之后，验证自己的实验结论是否正确，以保证自己的实验学习效率。

总而言之，初中生物学教学与小组合作学习的结合应用，是生物学教师当前需要予以关注的重要教学模式，可从问题情境创设、开放式讨论、多媒体技术辅助、生物实验教学等多个方面来落实小组合作学习活动，以发挥这一学习方式的真正效用。

（钟晓霞）

初中生物学实验教学要规范、要创新、要考查

初中生物学实验教学有诸多具体的方法要求，一般是让学生在实验前具备相关的能力以及相关的实验操作技巧，否则就不能进行相关的实验操作。在实际的初中生物学实验教学过程中，经常会发生一些实验事故。这些事故发生的很大原因是学生没有具备一定的操作能力和技巧，但是生物学教师也有不容推卸的责任。对进行初中生物学实验教学，笔者有如下建议。

一、操作必须规范

初中生物学教师在开展实验操作课之前，要对学生进行一定的理论知识培训，传授相关的实验操作步骤、技巧以及注意事项。实验操作过程中，教师应该全程跟随，督促学生规范操作，独立完成实验，同时帮助学生避免事故的发生。实验过程中，还可以让学生提出相应的疑问，教师一对一地进行解答，帮助学生解决在实践中遇到的困难与困惑；要求学生能坚持观察实验现象并记录下来，让学生在实验过程中有所收获。

二、实验有所创新

很多学生在实验过程中，会因实验现象不明显而产生一些疑惑，所以生物学教师对实验一定要有所创新，保证学生在进行实验的过程中能得到更有效的学习方法。在进行实验之前，教师一定要和学生进行生物学知识的讨论，一起分析实验过程中有可能发生的各种现象，做好各种准备，保证学生可以有条不紊地进行实验。实验过程中，教师一定要安排相关学生对实验结

果进行记录，保证学生可以在实验结果出来之后，与书中所提到的相关结果进行对比，寻找问题所在，改进实验方法，鼓励学生对实验进行升级处理，这样可以让学生做到举一反三。

三、操作还需考查

初中生物学实验现在大多没有列入考查项目，所以没能引起学生的重视。教学管理者开展实验操作考查，不仅可以提高学生实验操作的规范性，还可以避免实验事故的发生，也可以使学生真正重视生物学实验，提高他们对生物学学习的积极主动性。同样，建立和实施实验操作考查制度，可以提高教师的授课效率；在对学生进行考查的过程中，教学管理者也可以安排专业人士对授课教师进行相应的考查，以提高教师授课的规范性和创新性。

综上所述，组织学生进行初中生物学实验教学时，在保证实验操作规范的同时，还要对实验操作进行创新，对实验操作进行考查，提高学生的学习积极性和教师的授课积极性，使师生的综合素质都得到提升。这样的初中生物学实验可以让学生更真实地了解生物学知识。

（涂静）

初中生物学教学培养学生生命意识的策略

我国著名教育家陶行知先生明确指出学校的生命教育属于一种整合性教育，教育者要通过各种方法引导学生对人的生、老、病、死进行感受，让学生体会到生命的意义与价值，进而使学生尊重和珍惜自己和他人的生命。从本质上而言，生命教育就是尊重生命价值，立足于生命的视角来分析人与人、人与自然、人与自身的关系，确定人的生命主体性。随着时代的发展，社会对人才提出的要求越来越高，但是现在很多初中生不懂得尊重生命、热爱生命，大众媒体经常报道初中生自杀的新闻，这实属遗憾。初中阶段的每门课程都承担着对学生进行生命教育的重要职责，初中生物学教学在这方面更是有着先天优势。在初中生物学教学中对学生进行生命教育，笔者认为有以下策略。

一、引发学生尊重生命的意识

生命的诞生是非常神奇的现象，这是大自然不断演变的结果，不论哪一个生命，都是独特的产物。在教学过程中，生物教师要引导学生尊重生命、认识生命。为了帮助学生更好地理解这些知识，树立这方面的意识，我利用信息技术为学生介绍了生命诞生的过程。例如，我在课堂上为学生播放了动物受精、植物授粉的科学视频，告诉学生生命需要繁衍，而繁衍生命的过程是充满艰辛的。又如，在教学被子植物的“开花结果”这部分内容时，我为学生介绍了被子植物要实现繁衍，必须经历开花、传粉、受精等一系列过程。通过这样的教学，学生能够理解生命来之不易，要热爱生命、珍惜生命。

二、培养学生与自然和谐相处的意识

“了解生物圈”这部分内容明确指出，随着人类社会的迅猛发展，人们从大自然中索取的东西越来越多，甚至超过了大自然能承受的极限。我为学生播放了当前世界各地发生的能源危机的视频，刺激学生的感官认识。之后，我运用浅显的语言为学生讲了一个故事：有一群爱打架的小怪兽，它们从小生活在毛茸茸的森林中，但是突然有一天，森林里来了一个巨人，他吃下了森林。小怪兽们害怕极了，只好离开了森林，寄居到巨人的身上。小怪兽让巨人生病了，巨人只好不停地吃药。这里的小怪兽就是病毒，毛茸茸的森林就是野生动物，巨人就是我们人类。这个故事可以让学生初步感受到，如果巨人没有吃森林，小怪兽会一直待在森林里，不会跑出来伤害巨人。这个故事蕴含了人类和野生动物要和谐相处的思想。借助这样的案例对学生进行生命教育，可以让学生有更深刻的认识，意识到人与自然和谐相处的意义。我在教学“生物的多样性”这部分内容时，还为学生介绍了大自然中的神奇现象，如蝙蝠的回声定位系统、动物的语言等，让学生认识大自然的神奇，引导他们树立热爱大自然的情感。

三、在实践活动中培养学生珍视生命的意识

如果我们只在课堂上对学生进行生命教育，可能不会收获事半功倍的教育效果。我们应该带领学生参与实践活动，让学生运用学到的理论知识，更好地认识生命现象。我在教学过程中经常结合具体的教学内容为学生组织一些实践活动，锻炼学生的操作能力。例如，让学生认识生命时，我让学生走进校园，触摸丰富多彩的生命世界，去感受鸟叫、观察湖水，让学生深刻地意识到生命是如此丰富多彩。现在，很多初中生在生活中郁郁寡欢，甚至选择自杀，这说明他们没有感受到生命的价值。教师应该让学生感受到生命的可贵，发现每一朵花都是不同的，每一片树叶都是独一无二的，每一个人也都有自己的存在价值。这样可以引导学生热爱自己的生命，找到归属感。又如，我在教学完“了解生物圈”这部分内容后，带领学生走进社会，让他们调查周边环境是否遭受了破坏，如水质破坏、环境破坏。学生通过实践观察，发现人们喜欢乱扔垃圾，特别是白色塑料垃圾。我告诉学生，这些垃圾

是难以降解的，会对大自然的生态造成一定的伤害，然后我发现学生自觉将地上的垃圾捡起来丢进了垃圾桶，他们还表示自己以后决不会乱扔垃圾了，要好好保护自然环境。

总而言之，初中生正处于人生快速发展阶段，培养他们的生命意识是尤为必要的。初中生物学教学要实施多元化的教学活动，引导初中生认识生命与成长，懂得生命的价值，帮助他们更好地处理自己与社会、与自然的关系，积极面对生命，热爱生命，树立正确的“三观”，为初中生的卓越成长创造更好的条件。

（刘文）

生命教育在初中生物学教学中的有效渗透

在生物学教学中生命教育是重要的组成部分，既需要学校和教师加强对学生的教育，更需要家庭和社会的融入，以期让学生正确理解生命的价值。加强对初中学生的生命教育，可以促进初中学生身心健康发展，为其综合素养的全面发展奠定坚实的基础。

一、初中生物学教学中推行生命教育的重要性

目前，教育部门对初中阶段生物学教学中的生命教育问题是十分重视的。将生命教育合理地融入生物学教学中，能够推动初中学生的健康成长。可见，推行生命教育很重要。在进行生命教育的过程中，教师要针对不同的生命定义要求，采用不同的教学内容、教学方法，将生命教育合理地融入生物学课堂。

二、将生命教育融入初中生物学教学的有效策略

1. 扩充教材内容，发现生命之美

教师在进行生物学课堂教学时，应以教材内容为基础，结合生命教育的要求，扩充教材内容，将生命教育融入生物学教学，让学生发现生命之美。例如，在教授细胞相关内容时，教师可以通过阐明细胞是生命活动的基本单位，让学生认同生物体结构与功能相适应的生物学观点，使学生在学习生物知识的过程中发现生命之美。

2. 巧妙设计教学内容，体现生命教育主题

初中生物学科教材的结构和内容都很清晰、新颖，同时具备开放性，利于将生命教育渗透到生物学教学中。教师应围绕教材内容，将生命教育渗

透到教学中，巧妙设计教学内容，力求体现生命教育的主题。例如，在讲授“生物的特征”时，教师围绕植物通过光合作用制造有机物、动物从外界获取营养物质设计教学内容，突出生物在受到外界刺激后表现出应激性反应，并以此为突破口，以生物展现出的生命特征为主题开展教学，培养学生热爱生命、关爱生命的情感。

3. 举办校本讲座，激发学生热爱生命的热情

初中阶段学生具有非常活跃的思维，对许多内容有强烈的兴趣，容易激发求知欲。在进行生物学教学时，教师应为学生营造良好的学习环境，并组织各种活动促进生命教育的发展。例如，在讲授“地球上生命的起源”时，可组织相关的校本讲座，让学生了解宇宙起源、星系形成以及生命起源过程，配以视频资料，带领学生领略宇宙与地球神奇的发展过程，让学生深入了解各个时期生命的发展过程，从不同的角度引申生命教育的内容，使学生更加深刻地领会生命的意义。

4. 合理布置课后作业，渗透生命教育

教师在完成常规的教学内容后，应引导学生通过生活开展生命教育，将生命教育引申到生活中，拓展生命教育的学习范围，将生活与生命教育联系起来。教师应合理利用学生的课后时间，设计课后作业，将生命教育渗透其中。例如，教师以观察家中绿植为题设计课后作业，让学生对植物的生长过程进行观察。教师根据学生的记录进行合理的评价。学生通过对植物生长过程的观察，将生物学科相关知识的学习与生命生长的韧性豁达有机融合。

综上所述，在初中生物学教学中渗透生命教育，教师通过对生命的孕育以及发展过程的教学，提升学生对生命的感悟，让学生感受生命的价值、体会生命的真谛，对生命产生敬畏之情，帮助学生建立正确的人生观和价值观，有助于学生综合素养的全面发展。

（杨秋玲）

挖掘学生心灵中“善”的种子

——由电影《放牛班的春天》所想

“人之初，性本善。”每个孩子的本性都是向善的、向上的。教师要利用教育智慧将“善”的种子从学生心灵的瓦砾里挖掘出来，而不是从外面种植进“善”。电影《放牛班的春天》里的场景总是在我脑海里翻滚……

《放牛班的春天》讲述的是在1949年的法国乡村，一位不得志的音乐家马修来到一个名叫“池塘之底”的学校里做代课老师。这是一所收容行为偏差的学生的管教寄宿学校。“池塘之底”，顾名思义，在池塘的最底部，被忽略的底部、淤泥堆积的底部。对于“池塘”外面的世界来说，“池塘之底”的学生是有问题的学生，是易惹是生非、犯错误的学生，因而只能放逐到“池塘底部”，不见天日。学生在这里，无异于脸上被刺了“刑”字的放逐犯，被一一贴上了标签：逃学、吸烟、撒谎、偷盗、打架……在家长、社会、学校眼里，这些孩子都已无可救药，唯一能对付他们的武器，就是校长那“一犯错就处罚”的金科玉律。这个阴森如监牢的地方让人绝望，暴戾的校长、冷漠的老师、调皮得无可救药如同魔鬼的少年……似乎永远在犯错与惩罚。马修的第一天是在战战兢兢中度过的：他目睹马桑大叔被伤得血流满面，他听闻学生犯错找不到肇事者要集体处罚，他一进课室就被捉弄，他被同事警告这里的孩子有着天使般的面孔和魔鬼般的心灵。

可是，马修是一位善于挖掘学生心灵中“善”的种子的老师。在莫翰奇出现无礼粗鲁和顽劣的言行时，他用坚定的不可置疑的口气说：“你在违背自己的本性。”莫翰奇听呆了，因为其他老师从来都是痛斥他为“魔鬼”。他不再横眉冷对，而是眼神不由得柔和起来，好像悟到了什么，或许他在思考：自己的本性到底是什么？

人性本善还是性本恶，这是难以实证的命题。相信“人之初，性本善”的教育者，相信每个孩子的本性都是向善的、向上的，可以用本能去理解“己所不欲，勿施于人”。他会以欣赏的态度看待孩子的精神发育，会小心翼翼地呵护孩子心灵深处“善”的种子，并努力将它培育成大树。他相信可以将“善”根植在每个孩子的精神最深处。相信“人之初，性本恶”的教育者，会认为教育就是压制人性中的“恶”，时刻戒备孩子成长过程中的“恶”，并且认为无法将“恶”从孩子的心灵深处剔除。

我认为，现代教育应当持“人之初，性本善”的信仰，就像电影中的马修一样。虽然马修开始也恐惧学生们的顽劣，甚至感觉他们随时会来取他的性命，但马修一直坚信，学生的本质不坏，他们都有一颗向善的心，只是没有人给他们机会而已。正是出于这样的教育信仰，马修慢慢地走进了学生的心灵。

马修不仅有信仰，还有良好的教育方法：

方法一，处罚，威而不严。抓到伤害马桑大叔的学生后，马修没有告发，让学生去关禁闭，而是处罚学生去当马桑大叔的护理员。原本充满仇恨的学生因为马桑大叔的耐心与夸奖，变得收敛而具有怜悯之心。

方法二，假愠，慈而待之。马修初进课室，看到学生在人体骨骼模型的嘴上插了根烟的恶作剧，他拿下烟，轻语道：“教室禁止吸烟，你也不例外。”学生在黑板上丑化他的画像，他“以牙还牙”，把学生卡通化，以幽默化之。

方法三，理解，换位思考。皮埃尔往马修脸上泼墨水，皮埃尔的母亲愤怒，同学生气，马修对其母说道：“孩子心中的母爱不愿与人分享。”他是知道孩子们的心思的，并以这种善解人意的方式与他们相处，否则他不会冒着违反校规的风险带孩子去野外踏青。

方法四，音乐，获得共鸣。马修认为：“运动和音乐是促进国家团结的力量。”在歌声中，他看到了孩子们清澈荡漾的眼神，那种纯净无邪的神采在歌唱中被召唤回来，师生在欢娱的五线谱上学会了理解、宽容和爱。

方法五，宽恕，重获新生。每一颗心都需要爱，需要温柔，需要宽容。马修以退为进，墨水事件过后，他故意冷落了自尊心极强的皮埃尔，取消了他的独唱，然而，在伯爵夫人前来观赏时，他让蜷缩在角落里的皮埃尔一展歌喉，“我看到，那是被宽恕的喜悦，一种全新的开始……”

可以发现，马修并不是执意改变学生，他首先改变的是对学生的看法，也就是用带着深切爱意的宽恕代替不可理喻的厌恶。如果学生变得更好，不是因为教师从外面种植进“善”，而是把“善”的种子从学生的心灵瓦砾里挖掘出来，并给予精心的照顾。

由此我想到，孩子们都有自己的优缺点，关键要看我们怎么去发现，怎么去挖掘，怎么去引导。我们作为教师，应该用发现的眼睛去寻觅学生身上的闪光点，用心寻找学生们的优点和点滴进步，或许我们每一次真诚的表扬，每一次的宽容，都会给他们一份自尊和自信，让他们更加茁壮地成长，让每一个学生都看到自己的“春天”。这正是《放牛班的春天》带给我的感动，是现实中不易得到的感动。

（游盛华）

九江一中八里湖校区生态文明教育校本课程的开发与实践

党的十九大报告提出“加快生态文明体制改革，建设美丽中国”。建设生态文明是中华民族永续发展的千年之计。《教育部关于培育和践行社会主义核心价值观进一步加强中小学德育工作的意见》《中小学德育工作指南》要求将生态文明纳入中小学德育体系，将生态文明知识和生态文明意识教育纳入国民教育。因此，实现生态文明教育常规化、系统化，是生态文明建设中不可忽视的一个重要方面。在实施生态文明教育过程中，生态文明校本课程将发挥至关重要的作用，需要生物学教师精心开发和应用。九江一中八里湖校区的生物学教师齐心协力，主动承担了生态文明教育校本课程的开发与实践。

一、生态文明教育校本课程开发与实践的内容

1. 生态文明教育的课堂渗透

九江一中八里湖校区现有初中近40个班级，高中也有20多个班级，开展生态文明教育必然要考虑不同学段学生的认知水平。通过厘清初中生物学和高中生物学必修教材知识框架，在教材中寻找与生态文明教育密切关联的典型章节、课后练习、STS等模块加以延伸或拓展，对生态、环境、资源保护等生态文明教育相关的内容加以细化、优化，有机整合到常规教学中，形成涵盖从七年级到高二的集体备课材料，这也使全校生态文明教育课堂渗透能覆盖全体学生。同时，还有意识地在整个学期贯穿生态文明教育的某个范畴，如七年级上学期主要围绕生物（植物）多样性来进行课堂延伸和拓展，七年

级下学期则主要围绕人类活动对生态环境的影响来开展。

2. 生态文明教育的校园实践

校园实践是课堂渗透最直接的延伸。我们组织教师编著《生态教育通用读本》《植物诗语——九江一中八里湖校区校园植物志》等校本资料，同时专门开辟生态文明教育图书室、活动室，为后续的诸多生态文明教育校园实践提供支持。校园实践可以在校园内完成，涉及的范围很广，如课外实验、模型制作、问卷调查、校园植物种类调查、植物种植、昆虫标本制作、植物标本制作、校园植物挂牌、设计和架构生态园等；也可以延伸到校园附近的公园及社区完成，开展诸如植物种类、水质、垃圾分类处理等方面的调查研究。

3. 生态文明教育的主题宣传

地球日、国际生物多样性日、国际湿地日、世界森林日、世界海洋日、世界水日等重要的国际性主题宣传日，一直都是进行生态文明主题宣传的重要契机。中央及地方政府部门不定期举行的相关主题活动也有相同意义。倘若每次活动主题宣传都是临时进行人力和物力资源上的拼凑，势必大大影响工作成效，也会加重参与教师的负担。我们与学校团委合作成立的“生态之舟”学生社团，在这些生态文明主题宣传活动中扮演着重要角色。生态文明主题宣传活动按照社团的模式运作，人员稳定有保障、活动时间有规律、工作监督有纪律，能保证主题宣传活动如期开展。社团的另一优势就是能借力学校团委资源，如在校广播站定期播放习近平总书记有关生态文明的论述及各省市践行生态文明的动态；在“爱鸟周”等大型主题宣传活动中能全方位调动学校广播站、校园宣传栏、班级板报、学生团队活动（征文、海报比赛、简易鸟巢制作比赛），开展形式多样的主题宣传活动。常态化的生态文明教育主题宣传活动，不仅能让师生了解更多、更新的生态文明动态，更能让学生在亲自参与中加深、加强生态文明意识。

4. 生态文明教育的研学旅行

通过研学旅行，让学生实地考察、探究，实地、实时感知生物生存特点及生态现象，体验不同的自然与人文环境，增强社会责任感，激发学生对人口、资源、环境、社会相互协调的可持续发展观念的认识，助力学生形成正确的生态观，获得综合思维能力和生态实践力。研学旅行已经成为校本课程开发中的重要环节，但实施难度也是最大的。最初所采取的方式主要是借力每学期学校组织的大型研学旅行活动，在大型活动中组织小团队，选取与大型活动主题密切关联的生态文明教育主题加以延伸和拓展，涉及的人员有限、活动范围也不大。后期考虑不同学段学生的认知水平、自理能力、安全意识等因素，积极开发拓展专门的生态文明教育研学地点、路线。实施过程中，人数从少到多、路程由近到远，同时还积极发挥家长的积极性，提高研学旅行的安全系数。已经开发的资源有九江市森林博物馆研学旅行、九江市植物标本馆研学旅行、永修吴城观鸟研学之旅、庐山西海生态研学之旅等。同时将学生撰写的研学日记、主持词、研学报告等投稿到校报、《浔阳晚报》、杂志社研学论坛等平台，丰富研学内涵、扩大研学影响。

5. 课程实践举例

课程实践名称：九江市森林博物馆研学旅行课程。

课程目标：

（1）通过户外集体学习增强自我管理能力和合作意识。

（2）学会通过参观博物馆的方式获取生物学信息，拓宽视野。

（3）帮助学生认识九江地区森林的分布、常见森林野生动植物种类和湿地鸟类，以培养学生热爱环境、保护资源的人文情怀，帮助学生形成生态文明意识。

（4）学会通过合作方式设计和实施野外调查等，培养学生生物学实践力。

课程具体安排见下表：

时间	内容	地点	学习方式
9：00—10：00	认识森林，了解森林结构以及森林动植物	森林展区六厅（序厅、认识森林、走进森林、亲近森林、珍惜森林、尾厅）	听讲解、看视频、观标本
10：00—10：30	学习湿地知识，观察候鸟标本	鸟廊	听讲解、观标本
10：30—10：45	了解九江珍稀古树名木	古树名木廊	看视频、观标本
10：45—11：50	欣赏樱花园，参观珍稀濒危种质资源库	博物馆室外	实地观察、操作、记录
11：50	返程		
课后作业	写一份森林博物馆讲解词		

二、课程开发和实践过程中存在的问题与改进措施

1. 提高课程时效性

生态文明校本课程在积极研究理论知识、抓住热点信息的同时，应该更为迅速地在落实及转化上下功夫，如提升社团的运作能力以提高课程的时效性。

2. 加强过程协调

生态文明教育校本课程的诸多项目需要得到校领导以及学校相关处室，如总务处、团委、学生会的协助，因此过程中务必主动加强与学校这些部门的沟通，以期获得认同和支持。同时，课程还涉及周边植物标本馆、森林博物馆、各景区的研学旅行，与相关馆、所、景区建立长期友好的合作关系，有利于课程顺利实施。

3. 团结多个学科

地理学科同样在生态文明教育中有其学科优势，因此生态文明教育校本课程开发与实践绝不能少了地理教师的参与和支持。同时，表达生态之美、自然之美最直接的方式是语言，有语文教师参与到课程开发和实践中来，必然会有积极意义。

4. 专业再学习

教师除了应对日常的课堂教学及试题研究等外，还应继续加强生态学实践、植物学野外实习、候鸟观察及研究等专业知识与技能的学习，同时要以理论促进实践，以实践充实理论。

（欧阳林锋）

第六篇 教育情怀

家访手记五则

家访抑或串门?

在“万师访万家”活动中，我将要完成七年级数名学生的家访任务。为了避免寻找学生家庭住所的麻烦，我约了几个学生来学校带我去家访。

这几个学生神情忐忑地跟着我出了校门，不停地问我：“老师，你会跟我家长说什么？”由于有学生带路，我顺利地到达一家又一家，向家长了解学生的家庭学习环境，交流学生目前的学习状态，同时和家长一起与学生面对面提出下学期的学习目标，请家长关注孩子的假期生活。开始一两家的家访，因为怕学生打扰，我会让其余的学生在这家的楼下等我。家长热情地接待，真诚地交流，听说还有几个学生在楼下等我，就拿了一些糖果、饮料等叫孩子拿下去给他们吃，还趁机与同学交流老师家访没有告状，听到“没有”后他们长舒了一口气，又有好吃的，禁不住欢呼雀跃起来。

本想访完一家，这家的孩子就留在家里。可精神放松的孩子难掩心中的快乐，再三要求跟着我一起去家访，并保证绝对不会增添麻烦，态度的诚恳和情绪的愉悦让我不忍拒绝。于是我和我的学生们一起走向下一家。开始他们还是在楼下等我，叽叽喳喳地谈论我们走过的“岳师门”“马汉坡”“六角石”“昭忠祠”等社区街巷的名称来历。走了两家，几名女生累了，想去刚到的那一家歇歇脚。于是我提醒学生进门要跟长辈打招呼，不能在别人家乱翻东西，不能大声吵闹，等等。结果学生们真的很听话，个个礼貌地打招呼，安静地喝水、听大人们谈话。出门时我又提醒告别的礼节，学生们也很好地做到了。接下来的几家，他们都和我一起进入同学家，当我和家长交谈时，他们或看看这家同学平时看些什么书，或围在一起下游戏棋，或欣赏这家同学的书法、琴艺等。家长看到这些，都说这样的家访对学生具有深刻的教育意义，而且几个孩子在一起玩的场景让他们仿佛看到了自己的童年时光。

家访即将结束了，学生们意犹未尽，都说今天很开心，下次家访还要和我一起串门。我当时真是无语，家访变成了串门？回想这次家访——不，是串门，我的学生们为什么会喜欢呢？除了知道老师家访绝不是告状外，或许还因为他们有了平时很难得的串门机会。现在的单元楼房使得各家的居住条件变好了，却隔断了同龄伙伴的交流，加上多是独生子女、学业繁重等，学生们串门的机会少了，也就少了许多这方面的体验和快乐。这次学生们借着家访的机会串门，学习了一些交往礼节，交流了彼此丰富的课余爱好和兴趣，还增加了一些对社区街巷的见识，这些都是平时在校园和课堂中没体验过的。

孩子，我愿做照亮你成长之路的那盏灯

他是一个看起来文弱清秀的小男生，可平时在课堂和课间，他显得很强势，得理不饶人。这次家访的几位学生中就有他。

家访的路上，学生们叽叽喳喳、天南地北地边走边高谈阔论，他却一反常态，很少说话，拖拖拉拉地跟在后面。我觉得有些异样，问他是不是因为期末考试没考好，他哼哼哈哈地顾左右而言他。我不禁翻出这几个学生预填的“家访情况记载表”，在大家都填的“父母文化程度”“父母工作单位”“父母是否离异”这三个栏目中，他只填了父亲的工作单位。我预感到，他的家庭与其他学生不太一样。

走到他家楼下，我坚决不让其他学生跟着，由他一个人带我上楼。这是一个夹在密集楼房中的老式居民楼，楼道很黑，大白天进去都几乎看不见路。他说，每天放学回家经过这里他都很害怕。我不禁把手搭在他肩上，把他往自己身边搂了搂。

到了他家，家里有严肃的父亲、慈爱的爷爷奶奶。我还没有说话，他的眼泪就开始哗哗地流，他奶奶疼惜地把他抱在怀里。父亲把“家访情况记

载表”填好交到我手上，我瞟了一眼，果然不出我所料——“离异”。其他学生的表格我都是拿在手里，却单独把这张表格当着他的面折放进了我的包里，他还含着泪的眼中似乎放下了什么。在接下来与他家长的交流中，有关他母亲的话题我们始终回避着。

从他家出来，他随我一起下楼。我依然搭肩搂着他，边下楼边说：“以后不能这样哦，你有这么多关爱你的家人，你并不缺少爱。老师希望看到你成为一个开朗、健康、懂得感恩和宽容的小小男子汉。”又一次经过那黑黑长长的楼道时，我拿出手机取光。看着黑暗中瘦瘦小小的他，心想这个平时把自己装成“刺猬”的小男孩，内心是怎样的柔弱暗淡，感叹他每次经过这里时的惊慌，感叹他没有完整家庭却拼命地在同学面前掩饰的难堪，我不禁涌出一份爱的情愫：“孩子，你还有爱你的老师啊，我愿做照亮你成长之路的那盏灯。”

有你的地方就是家

“我想有个家，一个不需要多大的地方。”这句歌词应该是对家最好的诠释。家，不需要有多么豪华，只要一家人在一起，只要有爱，就有温暖。寒假里异常寒冷的一天，我照例进行所任教班级五名学生的家访，这五名学生与我同行。想不到这一次的家访，让我们师生一行在这寒冷之日突然对“家”有了温暖的感触。

首先，我们一起去见小莲的父母。小莲的父母在学校边上开了间小小的杂货店，家访地点就在店内。店里人来人往，货物拥挤。这里不是小莲的家，不过小莲中午放学后可以在这里吃午饭、休息，有利于小莲下午的课堂学习。下午，等小莲放学后，一家人就离开这里回家。显然，小店是小莲一家人重要的栖息地，是真正意义上的家。

紧接着，我们穿过一条破乱的小路，来到小祺的家。小祺的家虽小，但很整洁。小祺的父母均为高知，是公职人员，非常重视孩子的教育，也能用平和的态度看待孩子在成长过程中的不完美。为了孩子上、放学路程近点，小祺的父母选择在学校附近这小小的老旧二手房里安了家。

小涵和小昊的家都在一个环境很好的新小区中。虽然他们两家父母的文化背景和工作环境截然不同，但都非常关注孩子的学习，关注孩子在青春期的成长。为了给孩子更好的成长环境，他们分别从大型国企生活区和农村搬出来，并且都在新家里给孩子留出了独立的学习、休息空间。

小曼的家较为简陋，父母的文化程度也不高，以开餐饮店为生，较辛苦，店面也离家很远，但他们很重视孩子的教育和生活。孩子虽然很能干、乖巧，学习上也不需要他们辅导，但他们还是每天至少给孩子做一顿饭，尽量抽时间陪孩子。

五个家转下来，学生们也很有收获，可以了解自己的同学在家里的生活是怎样的，自己有哪些可以借鉴、交流的。当然，学生们也看出了不同家庭之间的差异，有的还产生了自卑心理，如小祺就说自己的家最小、最破。我连忙更正，对小祺说，“你说的那是房子，不是家！”为了加深学生们对“家”的理解，我继续启发他们：“今天，我们看到五个家庭虽然各有不同，但有一个共同点，那就是——儿女在哪儿，父母就把家安在哪儿。对父母而言，有你们的地方就是家。那么，对你们而言呢？家是什么？”都是聪明的孩子，他们一听就都懂了。

等待花开

娜娜是我任教的班上的一位女生，很会与人打交道，与老师、同学的关系都不错。她经常在课前接我去她们班上课，主动帮我拎上课的用品，亲亲热热地挽着我。娜娜妈是我这天下午家访的第一位家长。说是家访，其实是约在娜娜妈工作的饭馆里见面的。娜娜妈是这家生意不错的饭馆的合伙人。我的到来中止了娜娜妈难得的午休，带着明显疲态的她一边教导女儿招呼我，一边还插空安排饭馆的杂务，可见她的精明能干。娜娜颇得她的真传。可说起女儿的学习成绩，娜娜妈甚是无奈，自己被饭馆的事务缠身，连睡眠都不能保证，更没有多少时间陪伴和监督学习不自觉的女儿，导致女儿经常熬夜看小说，白天上课睡觉，成绩一直不见起色。娜娜妈曾经学习成绩不错，因为父亲早逝、家贫等，放弃了学业，早早就业持家。现在物质条件好了很多，她期待娜娜能自觉地努力学习，到国外留学她能供得起，可女儿一直不争气。还好理智的她没有简单粗暴地打骂女儿，除了继续说教外，她希望给女儿一个触动。利用寒假，她让女儿到饭馆当传菜生，让她多少体会一点母亲工作的艰苦、生活的艰辛。是不是能达到触动的效果呢？我和她都很期待。

在灰土漫天、大小货车川流不息的大市场里，星星妈接到了迷路的我。我和星星妈的交谈是在鸡蛋箱摞得高高的、逼仄的市场门面兼仓库中进行的。星星是我这天下午家访的学生中成绩最好的，可星星妈说儿子对自己的期末成绩不满意，利用寒假自己找地方补课去了。我说星星原先比较贪玩，学习成绩并不好，后来不知怎的就改变了，学习自觉很多，成绩提高很快。星星妈说自己和孩子爸也是忙于生意，没有太多时间督促孩子学习，主要是靠孩子自己。这孩子的转折点是他哥哥高考受挫。他哥哥的切身感受加上平时老师、父母的苦口婆心终于触动了他，虽然现在的他还不是最优秀的，但至少他已经开始努力学习了。

星星妈的话让我回想起娜娜妈，还有这天下午家访的松松爸、悦悦妈，我们聊起的共同话题是孩子目前的学习状态和对孩子的期待。他们对学校老师的教育无可指摘，但都谈起了孩子学习不自觉，自己忙于生计且知识水平有限，对孩子在家的学习无法督促和指导。现在他们除了希望老师继续严格要求外，都很期待自己的孩子能像星星一样，在某天某时因为某个事情的触动突然开窍，学习上就不用家长和老师这么操心了。我对这些家长都说了同样意思的话，那就是精心呵护、耐心等待。教育是慢的艺术，是等待的艺术。每个孩子都是一朵花芽，有不同的花期，最后开的花，与最早开的花一样美丽。面对孩子，我们始终要有这样的心理暗示：对孩子的教育永远不可能一蹴而就。花开是要积蓄能量的，我们不要着急，有虫除虫，歪倒扶正，真诚地赏识孩子已有的优秀品质，像娜娜妈那样充满期待并加以特别的引导，然后就是慢慢等待花芽蓄积足够的能量。耐心地等待和坚守，我们一定能看到花开的美丽。

家长迫切需要学习

教育孩子是人类重要而又困难的学问。这次暑期我家访了十家，有七家孩子的家长对青春期孩子的教育问题很是苦恼，大多指望老师多多教育自己的孩子。这让我深刻感受到我们的家长也需要学习，学习怎么教育孩子。

家长想教育好自己孩子的心情和愿望都是可以理解的，但是全指望学校和老师的教育，肯定是不行的。人们常说："父母是孩子的第一任老师，家庭是人生成长的摇篮。"柏拉图曾说："家庭教育是社会的基础。"如果把"家长"看作一种职业的话，那么这个职业一旦从事就终生不能辞职，且要24小时全天候在岗，没有人领导却最不自由，看似没有规则却工序复杂，且充满了不确定性。要想做一个合格的家长，培养出优秀的孩子，就需要不断地学习。

成熟的父母，应该学习儿童教育学、心理学，多看一些家教书刊，了解孩子不同成长阶段的特点和规律，经常与孩子沟通，明白孩子在想什么，在做什么。农民种庄稼，光靠爱是不行的，只有懂种庄稼之道才有好收成。同样，教育孩子，仅有爱也是不够的，只有懂得孩子的成长规律才能让孩子有好未来。所以，教育孩子的前提是了解孩子。孩子进入初中之后，极易将自己封闭起来，这时父母首先要理解孩子，找到与孩子沟通的语言密码，还要注意惜"言"如金。其次，家长需要努力丰富自己的教育方法。多数家长遇到问题时只知道着急上火，缺少积极主动的学习。书籍、网络、专家讲座等都是学习的途径，家长要提前做好储备，不能病急乱投医。

愿我们的家长都能做一个懂爱、会爱的家长。

（游盛华）

师德要让学生看得到

历代教育家提出，教师要“为人师表”“以身作则”“循循善诱”“诲人不倦”“躬行实践”。在学生心目中，教师是社会的规范、道德的化身、人类的楷模、父母的替身。学生都把师德高尚的教师作为学习的榜样，模仿其态度、情趣、品行乃至行为举止、板书笔迹等。这些都意味着，师德——不是简单的说教，而是一种精神特征的直接体现，要让学生能看得到，感受到真真切切的师爱。

教育工作是辛苦的。教师每天都进行着大量平凡、琐碎的工作，日复一日、年复一年，无数教师兢兢业业、勤于奉献、淡泊名利、默默耕耘、充当人梯。有的教师认为对学生必须是“宁给好心，不给好脸”“打是疼，骂是爱”。这种做法的出发点是善良的，但终不是对学生的“爱”。

教师的“师道尊严”，使许多教师不能放下架子和学生平等相处。他们认为学生对教师的学识、人格应顶礼膜拜，不可以随便怀疑，以树立自己在学生面前的“绝对权威”。如果有学生不听话或者质疑教师，教师的脸马上就会“转阴”。初中生已经到了懂事的年龄，有了一定的是非判断能力，但是因为正处于青春期，有时候也是很叛逆的。学生都有自己的权利和尊严，更有自己的思想、情感和需要，他们需要教师的尊重、爱护和帮助。班级中总会有桀骜不驯的学生，教师更加要给其以尊重和理解，否则极易破坏师生关系。对放不下架子、天天板着脸的教师，学生们是这样评价的：“她有什么了不起的，自以为是，我才不要听她的呢！”“老师怎么那么没度量！”用学生的话来说：“某某老师整天板着脸，我们又没欠她什么。真没修养！”尊重学生、平等地对待学生是良好师德的基础。让学生从心理上感受到我们是可亲、可爱、可信的，我们所施行的教育才能顺利进行，正所谓

“亲其师”，方能“信其道”。

孔子云：“其身正，不令而行；其身不正，虽令不从。”教师是以身立教、为人师表的。作为教师，其身教必然重于言传。生活是一面镜子，照到的是我们的影像。我们常听到学生们这样说：“某某老师，整天板着脸，一副苦大仇深的样子，她的日子是不是天天都过得不顺心啊？！真郁闷！”当我们哭泣时，生活在哭泣，当我们微笑时，生活也在微笑。愁眉苦脸、无精打采、眼神呆板的教师是不会有亲和力的，营造的学习环境势必是忧郁的、灰暗的、令人压抑的，没有学生会喜欢。教师面露平和欢愉的微笑，说明心情愉快、充实满足、乐观向上、善待人生。教师应把自己的快乐传递给学生，和学生分享喜悦，化解学生的疲劳，缓解学生的压力。车尔尼雪夫斯基说：“要把学生造就成一种什么人，自己就应当是什么人。”乌申斯基也说：“教师个人的范例，对于青年人的心灵，是任何东西都不可能代替的最有用的阳光。”要树立学生的自信，让学生快乐，我们就要让学生看得到我们的自信、快乐。

教师无小节，处处皆楷模，学高为师，身正为范。回顾多年的从教历程，我深深地感到，要做一个学生需要并喜欢的教师，必须时刻注意以自己的一言一行去影响学生。要求学生做到的，自己首先要做到。例如，要求学生讲究卫生，爱校如家，养成好习惯，那我们教师就应首先做到。让学生桌面整洁，不随地吐痰、扔纸，遇到纸屑主动捡起，节约用电、用水，我们教师就应该用行动去影响他们。我经常整理自己的桌面，不随地扔纸，遇到垃圾主动捡起，看到白天有灯亮着就主动去关，学生看到也会去学习。早晨学生向我问好时，我会非常有礼貌地回敬一句“你好！”并点头微笑。教师每一个微小的动作都会潜移默化地影响学生，要让学生看得到教师的修养。业余时间我认真钻研业务，不断给自己充电；在耕耘中拓宽视野，在执教中提炼师艺。我要让学生看到我精心制作的课件、认真书写的板书、细心批改的试卷和作业，还有我桌上的教育杂志和厚厚的教案。我对工作的投入，就是爱学生的体现。

教师是平凡的、普通的，但我们仍要在细微处显精神，在小事上下功夫，让我们高尚的师德能让学生看得到并学得到，以传承下去，这样方能在简单却又伟大的教育工作中实现我们的人生价值！

（游盛华）

长大后我就成了你

——与青年教师的座谈交流

小时候我以为你很神秘，让所有的难题成了乐趣。

小时候我以为你很有力，你总喜欢把我们高高举起。

长大后我就成了你，

才知道那支粉笔，画出的是彩虹，洒下的是泪滴。

长大后我就成了你，

才知道那个讲台，举起的是别人，奉献的是自己……

小时候，我们坐在讲台下面，带着崇拜的目光看着讲台上侃侃而谈的老师。长大后，我们走上了讲台，侃侃而谈。现在，你们是坐在这里听我讲；多年后，你们也会在这里对后辈侃侃而谈。每一个教师都曾是一个学生，每一个专家教师、成熟教师都曾是青涩的新教师。“长大后我就成了你”是我们的共同心声。

新教师刚走上讲台，有惶恐，有憧憬，都希望自己能站稳讲台，快速成为学生喜欢、家长信赖、领导肯定的教师。那么，该怎么做呢？

1. 有一腔对教育的热情

最近网上有许多关于选择做教师的理由，其中有心态保持年轻、生活规律、远离世俗、减少是非、利家利子、有利于教育好自己的孩子、假期充盈、能够尽情学习、收获丰硕精神等。为什么要做教师？每个教师的出发点与动机是不完全相同的。有的人是碰巧做了教师，有的人是在万般无奈的情况下做了教师，有的人是在父母的强迫下做了教师，有的人则是因为喜欢做了教师。喜欢做教师的原因也是因人而异的。

我也想过我为什么做教师。似乎是冥冥之中命运的安排，而且一直在坚持做一名优秀的生物教师，我想这是一种“被需要”和“被喜欢”带来的幸福感。当我走进教室，看到如饥似渴的求知的目光时，我感受到做一名教师的幸福；当我用巧妙的教学方法帮助学生化解难点，使学生茅塞顿开时，我感受到创造的美丽；当我痛快淋漓、激情四射地讲解一番，赢得学生一片喝彩和恍然大悟的笑脸时，我感受到成功的快乐。

教一课书，是陪着学生经历一个小过程；教一册书，就是陪着学生经历一个大过程。学生需要我的陪伴，喜欢我的陪伴。三年的陪伴，见证了他们少年的烦恼和欢悦，我真的是幸福的。所以，我走向课堂的脚步总是兴冲冲的，走向讲台的心态总是激情饱满的。

那么，我也请各位问问自己：“你为什么做教师呢？”如果你是为了赚钱才做教师的，那你这个教师可能做不长；如果你仅仅是为了稳定地有口饭吃，你不一定是个好教师；如果你不是把教师看作你的职业，而是把它看作你喜欢做的事，那你肯定是一位好教师。

2. 有坚守课堂的恒心

当然，做教师空有一腔热情是不够的。当今教师面临着比前辈更大的挑战：我们需要在读图时代强化学生对文字的兴趣；我们需要在主张个性化教育、释放人性的大背景下，制定规则，维持教学秩序，同时不能损害学生的自尊心和自主性；我们需要与各种电子娱乐产品、互联网和电子游戏争抢学生的注意力；我们需要在信息爆炸的时代帮助学生学会甄别信息、管理资源；我们需要适应技术环境的快速变化，学会使用高科技教学手段及工具……

教师专业发展的主阵地是课堂，在专业成长的路上，虽然有许许多多的事要做，但首先要做的还是把课上好，寻找成长的“支点和途径”。从新教师成长为专家教师，会经历新手水平、高级新手水平、胜任水平、熟练水平、专家水平五个阶段。这个过程是痛苦的、寂寞的甚至是孤独的。有人会不堪压力，会退缩、会逃跑，而坚守下来，才有从毛毛虫蜕变为美丽蝴蝶的可能。庆幸的是现在有学校给平台、有师傅给帮助，但是最重要的是依靠自己的力量成长。年轻的时候，我们觉得有人管——委屈，没人管——自由，但多年后，有人管的和没人管的，愿意被人管着的和逃离被人管着的，成长的差异就凸显出来了。

3. 有对教师这个职业的敬畏心

有陌生人对我说，一看你就是个老师，那说话、气质、仪表……这是夸奖，也是约束。所以我走到哪里都谨小慎微，注意自己的言行。有些事我想做，如随意过马路、扔垃圾……但一想到自己的身份，我不能，我不敢，因为珍惜教师这个职业，敬畏教师这个职业，我怕玷污了自己的职业，我怕在学生面前失去教育的力量。给学生一碗水，自己先要成为一泉活水。我要求学生做到，我自己就要做到；我要求学生优秀，自己也要尽力优秀。

教师不是仙人，也生活在红尘之中。面对学生、家长、教育体制、社会现象，每天都有这样那样的问题，都足以成为我们抱怨的对象，但是我们忽略了一个基本的事实：不尽如人意正是我们必须接受的现实。学生身上存在的各种问题都是成长过程中必然发生的，这个阶段不可逾越；家长身上的问题你也没有权力去管。如果你把这些问题当作成长中的挑战，那就是福利，就是享受；如果你认为这是对你的惩戒，那你就会觉得像吃了苍蝇似的倒霉透顶。生活本来就是这个样子，正是因为不完美，存在着这样那样的问题，才体现出我们存在的价值。接受生活的不完美，通过自己的努力使事情向好的方向发展，接近或达到我们的目的。这，才是积极的心态。

有人说，教师的成长是一个锲而不舍的探索过程，需要正确的途径；教师的成长是一个负重前行的修炼过程，需要正确的支点。希望各位青年教师尽快找到自己的途径和支点。

（游盛华）

下一个七年，你是谁？

——再与青年教师的座谈交流

《下一个七年，你是谁？》本是网络上热传的一篇励志文章，里面说道：“一个人如果要掌握一项技能，成为专家，需要不间断地练习10000个小时。如果每天练习5个小时，每年300天的话，那么就需要7年的时间。”比尔·盖茨在发家之前做了七年的程序员；但是，有人在家里做了七年的饭，没变成特级大厨，反而发现婚姻到了“七年之痒”；有人每天用五个小时来看韩剧、上网、聊天，七年后变成了一个生活的旁观者，最擅长的就是如数家珍地谈论别人的成功和失败，而在自己身上找不到任何可说的东西。

新学年伊始，各校对新入职的青年教师都会提出成长基本目标，如“一年入门，三年称职，五年胜任，七年成为骨干”等。七年后，这些青年教师真的会成为学校的骨干教师吗？青年教师应该思考：生命中的下一个七年，下一个10000小时，自己应该怎样度过？我的建议如下。

一、保持良好心态

青年教师刚入职时都对自己的职业生涯有着美好的愿望，希望自己尽快做一名优秀的教师。实现这些愿望，除了外部环境，还是需要自身的努力、付出和默默坚守。患得患失、急功近利的短视行为是很难实现目标的，或者实现了一小步就没有上升空间了。虽然外面的世界很精彩，但选择了教师这个职业，就是选择了“淡泊名利、志存高远”，选择了一种“静”生活——静心研究教材，静心备每一堂课，静心批每一本作业，静心与每个孩子对话，静心读几本书，静心进行反思……千里之行始于足下，只有做好眼前的工作，才有可能和能力去接触更精彩的世界。

因此，建议青年教师生命中的下一个七年，下一个10000小时，保持良好的心态与恒心，这是教师顺利成长的关键。

二、提升基本素质

青年教师都是持教师资格证上岗的，应该说达到了教师这个职业的基本素质要求。然而，对于新入职的青年教师来说，教材是不熟的，学生是陌生的、调皮的，所以课前的教材钻研、教案规范书写是教师急需提升的基本素质。“凡事预则立，不预则废。”教师只有课前做好充分的准备，才能让自己45分钟的课堂成为浓缩的精华，才可以从容而自信地面对学生，顺利地完成教学工作；不仅能使学生获得有用的知识，得到学生发自内心的尊敬，自己还能从中体会到教学的意义和快乐。但是“课堂艺术也是一门遗憾的艺术”。一位特别优秀的教师也不敢夸口自己的课堂没有一丝遗憾，自己的教学基本功是炉火纯青的。特别是随着时代的进步、科技的发展，社会对教师基本素质的要求也在不断提高，对教师个人来说基本素质的提升空间是没有极限的。因此，我们的普通话还可以更标准，我们的板书还可以更漂亮，我们的语言表达还可以更准确，我们的课堂反应还可以更敏捷，还要能自制精美实用的课件，更为恰当地运用现代教育技术。

还有一项很重要，我也把它作为教师的基本素质来要求，那就是“自我反思、不断总结的习惯”。教育专家朱永新说过：“一个教师不在于他教了多少年，而在于他用心教了多少年。”这种用心就是在每天、每节的课堂教学后，去反思、去揣摩、去改进、去总结。“课上得好，好在哪里，这种好能在别的班适用吗？课上得糟，糟在哪里，我该怎么改进？”反思和总结需要一种坚持，只有这样我们才能在这个过程中快速成长。可以说课后的反思比课前的准备更能促进青年教师的快速成长。

因此，建议青年教师生命中的下一个七年，下一个10000小时，要有计划地提升自己各方面的基本素质，这是教师稳步成长的基础。

三、珍惜身边机缘

青年教师新入职时，开始编织与学生、与同事的缘分天空，也会不时地面临着一些稍纵即逝的机遇。如果希望自己能快速成长，就要珍惜身边的机缘。

学生是机缘。“学生好难管！”——这也许是困扰新入职的青年教师的很重要的问题。学生的成长离不开教师，同样教师的快速成长也离不开学生，只有创建和谐的师生关系，才能取得自身与学生的双赢，找到一条适合学生成长、适合自身发展的道路。没有普遍适用的法则，唯有教师用一颗真挚的心，把每个学生个体都看作自己生命中的缘分。

同事是机缘。三人行必有我师，同事是益友，更是良师，我们要学会欣赏，学会学习，如放下身段主动申请听他们的课。不但听本学科的课，还要听其他学科的课。听课时要善于运用发现的眼光，看同事们在课堂教学中的神态、动作、语言以及课堂组织、评价和应变。这些直观的、形象的、具体的经验，青年教师首先应该学会模仿，然后在模仿中逐渐找到适合自己的教学方式，并且逐渐形成自己的教学风格。在模仿中找寻自己的路，这应是青年教师快速成长的必要途径。

各种工作任务是机缘。“机遇这扇门为每一个人敞开着。”青年教师新入职时，学校一般会根据教师的专业情况适时安排一些任务，如公开课、技能比赛、业务培训、学术交流等。在面对这些任务时，青年教师要认真踏实地对待，甚至还要主动争取，不要畏首畏尾，不要怕付出没有回报。因为这些任务就是机遇和挑战。青年教师应该把任务当作展示自己才华的平台，为之庆幸，为之努力，随之而来的是一种被关注、被信任、被尊重的幸福感，以及经过多重历练后羽化成蝶的成就感。

当前的新课程改革也是机缘。青年教师应该积极应对新课程改革，努力尝试新理念、新手段、新策略，不要年纪轻轻就故步自封、画地为牢，要比资深教师更敢于自我突破，敢于尝试适合自己的教学方法，让学生在宽松自主的氛围中快乐学习。

建议青年教师生命中的下一个七年，下一个10000小时，要珍惜身边的每一个机缘，这是教师快速成长的契机。愿青年教师能在平凡的工作岗位脚踏实地，快速形成自己的教学风格，使自己的才华和能力得到最大限度的发挥，在下一个七年都能成为骨干教师、优秀教师。

（游盛华）

谈教师的职业幸福感

一、教师，你幸福吗

近两年，我们经常听到这个词："幸福指数"，这是经济学家、社会学家们衡量社会和谐程度的一个量化标准。经济在增长，幸福指数就在增长吗？中国人力资源开发网2004年在网上开展了一次调查，测试职场人士"工作幸福指数"，测试设定的最高值是5，最低值是0。调查结果显示，中国职场人士总体"工作幸福指数"竟然只有2.57，处于中等偏下状态；每10个人中就有3个人的工作幸福感偏低，而觉得工作幸福的，只有1个人。

在2005年CCTV感动中国十大人物中有这样一位邮递员让我十分感动。他的颁奖词这样写道："他朴实得像一块石头。一个人，一匹马，一段世界邮政史上的传奇，他过滩涉水，越岭翻山，用一个人的长征传邮万里，用20年的跋涉飞雪传心，路的尽头还有路，山的那边还是山，近邻尚得百里远，世上最亲邮递员。"孤独是他生活的一种常态，没有豪言壮语，没有惊天动地，正是在这样平凡的工作中，他表现出坚定的责任感和使命感，折射出强烈的敬业精神。他就是20年行走在马帮邮路上，成为世界邮递员楷模的王顺友。他就像一面镜子，让许多职业人叩问自己的职业观，反思自己追求的所谓的"职业幸福感"，特别是作为美名为"太阳底下最光辉的职业"的教师的我们。

我们自问：教师，你幸福吗？

二、要有职业幸福感，首先要端正职业观

幸福是人生的主题。只有感到幸福的人，其人生才是快乐和阳光的。幸

福是每个人的毕生所求、所愿，无可非议。但其实什么是幸福，永远没有统一的界定，相同的生活境遇，在此人眼中会倍感幸福，充满感恩，在彼人眼中或许会深感痛苦，充满沮丧。一个人的幸福感和幸福观取决于他的生活态度、生活价值观和心境心态。就像现在有许多人羡慕教师职业的纯洁稳定，许多教师反而羡慕校园外的丰富多彩，对自己年复一年的工作倍感枯燥、痛苦，甚至麻木。其实，我们的工作与王顺友20年独自行走在马帮邮路上的工作相比，不知要丰富多彩多少倍，关键是在追求职业幸福感之前是否端正了自己的职业观。

新的职业观要求将工作与生命信仰的实现融为一体，在工作中体验爱、美、意义与永恒，转换到意念上说就是在工作过程中获得一种职业幸福感。在读了《新时期师德精神的颂歌》后，我们又被邹有云、黄静华等五位教师还有重庆开县的教师群体所感动，而且多了一份亲近与真实。其中，黄静华老师说了这样两句有关“幸福”的话：“教育工作是一项幸福的事业。”“人的一生能遇上一位好老师是莫大的幸福。我很幸福，因为在我的学生时代就遇到了许多好老师。”

教师是世间最崇高的职业、最神圣的职业、最阳光的职业，但这不等于我们每一个教师是最崇高、最神圣、最阳光的！不论我们是否能像邹有云、黄静华们那样为教育事业做出大的贡献，作为教师，我们都首先必须是合格的、是具备了职业化素质的。教师的职业化素质中最核心的部分就是职业道德，即师德。有人把师德精辟地概括为“热爱与公平”“服务与奉献”“理想与牺牲”。我想这应该是我们中间绝大部分人的职业观点，至少在刚刚从事这个职业的时候，我们都满腔热情地报着“春蚕到死丝方尽，蜡炬成灰泪始干”的信念，为能当上教师而幸福着。

但10年、20年、30年后，在相对单调枯燥却又压力日益加重的校园生活中，教师职业的劳心劳力、社会地位、劳动报酬让教师很难再轻言幸福了。有的教师开始认为教师这个职业是个“说着热闹、吃着造孽”的职业，因而把它当作糊口、谋生的无奈之举。在这样的心态下，不仅心没放在工作上，而且就是在有限的上班时间内也要尽量挤占点时间来搞私活。于是早退、迟到甚至缺席；于是不备课，上望天课；于是不布置作业或不批改作业；只教书不育人，知识陈旧凝固，不思学习更新，还端着一副师道尊严的架子，偶尔吐出两句讥讽挖苦的话来，以表示自己深厚的文化积淀！

我们来对照一下，同样都是教师，江西九江永修县黄岭村小太阳山教学点的邹有云同志，既是校长、管理员，又是教师、炊事员，在那里一干就是30年，行程10万里；上海尚文中学黄静华同志，无怨无悔当了33年班主任！“热爱与公平”“服务与奉献”“理想与牺牲”，这样的教师职业观在他们身上强烈地折射出来。他们把教师这个职业当作自己终生的事业，而不仅是找个饭碗；把教师工作当作一种创造性实现自身价值的舞台，而不是一种负担；把工作过程中的酸甜苦辣当作幸福而感受着，从不为委屈、劳累、不被人理解而烦恼。在他们心里，工作着是美丽的，忙碌着是愉快的。这些人不是什么不平凡的人，他们仅仅是把教师当作最崇高的职业，而且为这个职业尽着本职的责任和义务。

三、好的职业观≠职业幸福感

也许有人说：“我的职业观很好，我能认识到对教育要‘热爱与公平’‘服务与奉献’‘理想与牺牲’，可我感受不到工作的幸福，只有厌倦。”但是“教育是一个使教育者和受教育者都变得更加完善的职业，而且只有当教育者自觉地完善自己时，才能更有利于受教育者的完善和发展”。也许我们到了要好好调整自己心态的时候了。我们要明白，没有一项工作是十全十美的，好风景永远在山的那一边。任何一项工作从事久了，总会生出倦怠感，不仅是教师这个职业。所以说，“职业厌倦感”并不是教师的专利，我们只能正视现实。那么教师如何去感受幸福呢？怎样才能在平凡、清贫、烦琐中不断汲取幸福和快乐的元素呢？

对于教师来说，是否能时时处处感到幸福是很重要的，因为这不仅仅影响着其人生是否快乐，更影响着学生，只有教师幸福，学生才会感到幸福。事实上，很多教师在享受着教育、体验着幸福，他们以多元、多姿、多态的幸福观诠释着什么是教师的幸福。邹有云们、黄静华们不都是如此吗？

四、要幸福，就学会享受吧

让我们这样尝试一下吧：改变自己的工作方式，寻找一些工作情趣和精神寄托，制造一些快乐元素，在做好心态的自我调整的同时，充实自己的精神生活，学会平衡工作与休闲，学会苦中寻乐，学会享受教育。

首先要懂得享受课堂。一个懂得享受课堂的教师，课堂自然会成为其享受幸福的重要舞台。营造一个充满生命活力的课堂，和学生一起痛苦、一起欢乐，教师就会少许多教学的焦虑和烦恼。

其次要懂得享受学生。教师职业幸福感最重要的源泉一定是学生的成功和他们对教师的真情回报，影响教师职业幸福感的许多不利因素都可以从学生对教师的尊重、理解、感激中得到弥补。但要让学生感恩教师，教师就必须学会感恩学生、呵护学生、尊重学生，真正做到这点并不容易，但如果教师只知道利用权威，那也许会离幸福更远。

再次要懂得享受自己的教学专业成长。如果把教学工作看作一种简单的重复、枯燥的忙碌，必然会产生厌倦感，更无言幸福。要不断在心里对自己说，工作着是美丽的，忙碌着是愉快的。同时，要对自己进行合理定位，做出符合自己最近发展的计划，产生不断前进的“内驱力”，如有计划地开展教学研究。教学研究带来的新鲜感，以及其促进专业不断进步带来的成就感，是教师幸福感的催化剂。教师要在教学中发挥主导作用，充分调动教育的智慧，不断探求新的教学方法，创造出富有个性的、独特的、新颖的教学方式，在知识与学生之间架起一座座桥梁，使学生在掌握知识的过程中，尽可能少遇困难、少走弯路，激发学生学习的热情。当与学生一起在课堂上激情燃烧的时候，那份幸福便如久旱逢甘霖般畅快淋漓。

最后要享受生活。幸福不仅来自工作，更来自生活。家人、朋友、闲情、雅趣是幸福生活不可或缺的。也许手头有点紧，但也要买些喜欢的书、买件心仪的衣服，和家人、朋友一起聚个会、品杯茶、旅趟游。开朗豁达的生活态度和自觉高雅的生活情趣很重要。

有一位学者曾经这样说过：“对于幸福教育的教师来说，教育不是牺牲，而是享受；教育不是重复，而是创造；教育不是谋生的手段，而是生活本身。”做个幸福的教师，我们一起努力！

（游盛华）

教师培训中可以应用的游戏

许多学校经常开展一些教师培训活动，主要是更新理念、推进工作等，多为一人讲众人听的讲座形式，比较枯燥乏味，效果不好。在一些国家级教师培训里，培训方式已经悄然发生变化，将一些简单易做的游戏穿插其中，既能调动学员的学习热情，又能让学员在游戏中自主悟出道理。在强调改变学生学习方式的今天，要改变教师的培训方式。团队合作精神也是我们在大力开展校本研究时所提倡的，MBA研修班上进行的团队训练游戏也是我们可以借鉴的。笔者收录、整理、分析了以下适于室内开展的游戏，希望对学校管理层组织教师培训有所帮助。

一、热身游戏

1. 实施过程

主持人分别叫一些植物和动物的名称：叫植物时，全部人要将双手上举，叫动物时则放下。如果连叫两次植物或动物，就保持上举或放下的动作。

2. 意义

消除疲劳，集中思想，活跃气氛。

二、坐地起身

1. 实施过程

（1）四人一组，围成一圈，背对背地坐在地上。要求手不着地一同起来。

（2）加四人重复做。

（3）再加四人重复做。

2. 意义

一般来说，一个坐在地上的人很难手不着物地站起来。不过四人一同站起来，还是比较容易做到的。但是人越多，难度就越高。这个游戏可以让大家体会到合作的重要性。还有很多理论蕴含其中，如大的团队和小的团队在用力的力度和方向上的不同、如何合作才能成功等。

三、齐放竹竿游戏

1. 实施过程

（1）主持人准备一根竹竿，长1.2～1.5米，邀请参与游戏人员12～15人。

（2）把竹竿放在所有参与人员伸出的食指上，然后大家一齐慢慢地将竹竿放在地上，条件是每一个人的食指都不能离开竹竿。

（3）重复做、换团队做。

2. 意义

通过本活动体会到团队是由管理者和协同者组成的一个共同体，它必须合理利用每一个成员的知识和技能，协同工作，解决问题，达到共同的目标。一个成功团队执行能力的构成要素中，人是最核心的力量，不同的人要通过分工才能共同完成团队的目标。

四、鸡蛋飞行器游戏

1. 实施过程

（1）每组准备以下材料：一个生鸡蛋，四个纸杯，一双筷子，长吸管和短吸管各两根，两个气球，几根皮筋，几张彩纸和几支彩笔，一把剪刀和一瓶胶水。

（2）操作方法：用一个生鸡蛋和其他几种简单的材料做成一个飞行器，还要做一面小彩旗，用来标记飞行器落地时的位置。哪个小组的飞行器飞得最远而且不碎就是胜利者。要求在一个小时内完成全部任务。

2. 意义

本游戏可以发挥小组分工合作、群策群力的优势。但比赛的结果往往出人意料：多数小组的飞行器飞得很远，但是鸡蛋却碎了，这和我们当初总是担心飞行器飞不远正好相反。这个游戏告诉我们，飞行器的安全性和飞行距离都非常重要，如果论先后的话，安全性应该排在第一位，其次才是飞行距离。“飞得再远，鸡蛋碎了成绩还是零”。安全是学校工作的重中之重，不管是学校管理者，还是班主任、任课教师，在组织学生活动时必须首先考虑如何保障学生的生命安全。

五、简笔画人游戏

1. 实施过程

（1）请用三笔画一个人像，选择两三幅展示。

（2）请用六笔画一个人像，选择两三幅展示。

（3）请用九笔画一个人像，选择两三幅展示。

2. 意义

笔画越多，人像越生动逼真。这个游戏可以让参与者领会到教师在进行教学设计的过程中，条件越充足，手段越多，生成的课堂就越生动、丰满，反映了多种教学媒体综运用的重要性。

六、共渡难关

1. 实施过程

（1）选择三人分别扮演三种残疾人：聋哑人、盲人和腿脚不方便的人，在场外准备。

（2）在场内用长绳设置三道障碍，有固定的，有由人牵拉的。

（3）三人进场，合作跨越障碍。

2. 意义

再好的媒体也是有其功能局限的。教师首先要让它们都参与教学，更要学会用其长、避其短；将它们组合起来，才能突破“生理”局限，发挥媒体的最大效能。还有，课堂的生成过程受许多因素的干扰，有可预测的，也有不可预测的，如果准备得充足，发挥得好，反而可以使课堂生出别样的风采。

七、你说我画

1. 实施过程

（1）准备几幅含有几何元素的图标备用，注意保密。

（2）选择一幅图标，请一位参与者（自认为表述能力较强者）来描述这幅图标，不能说“像什么”这样的比喻性语言，不许听者提问。

（3）听者按照描述者的描述和适当的想象，画出这幅图标。

（4）评选画得最像的和最不像的，请他们和描述者分别谈谈感受。

2. 意义

教师认为很容易的事物，学生接受起来却不是那么容易的，我们有时不能过分抱怨学生，因为教学效果受很多因素的干扰，特别是教师的语言表述能力。但是教师的语言表述能力再强，也是“说的不如看的，看的不如做的”，这应该是教学，特别是理科教学中要遵循的一项教育原理。

八、一道几何题

1. 实施过程

（1）展示题图，表述题意。如图1所示，在直角三角形*ABC*中有一个正方形*AFDE*，已知*CD*=10，*DB*=40，求阴影部分的面积。

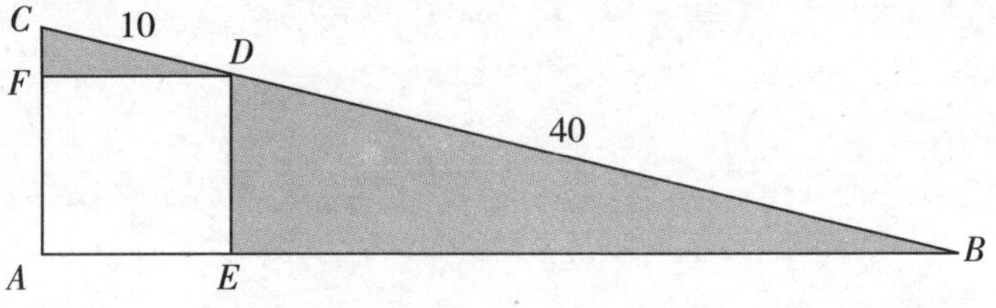

图1

（2）请非数学老师解题。

（3）请高中数学老师解题。

（4）告知这是一道小学四年级的数学题。

（5）解题。

2. 意义

这是一道难倒我们绝大部分老师的容易题，或者说是被我们老师解得很复杂的容易题。其实只要把阴影部分拼接在一起，即*DF*与*DE*两边重合形成一个直角三角形*C′ DB*，解题的条件就一目了然了，小学生就能做。解题的关键就是要看解题人的知识背景。因此，教师在设计、实施教学策略时，进行学生特征分析是至关重要的。

将游戏运用于教师培训中，是符合“做中学”（learning by doing）这个现代教育理念的。游戏中蕴含的意义是开放的，可以由游戏的参与者、旁观者在主讲人的启示下共同参悟，思想、理念可以在其中交锋、碰撞、深化。比起直接向教师传播教育理念、理论，游戏可以让教师有亲身体会，更容易接受、模仿、拓展并应用于自己的教学，不但优化了培训效果，还对推动课堂教学改革，促进学生能力的发展有深远的意义。

（游盛华）

黑板+白板　演绎我的教育情怀

黑板，其貌不扬的四方板状物，从什么时候开始出现的，我无从考证。我只知道它每天承载着人类的文明和智慧，是万千渴求知识的眼睛的焦点。黑板，伴随着无数孩子的成长，其中也包括我的成长，并且伴随着我的职业生涯，演绎着我的教育情怀。

1976年，我刚读小学，黑板在我眼里既庄严又神奇。我们低年级教室在一栋老房子里，黑板就是一块上了厚厚黑漆的大木板。我看着老师用粉笔在黑板上写“ɑ、o、e”、写“1+2”，粉笔与木黑板碰击的“砰砰”声是那么新鲜和神秘。记得当时我特别希望自己能在那黑板上面写点什么，可粉笔被管制在老师随身带的粉笔盒里。我只能捡块红砖碎块当粉笔，在墙上、地上撒气般地涂鸦一番。那时，我们特别嫉妒那位有个木匠爸爸的同学，他总拿着个板凳面大小的自制小黑板在我们面前显摆。儿时留下了这样的心结，以至于多年后，我特别希望自己能理直气壮地“霸占”黑板这方“天地”，也许从事教师职业的种子就此种下了。

升入高年级后，教室里的黑板是水泥做的了，比原来的木黑板光亮、宽大且没有缝。我看着老师在黑板上自信地板书，一撇一捺一勾折，还有老师巧用沾湿了的抹布，或自己满是粉笔灰的手指，或涂抹，或勾勒，或轻拭，做出不同的板书、板画效果。老师在黑板上的“耕耘”让我艳羡不已，心中更是充满了对知识的向往，对教师这个职业的无限崇拜。

1989年，师范毕业的我带着“长大后我就成了你”的情感走上了讲台——终于我也能像我的老师那样在黑板上“耕耘”了。黑板还是水泥做的，是那么熟悉、亲切，我每天拿着粉笔自信、沉稳地将我的才智在黑板上向学生展示。可是，时间一长，我发现水泥黑板的弊病了：这种黑板刮新后，是光亮光亮的，总有学生抱怨黑板反光，看不清楚；容易产生裂纹，日子久了，嵌进去许多粉笔灰，斑驳得让我的板书面目不清，糟糕得简直让我下不了笔。

大约10年前，学校里开始发生许多变化，而且变化来得很快，体现在黑板上的变化也不小。开始，所有教室里的水泥黑板统统换成了钢塑金属的了。这让我这个上课喜欢用各种挂图的老师甚是欢喜，不用再扛个木条做的挂图架子去上课了，携带几枚彩色磁钉就能将挂图展示出来了。紧接着，学校又开辟了功能教室，白色投影幕布代替了黑板，上课只要播放课件就可以了，各种声音、动画、影像等都可以在上面呈现了——音画优美清晰，时空瞬息变幻，多媒体带来的多感官冲击是黑板不可比拟的。除了日常备课，我每天会花大量时间去搜集视频资源、图片资源，自制各种有着酷炫声效、颜色的课件。这样的投影幕布渐渐进入了每一间教室，遮住了黑板的绝大部分面积。“黑板可以退出历史舞台了？”新鲜事物带来的新鲜劲儿过后，我认识到几声清脆的鼠标点击，替代不了教师在黑板上演绎、推理的过程，替代不了学生在黑板上尝试—错误—擦掉—再尝试的过程，替代不了师生随时迸发出的思维之花在黑板上的绽放。而且白色投影幕布除了播放教师课前做好的课件，没有其他功能。可见，黑板的功能还是不可替代的。随着基础教育改革的不断深入，课堂教学对学生主体地位的呈现要求越来越高，黑板已不再仅仅是教师的领地了。知识需要学生亲自来“耕耘”，教师是学生“耕耘”的引导者、组织者、合作者。每节课我都让学生在黑板上交流展示他们的学习成果，一块黑板已明显不够用了，我们教室的四周墙壁甚至都安上了黑板，学生随时可以将自己学习探究的过程呈现在上面，互相评说，扬优补缺。黑板成了学生自主探究知识的窗口、提升思维品质的加油站。

2016年，我们教室里的黑板又换了。表面看，好像还是以前的钢塑黑板，但可以推拉，里面大有乾坤。黑板推开，就露出了里面的一块白板，但它的功能绝不仅仅相当于投影幕布。这块白板除了可以投射教师做好的课件外，轻扣屏幕就相当于点击鼠标，师生用手指就可以直接在屏幕上书写、擦除。可喜的是，它还可以根据师生的需要，增加无数块模拟黑板，还可以把师生上课的板书全部保留，可回放、可复习。强大的工具箱可以让师生绘出各种图形；丰富的教学资源可以让师生随时调用各种教学音像；接上实物投影仪可以把学生的课堂练习即时呈现，让更多的学生有机会展示自己的学习成果。这块白板克服了原黑板的有限性、单调性和原白色投影幕布的单向性，其无限扩展性、丰富互动性大大提高了学生的注意力和理解力，激发了学生的兴趣，调动学生积极参与到教学过程中来。这样的白板与原有的黑板并存，并灵活应用于教学中，能真正实现教与学的互动，以及高品质、高效率的课堂教学。这样的“黑板+白板”模式，我甚是喜欢，虽然我已是经验型老教师了，但我没有故步自封，我主动自学，探索各种适合我的课堂的技术应用。

有人说：黑板，深邃如夜空，没有太阳，这里升起的太阳给未来加冕；没有月亮，这里高悬的月亮给时代戴上光环。现在，应该是“黑板+白板”，这里有自然与生命的赞歌，这里有成长与希望的力量。它的神秘和神圣依然吸引着我，让我对它充满挚爱和执着，继续演绎我的教育情怀。

（游盛华）

教研让教育生命丰满

转眼，我已是三十年教龄的老教师了。资历是老的，可一旦走进课堂，心态似乎还是年轻的，满腔热情。一节课上下来，顺则恨不得一路笑着回办公室，逆则苦思冥想好几日。曾有年轻的同事问我，为什么这么多年了，对教学依然能保持这样的热情？回想起来，应该是教研的力量。

记得刚走上讲台时，得到几位前辈的关爱和悉心指导，作为九江市生物四程序直观教学实验的直接实践者，我每个学期都会磨一两节课，教学技能突飞猛进。任教短短四年，我就因教学教研成果显著，被评为九江市中学教改实验工作先进个人。这对于当时年轻的我来说，似乎点亮了一盏指引前行方向的明灯。接下来的几年，我通过各种级别的赛课、培训等，结识了不少热衷于生物学教育教学改革的同行，也参与到一些课题的研究中。在不断地学习、思考、实践中，我的教育理念也与时俱进。从对教师自我教学技能的过分关注和炫耀，到把研究的视角逐渐转移到学生身上，这中间的转变，我居然用了五年的时间。其中的过程是非常痛苦的，因为我几乎把自己任教十几年累积的优越条件置于零点，以一种重新出发的姿态投入对学生的主体研究中。

其实，这时的我在有的人眼中，已经“功成名就”。作为一名普通中学教师，三十出头的年纪，该拿的荣誉、职称都早早地拿到了，那几节生物课闭着眼睛都能教，躺在前面的功劳簿上也能安枕无忧到退休。但我真的不喜欢那日复一日、课复一课的教学生活。自己都不喜欢的重复、枯燥课堂，又怎能让学生喜欢。为什么我不能把未来的教学生活过得生动、有趣而且更加有意义呢？英国文学家托马斯·布朗爵士有段富有哲理的名言：“你无法延长生命的长度，却可以把握它的宽度；无法预知生命的外延，却可以丰富它的内涵；无法把握生命的量，却可以提升它的质。”我想，一名教师的教育生命是有限的，但是教研可以让教育生命丰满起来，不至于等到退休的时候感叹“年华已逝”，空悲切。

然而，教研不易，以学生为主体的教研更不易。首先，我用了两年的时间来确定“学生该学到什么？”一是解读课标，将课标中的内容对应到初中生物学教材中，确定每节课要求学生达到的知识、能力、情感目标；二是解读教材，不仅梳理知识表象上的显性内容，还深度挖掘表象下有关能力、方法、思想、情感、价值观等方面的隐性内容。同时，以学习目标为中心，开发各种教学资源，如动画、视频、课件、模型、标本、预习案、测试卷、拓展阅读资料等，以期能给学生搭建知识的基本结构。然后，我开始探索“该用什么方法让学生学到？”围绕学习目标，优选学习资源，尝试用不同的策略和方法来进行教学，跟踪记录学生的学习情况，适时进行课题研究的前测、中测和后测，以检测自己教学的有效性，再重新调整教学策略。兜兜转转，六年就过去了。在这六年的研课中，有成功，也有不少遗憾，特别是我突然意识到，学生并不是一片空白地走进初中生物学课堂的，“学生原本学到了些什么？”他们在以往的日常生活和学习中，已经形成了对生物及其生命现象、活动规律正确的或错误的、完整的或缺失的、本质的或非本质的大量认知，而我在以往的教学教研中居然忽视了这些。如果未能全面掌握学生的学前状况，我所制定的各种教学策略无异于“空中楼阁”，很难有的放矢地进行有效教学。于是，一场枯燥庞大的调查工程就此开始了，每个学生的学习成长背景、每个学生对初中生物学每个知识点的学前认知水平，全都需要制定相应的问卷进行调查、统计、诊断，并以此为“地基”，寻找为学生建构新知“搭建台阶”的“良方”。通过反复调查、调试，我已总结出十多种“良方”，在不同的班级、不同的学习阶段使用，取得了较为满意的效果。就这样，又一个六年过去了。

每个学生都有其独特的成长背景，每个年代的学生也都有其所处年代的烙印。学生在不断变换、不断成长，我也在伴随着他们一起成长。我的最初愿望就是我的每一节课都是新的，结果我看到我的学生学得轻松，学得有成就感，观察能力、动手能力、思维能力在我的课堂得到培养，“适者生存”“整体大于各部分之和”“生命活动的对立统一”等生物学观点在我的课堂得到传递，生物科学史以及生物的适应性、坚韧性所带来的人文情怀也可以在我的课堂得到感悟。我的生物课堂有实物观察式也有模拟探究式，有参观学习式也有场景重现式，有冷静严谨的数据分析式也有激情洋溢的流行音乐式，或者热闹非凡的记者招待会式。我也没想到我的生物课堂能生成这么多快乐和精彩，我在其中获得了幸福，还在和同行们磨课、研课的过程中获得了成长和快乐。

研无止境，学无止境。教育还有许多细节有待研究，还需要我不断学习，与时俱进。三十年的教学生活异彩纷呈，是教研让教育生命丰满。

（游盛华）

参考文献

[1] [美]约翰·朗格尔. 教孩子学会思考：6至15岁创新思维训练教程[M]. 胡骏，译. 西安：陕西师范大学出版社，2003.

[2] 安宇波. 初中生物教学中渗透生命教育途径分析[J]. 文理导航（中旬），2015（3）：588–589.

[3] 陈廷华，龚雷雨. 基于生物科学探究基地的高中生物实验教学与创新[M]. 南京：江苏凤凰科学技术出版社，2017：1–2.

[4] 陈小平. 让作业批改活起来[J]. 小学教育，2016（1）：36.

[5] 陈一. 生命科学史在初中生物课程教学中的渗透[J]. 考试周刊，2014（72）：324.

[6] 崔鸿. 新理念生物教学技能训练[M]. 2版. 北京：北京大学出版社，2013：126–137.

[7] 方煜. "生物与生态文明教育"校本课程开发的初步探索与实践[J]. 中学生物学，2010（10）：57–59.

[8] 冯宇光. 小组合作学习在初中生物教学中的实践初探[J]. 中国校外教育，2019（35）：117–157.

[9] 傅树京. 教育应给予学生快乐、价值和希望[J]. 教育测量与评价（理论版），2013（2）：1.

[10] 龚雷雨，陈廷华. 学科核心素养视域下的课堂样态变革：以"基因是有遗传效应的DNA片段"为例[J]. 中学生物教学，2019（11）：54–56.

[11] 何定祥. 如何在中职生物教学中渗透生命教育[J]. 西部素质教育，2017（6）：123–124.

[12] 黄凤珍. 课堂教学主线设计的几个要素[J]. 生物学通报，2012（5）：17–19.

[13] 贾丽莉. 初中生物现代多媒体的运用 [J]. 学周刊，2018 (17)：145-146.
[14] 荆彦洲. 中学生物探究性学习的策略 [J]. 学周刊，2012 (29)：30.
[15] 孔峰. 教海无涯创新领航：初中生物小组合作学习教学实施心得体会 [J]. 中国教师，2015 (S1)：71.
[16] 黎奇. 新课程背景下的有效课堂教学策略 [M]. 北京：首都师范大学出版社，2006：5.
[17] 黎云刚. 浅谈在初中生物教学中如何培养学生的合作学习 [J]. 科学咨询（科技·管理），2019 (6)：157.
[18] 李凤. 基于合作学习模式的初中生物课堂教学探究 [J]. 读与写，2018 (9)：111.
[19] 李高峰. 初中生物学前科学概念研究 [M]. 北京：北京师范大学出版社，2011：47-54，212-221.
[20] 李和军. 将生命教育渗透到初中生物教学的意义 [J]. 电子制作，2014 (13)：191.
[21] 李靖. 多媒体技术在生物教学中的组合应用研究 [D]. 开封：河南大学，2014.
[22] 李英. 小组合作学习在初中生物教学中的应用 [J]. 现代农业，2019 (5)：98-99.
[23] 林心强. 开展中学生物探究性学习的几点思考 [J]. 课程教学研究，2013 (29)：174-175.
[24] 刘作芬，盛群力. “直导教学”研究的三大贡献——罗森海因论知识结构、教学步骤与学习支架 [J]. 远程教育杂志，2010 (5)：59-64.
[25] 罗思凯. 中学生物课程探究性学习的思考与应用 [J]. 科学教育，2012 (4)：76-77.
[26] 吕明阳. 使用多媒体改善生物教学效果的探究 [D]. 大连：辽宁师范大学，2012.
[27] 吕星宇. 论传统作业批改方式的变革 [J]. 教学探讨，2007 (18)：40-42.
[28] 马瑞香. 自主学习在生物教学中的实践探索和研究 [D]. 西安：陕西师范大学，2002.
[29] 孟庆胜，丁玉奎. 浅谈初中生物教学中的多媒体技术运用策略 [J]. 中

国教育技术装备，2018（15）：118–119，128.

［30］牟彦华.基于合作学习的初中生物教学探究［J］.名师在线，2020（12）：75–76.

［31］人民教育出版社，课程教材研究所，生物课程教材研究开发中心.义务教育教科书教师教学用书生物学七年级下册（2012年版）［M］.北京：人民教育出版社，2019.

［32］宋志中.新课标下高中生物学课堂教学有效性的研究［D］.上海：华东师范大学，2010.

［33］汪忠.生物学课堂教学技能训练［M］.上海：华东师范大学出版社，2008：130–137.

［34］汪忠.走进课堂——初中生物新课程案例与评析［M］.北京：高等教育出版社，2003：126–129.

［35］王利华.生态文明建设离不开生态文明教育［N］.人民日报，2017–06–21（7）.

［36］王同山.初中生物学研究性学习的探索与实践［D］.济南：山东师范大学，2003.

［37］王鑫.浅谈提高初中生物课堂教学中小组合作学习有效性的策略［J］.时代农机，2018（8）：122.

［38］王永胜.生物学核心概念的发展：高中生物新课程的科学史资源［M］.北京：人民教育出版社，2007：2.

［39］王宇腾，王琳.新课改下初中生物课堂教学创新对策探讨［J］.中国校外教育，2018（32）：123，125.

［40］夏腊梅.初中生物实验教学中的情境研究［D］.南京：南京师范大学，2011.

［41］杨小庆.主线教学在高中生物教学中的应用研究［D］.重庆：重庆师范大学，2017.

［42］杨秀梅.用主线串起高效课堂［J］.中学生物教学，2012（8）：35–37.

［43］姚宝骏，陆建身.生物案例教学论［M］.合肥：安徽教育出版社，2013：167–172.

［44］叶建挺.生命教育在初中生物教学中的有效渗透［J］.福建教育学院学

报，2016，17（12）：68–69.

［45］尹怀赛. 中学生物探究性学习方式运用之我见［J］. 2006（4）：14–16.

［46］尹玉爱. 初中生物探究式实验教学培养学生创新能力的实践研究［D］. 天津：天津师范大学，2015.

［47］余文森. 核心素养导向的课堂教学［M］. 上海：上海教育出版社，2017.

［48］约翰·杜威. 杜威教育论著选［M］. 赵祥麟，王承绪，译. 上海：华东师范大学出版社，1981：89–90.

［49］张伟. 初中生物课程中渗透生命教育的策略研究［J］. 课程教育研究，2016（15）：102.

［50］张英英. 初中生物学教学中情感、态度与价值观评价的现状与方法研究［D］. 太原：太原师范大学，2009.

［51］张永青. 初中生物学课后作业有效设计［J］. 宁德师专学报（自然科学版），2010，22（4）：442–444.

［52］张玉娟. 初中生物实验教学中培养学生创新能力［D］. 济南：山东师范大学，2004.

［53］赵东伟. 生命教育在生物教学中的有效渗透探析［J］. 知识经济，2020（1）：157–158.

［54］郑金洲. 课堂观察指导［M］. 北京：教育科学出版社，2002.

［55］中华人民共和国教育部. 义务教育生物学课程标准（2011年版）［M］. 北京：北京师范大学出版社，2012：2.